高等学校“十三五”规划教材
经管类创新型实验实训系列
总主编　赵永亮

期货模拟交易与实验

主　编　李献刚　杨岚春
副主编　刘有锦　徐　宁

西安电子科技大学出版社

内容简介

本书主要介绍了期货交易的基本制度、交易流程和期货交易策略，根据交易市场的主流交易软件使用情况，重点介绍了博易大师和文华财经两款交易软件。在此基础上，编者根据自己15年的期货交易经验，结合期货市场的实战状况，增加了一些实战交易的基本原则、方法和心理认知等方面的相关知识。此外，作者在本书最后一章有针对性地设计了八个模拟交易实验模块，从最基本的期货趋势交易到具有一定难度的套利交易，让读者进行模拟训练，这也是本书的特色之一。

本书概念清晰，内容简明，贴近实际，适合经济、管理、金融类本科生学习及进行金融类模拟实验使用。

图书在版编目(CIP)数据

期货模拟交易与实验/李献刚，杨岚春主编．—西安：西安电子科技大学出版社，2018.6

ISBN 978-7-5606-5036-4

Ⅰ．①期…　Ⅱ．①李…　②杨…　Ⅲ．①期货交易　Ⅳ．①F830.93

中国版本图书馆CIP数据核字(2018)第204312号

策　　划　高　樱
责任编辑　闵远光　阎　彬
出版发行　西安电子科技大学出版社(西安市太白南路2号)
电　　话　(029)88242885　88201467　　邮　　编　710071
网　　址　www.xduph.com　　电子邮箱　xdupfxb001@163.com
经　　销　新华书店
印刷单位　陕西精工印务有限公司
版　　次　2018年6月第1版　2018年6月第1次印刷
开　　本　787毫米×1092毫米　1/16　印　张　14
字　　数　329千字
印　　数　1～3000册
定　　价　49.00元

ISBN 978-7-5606-5036-4/F

XDUP 5338001-1

＊＊＊如有印装问题可调换＊＊＊

前　　言

期货理论教学与实践操作是金融理论教学与实践教学的重要组成部分。在传统的教学模式中往往只重视学生期货理论知识的学习，而忽略实际操作能力的培养，其结果是部分学生毕业后很长时间无法适应工作要求，甚至找不到合适的工作，这就造成了社会日益增长的对期货人才的迫切需求与学生实际操作能力不强无法适应工作的矛盾。因此，编者在借鉴其他高校所使用的同类教材的基础上，从真实的期货市场实际环境出发，编写了本书，目的在于通过实验原理的阐述和期货业务的模拟操作，加强读者对期货理论知识和实践知识的领会与把握。

本书主要特色是编者根据自己15年的期货实际交易经验，结合期货市场的实战状况，增加了一些有关实际交易的基本原则、方法和心理认知方面的知识，特别是根据期货交易的特点，由浅入深，循序渐进，有针对性地设计了八个模拟交易实验模块。纵观全国高校所使用的期货交易模拟实验教材，发现其中讲述的软件主要是学校购置的模拟交易实验软件，这类软件与市场主流交易软件有一定的偏差。本书介绍的交易软件是市场投资者正在使用的软件，读者所学即所用。另外，同类书籍所设计的实验模块内容过于单一，缺乏系统性和完整性。本书通过八个实验模块的组合，由浅入深地构成了一个完整的期货模拟交易体系。

本书由盐城工学院的李献刚和中融国际信托有限公司的杨岚春主编，刘有锦、徐宁担任副主编。杨岚春和刘有锦两位金融专家对金融市场的交易状况有较全面的了解，而且长期从事相关的金融交易，具有成熟的交易理念和丰富的实战经验，他们对本书的框架结构以及实验模块项目的编排提出了宝贵的意见和建议。

本书在编写过程中，着眼于高等院校对应用型人才培养目标的定位，把握期货交易业务的前沿发展动态，阐述了期货交易业务的基本理论和实际操作的基本原则及方法，以供不同层次的读者学习使用。由于时间和编者水平、精力有限，本书在内容、体系上的探索和尝试可能还存在一些不足，衷心希望得到专家和读者的帮助与指教！

编　者

2018年4月

目　　录

第 1 章　期货交易基本原则

1.1　期货合约

1.1.1　期货合约的概念与选择

1. 期货合约的概念

期货合约是指由期货交易所统一制定的，规定在将来某一特定的时间和地点交割一定数量和质量标的物的标准化合约。期货合约是期货交易的对象，期货交易参与者通过在期货交易场所买卖期货合约，转移价格风险，获取风险收益。期货合约的标准化便利了期货合约的连续买卖，使之具有很强的市场流动性，极大地简化了交易过程，降低了交易成本，提高了交易效率。

2. 期货合约标的选择

现货市场中的商品和金融工具不计其数，但并非都适合作为期货合约的标的。交易所为了保证期货合约上市后能有效地发挥其功能，在选择标的时，一般需要考虑以下条件：

(1) 规格或质量易于量化和评级。

期货合约的标准化条款之一是交割等级，这要求标的物的规格或质量能够进行量化和评级。这一点对国有债权、小麦、大豆、金属等金融工具和大宗初级产品来说很容易做到，但对于工业制成品等来说，则很难达到。因为这类产品加工程度高，品质、属性等方面存在诸多差异，甚至不同的人对完全相同的产品可以有完全不同甚至相反的评价，例如时装等产品就不适宜作为期货合约的标的。

(2) 价格波动幅度大且频繁。

期货交易者分为套期保值者和投机者。套期保值者利用期货交易规避价格风险；投机者利用价格波动赚取利润。没有价格波动，就没有价格风险，从而也就失去了现货交易者规避价格风险的需求，对投机者而言就失去了参与期货交易的动力。所以价格频繁波动既迫使保值者又刺激了投机者投身于期货市场，否则期货市场将不能生存发展。

(3) 供应量较大，不易为少数人控制和垄断。

能够作为期货品种的标的物在现货市场上必须有较大的供应量，否则其价格很容易被操纵，即通过垄断现货市场然后在期货市场进行买空交易，一直持仓到交割月，使交易对手无法获得现货进行交割，只能按高价平仓了结。如果价格过高，交易对手可能会发生巨额亏损，由此会引发违约风险，增加期货市场的不稳定性。

1.1.2　期货合约的主要内容

期货合约各项条款的设计对期货交易有关各方的利益及期货交易能否活跃至关重要。

1. 合约名称

合约名称注明了该合约的品种名称及其上市交易所名称。以上海期货交易所铜合约为例，合约名称为《上海期货交易所阴极铜期货合约》。

2. 交易单位

交易单位是指在期货交易所的每手期货合约所代表的标的物的数量。在国际市场上，交易单位也称为合约规模。期货价格乘以交易单位等于一手期货合约的价值。如大连商品交易所豆粕期货合约的交易单位为10吨/手，当豆粕期货价格为3000元/吨时，每手豆粕期货的合约价值为30 000元。在进行期货交易时，只能以交易单位(合约价值)的整数倍进行买卖。

对于商品期货来说，确定期货合约交易单位的大小，主要应当考虑合约标的物的市场规模、交易者的资金规模、期货交易所的会员结构、该商品的现货交易习惯等因素。一般来说，某种商品的市场规模较大，交易者的资金规模较大，期货交易所中愿意参与该期货交易的会员单位较多，则该合约的交易单位就可以设计得大一些，反之则应该小一些。

3. 报价单位

报价单位是指在公开竞价过程中对期货合约报价所使用的单位，即每计量单位的货币价格。例如，国内阴极铜、铝、小麦、大豆等期货合约的报价单位以元(人民币)/吨表示。

4. 最小变动价位

最小变动价位是指在期货交易所的公开竞价过程中，对合约每计量单位报价的最小变动数值。在期货交易中，每次报价的最小变动数值必须是最小变动价位的整数倍。最小变动价位乘以交易单位，就是该合约价值的最小变动值。商品期货合约最小变动价位的确定，通常取决于该合约标的物的种类、性质、市场价格波动情况和商业规范等。

设置最小变动价位是为了保证市场有适当的流动性。一般而言，较小的最小变动价位有利于市场流动性的增加，但过小的最小变动价位将会增加交易协商成本；较大的最小变动价位一般会减少交易量，影响市场的活跃程度，不利于交易者进行交易。

5. 每日价格最大波动限制

每日价格最大波动限制规定了期货合约在一个交易日中的交易价格波动不得高于或者低于规定的涨跌幅度。每日价格最大波动限制一般是以合约上一交易日的结算价为基准确定的。期货合约上一交易日的结算价加上允许的最大涨幅构成当日价格上涨的上限，称为涨停板，而该合约上一交易日的结算价减去允许的最大跌幅则构成当日价格下跌的下限，称为跌停板。在我国期货市场，每日价格最大波动限制设定为合约上一交易日结算价的一定百分比。

每日价格最大波动限制的确定主要取决于该标的物市场价格波动的频繁程度和波幅的大小。一般来说，标的物价格波动越频繁、越剧烈，该商品期货合约允许的每日价格最大波动幅度就应设置得大一些。

6. 合约交割月份

合约交割月份是指某种期货合约到期交割的月份。商品期货合约交割月份的确定一般受该合约标的商品的生产、使用、储藏、流通等方面的特点的影响。例如，许多农产品期货的生产与消费具有很强的季节性，因而其交割月份的规定也具有季节性特点。

7. 交易时间

期货合约的交易时间由交易所统一规定。交易者只能在规定的交易时间内进行交易。期货交易所一般每周营业五天，周六、周日及国家法定节假日休息。

8. 最后交易日

最后交易日是指某种期货合约在合约交割月份中进行交易的最后一个交易日，过了这个期限的未平仓期货合约，必须按规定进行实物交割或现金交割。期货交易所根据不同期货合约标的物的现货交易特点等因素确定其最后交易日。

9. 交割日期

交割日期是指合约标的物所有权进行转移，并以实物交割或现金交割方式了结未平仓合约的时间。

10. 交割等级

交割等级是指由期货交易所统一规定的准许在交易所上市交易的合约标的物的质量等级。在进行期货交易时，交易双方无需对标的物的质量等级进行协商，发生实物交割时按交易所期货合约规定的质量等级进行交割。对于商品期货来说，期货交易所在制定合约标的物的质量等级时，常常采用国内或国际贸易中最通用和交易量较大的标准品的质量等级作为标准交割等级。

一般来说，为了保证期货交易顺利进行，许多期货交易所都允许在实物交割时，实际交割的标的物的质量等级与期货合约规定的标准交割等级有所差别，即允许用与标准品有一定等级差别的商品作为替代交割品。期货交易所统一规定替代品的质量等级和品种。交货人用期货交易所认可的替代品代替标准品进行实物交割时，收货人不能拒收。用替代品进行实物交割时，价格需要升贴水。交易所根据市场情况统一规定并适时调整替代品与标准品之间的升贴水标准。

11. 交割地点

交割地点是由期货交易所统一规定的进行实物交割的指定地点。

商品期货交易大多涉及大宗实物商品的买卖，因此统一指定交割仓库可以保证卖方交付的商品符合期货合约规定的数量与质量等级，保证买方收到符合期货合约规定的商品。期货交易所在指定交割仓库时主要考虑的因素有：指定交割仓库所在地区的生产或消费集中程度、指定交割仓库的储存条件、运输条件和质检条件等。

金融期货交易不需要指定交割仓库，但交易所会指定交割银行。负责金融期货交割的指定银行必须具有良好的金融资信，较强的进行大额资金结算的业务能力，以及先进、高效的结算手段和设备。

12. 交易手续费

交易手续费是期货交易所按成交合约金额的一定比例或按成交合约手数收取的费用。交易手续费的高低对市场流动性有一定影响，交易手续费过高会增加期货市场的交易成本，扩大无套利区间，降低市场的交易量，不利于市场的活跃，但也可起到抑制过度投机的作用。

13. 交割方式

期货交易的交割方式分为实物交割和现金交割两种。商品期货、股票期货、外汇期货、中长期利率期货通常采取实物交割方式，股票指数期货和短期利率期货通常采用现金交割方式。

14. 交易代码

为便于交易，交易所对每一期货品种都规定了交易代码。表 1－1 为我国期货市场正在交易的各合约代码。

表 1－1　我的期货市场各合约代码

交易所	名　称	交易代码举例	交易所	名　称	交易代码举例
上海期货交易所	沪铜 CU	CU1805	大连商品期货交易所	纤维板 FB	FB1807
	沪铝 AL	AL1805		胶合板 BB	BB1807
	沪铅 PB	PB1805		玉米淀粉 CS	CS1805
	沪锌 ZN	ZN1805	郑州商品期货交易所	普麦 PM	PM1805
	橡胶 RU	RU1805		强麦 WH	WH1805
	燃油 FU	FU1805		白糖 SR	SR1809
	螺纹钢 RB	RB1805		棉花 CF	CF1805
	线材 WR	WR1809		精对苯二甲酸 PTA	TA1805
	黄金 AU	AU1806		菜籽油 OI	OI1805
	白银 AG	AG1806		早籼稻 RI	RI1807
	沥青 BU	BU1806		甲醇 MA	MA1805
	热轧板卷 HB	HB1805		玻璃 FG	FG1805
	沪镍 NI	NI1805		菜籽粕 RM	RM1805
	沪锡 SN	SN1805		菜籽 RS	RS1807
大连商品期货交易所	黄豆一号 A	A1805		动力煤 ZC	ZC1805
	黄豆二号 B	B1805		粳稻 JR	JR1807
	玉米 C	C1805		晚籼稻 LR	LR1805
	豆粕 M	M1805		硅铁 SF	SF1805
	豆油 Y	Y1805		锰硅 SM	SM1805
	棕榈油 P	P1805		棉纱 CF	CF1805
	聚乙烯 L	L1805		苹果 AP	AP1805
	聚氯乙烯 PVC	PVC1805	中国金融期货交易所	沪深 300IF	IF1803
	聚丙烯 PP	PP1805		上证 50IH	IH1803
	焦炭 J	J1805		中证 500IC	IZ1803
	焦煤 JM	JM1805		五年国债 TF	TF1806
	铁矿石 I	I1809		十年国债 T	T1806
	鸡蛋 JD	JD1805	上海国际能源交易中心	原油 SC	SC1809

1.2　期货市场的组织结构

1.2.1　期货交易所

1. 期货交易所性质与职能

期货交易所是为期货交易提供场所、设施、相关服务和交易规则的机构。它自身并不参与期货交易。在现代市场经济条件下，期货交易所已成为具有高度系统性和严密性、高度组织化和规范化的交易服务组织。期货交易所致力于创造安全、有序、高效的市场机制，以营造公开、公平、公正和诚信透明的市场环境与维护投资者的合法权益为基本宗旨。期货交易所的职能都是围绕着上述宗旨展开的。

期货交易所通常具有以下五种重要职能。

(1) 提供交易的场所、设施和服务。期货交易实行场内交易，即所有买卖指令必须在交易所内进行集中竞价成交。因此，期货交易所必须为期货交易提供交易场所、必要的设施、先进的通信设备、现代化的信息传递和显示设备等一整套硬件设施，再辅之以完备、周到的配套管理服务，以保证集中公开的期货交易能够有序运行。

(2) 设计合约、安排合约上市。制定标准化合约、及时安排合约上市是期货交易所的主要职能之一。期货交易所应结合市场需求开发期货品种，精心设计并选择合适的时间安排新的期货合约上市，增强期货市场服务国民经济的功能，同时科学合理地设计合约的具体条款，满足交易者的投资需求，并安排合约的市场推广。

(3) 制定并实施期货市场制度与交易规则。期货交易所通过制定保证金制度、涨跌停板制度、持仓限额制度、大户持仓报告制度、强行平仓制度、当日无负债结算制度及风险准备金制度等一系列制度，从市场的各个环节入手控制市场风险，保障期货市场的平稳、有序运行。

在上述制度的基础上，交易所进一步强化和细化管理，建立健全统一的期货交易规则，包括交易、风险控制、结算、交割、违约情况管理、信息管理等方面的管理细则，以确保买卖双方交易行为的规范化以及期货交易的顺畅运行。

(4) 组织并监督期货交易，监控市场风险。在制定相关期货市场制度与交易规则的基础上，期货交易所组织并监督期货交易，通过实时监控、违规处理、市场异常情况处理等措施，保障相关期货市场制度和交易规则的有效执行，动态监控市场的风险状况并及时化解与防范市场风险。

(5) 发布市场信息。期货交易所需及时把本交易所内形成的期货价格和相关信息向会员、投资者及公众公布，以保证信息的公开透明。

2. 期货交易所组织结构

期货交易所的组织形式一般分为会员制和公司制两种。

1) 会员制

会员制期货交易所是由全体会员共同出资组建，缴纳一定的会员资格费作为注册资本，以其全部财产承担有限责任的非营利性法人。

2）公司制

公司制期货交易所通常是由若干股东共同出资组建，股份可以按照有关规定转让，以营利为目的的企业法人。公司制期货交易所的盈利来自通过交易所因进行期货交易而向客户收取的各种费用。

3）会员制和公司制期货交易所的主要区别

会员制和公司制期货交易所的区别一般表现为三个方面：

第一，是否以营利为目标。会员制期货交易所通常不以营利为目标；公司制期货交易所通常是以营利为目标，追求交易所利润最大化。

第二，适用法律不同。会员制期货交易所一般适用《民法》的有关规定，公司制期货交易所首先适用《公司法》的规定，只有在《公司法》未作规定的情况下，才适用《民法》的一般规定。

第三，决策机构不同。会员制期货交易所的最高权力机构是会员大会，公司制期货交易所的最高权力机构是股东大会。会员制期货交易所最高权力机构的常设机构是理事会，公司制期货交易所最高权力机构的常设机构是董事会。尽管会员制和公司制期货交易所存在上述差异，但它们在职能上基本相同，都是为期货合约集中竞价交易提供场所、设施、服务、交易规则的交易服务组织，而且进入交易所场内交易，都必须获得会员资格，即只有会员有权在交易所进行交易。会员制和公司制期货交易所都要接受期货监督管理机构的管理和监督。

1.2.2　期货结算机构

1. 期货结算机构性质与职能

期货结算机构是负责交易所期货交易的统一结算、保证金管理和结算风险控制的机构。其主要职能包括：担保交易履约、结算交易盈亏和控制市场风险。

1）担保交易履约

当期货交易成交之后，买卖双方缴纳一定的保证金，结算机构就承担起保证每笔交易按期履约的责任。交易双方并不发生直接关系，只与结算机构发生关系，结算机构成为所有合约卖方的买方和所有合约买方的卖方。如果交易者一方违约，结算机构将先代替其承担履约责任，由此可大大降低交易的信用风险。也正是由于结算机构替代了原始对手，结算会员及其客户才可以随时对冲合约而不必征得原始对手的同意，使得期货交易的对冲平仓方式得以实现。

2）结算交易盈亏

结算交易盈亏是指每一交易日结束后，期货结算机构对会员的盈亏进行计算。计算完成后，采用发放结算单或电子传输等方式向会员提供当日盈亏等结算数据，会员以此作为对客户结算的依据。

3）控制市场风险

结算机构担保履约，往往是通过对会员保证金的结算和动态监控实现的。在此过程中，尽管市场状况一直是不断变化的，但结算机构要求会员保证金一直处于规定的水平之上。当市场价格不利变动导致亏损使会员保证金不能达到规定水平时，结算机构会向会员发出追加保证金的通知。会员收到通知后必须在下一交易日规定时间内将保证金缴齐，否则结算机构有权对其持仓进行强行平仓。结算机构通过对会员保证金的管理和控制能有效地控制市场风险，以保证期货市场平稳运行。

2. 期货结算机构组织形式

期货结算机构与期货交易所根据关系不同，一般可分为两种形式：

第一，结算机构是某一交易所的内部机构，仅为该交易所提供结算服务。这种形式使得结算机构直接受控于交易所，便于交易所掌握市场参与者的资金情况，可以根据交易者的资金和头寸情况及时控制市场风险。该种结算机构的风险承担能力是有限的。

第二，结算机构是独立的结算公司，可为一家或多家期货交易所提供结算服务。这种形式可保持交易和结算的相对独立性，有针对性地防止某些期货交易所在利益驱动下可能出现的违规行为。由于在这种形式中交易所和结算机构各为独立法人，所以需要付出一定的沟通和协调成本。

目前，我国采取第一种形式。

3. 期货结算制度

国际上，结算机构通常采用分级结算制度，即只有结算机构的会员才能直接得到结算机构提供的服务，非结算会员只能由结算会员提供结算服务。这种分级结算制度实际上使得期货结算大致分为三个层次。第一个层次是由结算机构对结算会员进行结算，结算会员是交易所会员中资金雄厚、信誉良好的期货公司或金融机构；第二个层次是结算会员与非结算会员或者结算会员与结算会员所代理客户之间的结算；第三个层次是非结算会员对非结算会员所代理客户的结算。

这种“金字塔”形的分级结算制度通过建立多层次的会员结构，逐级承担化解期货交易风险的作用，形成多层次的风险控制体系，提高了结算机构整体的抗风险能力，保证了期货交易的安全性。因此，这种分级结算制度是防范期货市场风险的一道防火墙。

1.2.3　期货交易中介

1. 期货公司

期货交易所对会员实行总数控制，只有成为交易所的会员，才能取得场内交易席位，在期货交易所进行交易。非会员则通过期货中介机构进行交易。期货公司是代理客户进行期货交易并收取交易佣金的中介组织。

1）职能

期货公司作为场外期货交易者与期货交易所之间的桥梁和纽带，属于非银行金融服务机构。其主要职能包括：根据客户指令代理买卖期货合约、办理结算和交割手续；对客户账户进行管理，控制客户交易风险；为客户提供期货市场信息，进行期货交易咨询，充当客户的交易顾问等。

2）部门设置

期货公司一般设置如下业务部门：交易部门、结算部门、交割部门、财务部门、客户服务部门、研发部门、风险管理及控制部门、网络工程部门(或IT技术部)、行政部门等。

2. 介绍经纪商

介绍经纪商(Introducing Broker，IB)在国际上既可以是机构也可以是个人，但一般都以机构的形式存在。其主要业务是为期货公司开发客户或接受期货、期权指令，但不能接受客户的资金，且必须通过期货公司进行结算。介绍经纪商可分为独立执业的介绍经纪商(IIB)和由期货公司担保的介绍经纪商(GIB)。前者必须维持最低的资本要求，并保存账簿和交易记录。后者则与期货公司签订担保协议，借以免除对介绍经纪商的资本和记录的法定要求。

介绍经纪商这一说法源于美国。在中国，为期货公司提供中间介绍业务的证券公司就是介绍经纪商。证券公司将客户介绍给期货公司，并为客户开展期货交易提供一定的服务，期货公司因此向证券公司支付一定的佣金。

根据《证券公司为期货公司提供中间介绍业务试行办法》，证券公司受期货公司委托从事中间介绍业务，应当提供下列服务：① 协助办理开户手续；② 提供期货行情信息和交易设施；③ 中国证监会规定的其他服务。证券公司不得代理客户进行期货交易、结算或交割，不得代理期货公司、客户收付期货保证金，不得利用证券资金账户为客户存取、划转期货保证金。

证券公司从事介绍业务，应当与期货公司签订书面委托协议。委托协议应当载明下列事项：介绍业务的范围；执行期货保证金安全存管制度的措施；介绍业务对接的规则；客户投诉的接待处理方式；报酬支付及相关费用的分担方式；违约责任；中国证监会规定的其他事项。

证券公司只能接受其全资拥有或者控股的，或者被同一机构控制的期货公司的委托从事介绍业务，不能接受其他期货公司的委托从事介绍业务。证券公司申请介绍业务资格应当符合一系列的条件和风险控制指标，比如“净资本不低于12亿元”等条件。

3. 居间人

在目前我国期货公司的运作中，使用期货居间人进行客户开发是一条重要的渠道。期货居间人是指独立于期货公司和客户之外，接受期货公司委托进行居间介绍，独立承担基于居间法律关系所产生的民事责任的自然人或组织。其主要职责是介绍客户，即凭借手中的客户资源和信息渠道优势为期货公司和投资者“牵线搭桥”。居间人因从事居间活动付出劳务，有按合同约定向公司获取酬金的权利。

居间人从事居间介绍业务时，应当客观、准确地宣传期货市场，不得向客户夸大收益、不进行风险告知、以期货居间人的名义从事期货居间以外的经纪活动等。居间人无权代理签订期货经纪合同，无权代签交易账单，无权代理客户委托下达交易指令，无权代理客户委托调拨资金，不能从事投资咨询和代理交易等期货交易活动。

4. 期货信息资讯机构

期货信息资讯机构主要提供期货行情软件、交易系统及相关信息。资讯服务是投资者进行期货交易时不可或缺的环节，也是网上交易的重要工具，其系统的稳定性、价格传输的速度对于投资者获取投资收益发挥着重要的作用。现在，期货信息资讯机构正通过差异化信息服务和稳定、快捷的交易系统达到吸引客户的目的。

5. 期货保证金托管银行

期货保证金托管银行(简称托管银行)属于期货服务机构，是由交易所指定的，协助交易所办理期货交易结算业务的银行。经交易所同意成为托管银行后，托管银行须与交易所签订相应协议，明确双方的权利和义务，以规范相关业务行为。交易所有权对托管银行的期货结算业务进行监督。

期货保证金托管银行的设立是国内期货市场保证金封闭运行的必要环节，也是保障投资者资金安全的重要组织机构。我国四家期货交易所存在会员结算制度和会员分级结算制度两种结算类型，因此期货保证金托管银行享有的权利和应当履行的义务在会员结算制度和会员分级结算制度下略有差异。

6. 交割仓库

交割仓库是期货品种进入实物交割环节时提供交割服务和生成标准仓单必经的期货服务机构。

在我国，交割仓库也称为指定交割仓库，是指由期货交易所指定的、为期货合约履行实物交割的交割地点。期货交易的交割由期货交易所统一组织进行。期货交易所不得限制实物交割总量，并应当与交割仓库签订协议，明确双方的权利和义务。

1.2.4　投资者

基于不同的划分角度，期货投资者可以分为不同类型。

第一，根据进入期货市场的目的不同，期货投资者可分为套期保值者、套利者和投机者。

套期保值者通过期货合约买卖活动来降低自身面临的、由于市场变化而带来的现货市场价格波动风险。商品期货的套期保值者通常是该商品的生产商、加工商、经营商或贸易商等；金融期货的套期保值者通常是金融市场的投资者、证券公司、银行、保险公司等金融机构或者进出口商等。

期货套利者是指参与期货套利业务的交易者。具体来讲，就是指利用期货市场和现货市场(期现套利)、不同的期货市场(跨市套利)、不同品种的期货合约(跨商品套利)或者同种商品不同交割月份的期货合约(跨期套利)之间出现的价格不合理关系，通过同时买进卖出以获取价差收益的机构或个人。

投机者是指运用一定资金通过期货交易以期获取投资收益的交易者。他们通过预期某期货合约价格的未来走向，进行买卖操作以获取价格波动差额，当预期价格上涨时买入，预期价格下跌时卖出。例如，当某投机者预期铜期货合约价格上涨时，以 60 000 元/吨的价格买入开仓 1 手铜期货合约(每手)5 吨，等到价格涨至 61 000 元/吨时将该合约对冲平仓，若不计手续费，则该投机者获得的盈利为(61000－60000)×1×5＝5000 元。这种交易者就是投机者。

第二，按照投资者是自然人还是法人划分，期货投资者可分为个人投资者和机构投资者。

自然人交易者就是个人投资者。理论上讲，与自然人相对的法人投资者都可称为机构投资者，其范围涵盖生产者、加工贸易商(对于商品期货而言)，以及金融机构、养老基金、对冲基金、投资基金(对于金融期货而言)等多种类型。

由于期货市场是一个高风险的市场，与个人投资者相比，机构投资者一般在资金实力、风险承受能力和交易的专业能力等方面更具有优势，因此成为稳定期货市场的重要力量。在机构投资者中，对冲基金和商品投资基金是两种主要的机构类型，鉴于它们在市场中发挥的重要作用，我们有必要了解这两类机构投资者的含义及其运作特点。

除了上述分类方法外，投资者还可按照其他方法进行划分。例如按照交易头寸划分，期货投资者可分为多头交易者和空头交易者。买入期货合约的投资者被称为多头交易者，卖出期货合约的交易者被称为空头交易者。

1.3 期货交易制度

为了维护期货交易的“公开、公平、公正”原则与期货市场的高效运行，对期货市场实施有效的风险管理，期货交易所制定了相关制度与规则。

1.3.1 保证金制度

1. 保证金制度的内涵及特点

期货交易实行的保证金制度为：在期货交易中，期货买方和卖方必须按照其所买卖期货合约价值的一定比率(通常为5%～20%)缴纳资金，用于结算和保证履约。保证金制度是期货市场风险管理的重要手段。

在国际期货市场上，保证金制度的实施一般有如下特点：

(1) 对交易者的保证金要求与其面临的风险相对应。一般来说，交易者面临的风险越大，对其要求的保证金也就越多。比如，在美国期货市场，对投机者要求的保证金要大于对套期保值者和套利者要求的保证金。

(2) 交易所根据合约特点设定最低保证金标准，并可根据市场风险状况等调节保证金水平。比如，价格波动越大的合约，其投资者交易面临的风险也越大，设定的最低保证金标准也越高；当投机过度时，交易所可提高保证金，增大交易者入市成本，抑制投机行为，控制市场风险。

(3) 保证金的收取是分级进行的。一般而言，交易所或结算机构只向其会员收取保证金，作为会员的期货公司则向其客户收取保证金，两者分别称为会员保证金和客户保证金。保证金的分级收取与管理，对于期货市场的风险分层次分担与管理具有重要意义。

2. 我国期货交易保证金制度的特点

我国期货交易的保证金制度除了采用国际通行的一些做法外，在施行中，还形成了自身的特点。我国交易所对商品期货交易保证金比率的规定呈现如下特点：

(1) 期货合约上市运行的不同阶段规定不同的交易保证金比率。一般来说，距交割月份越近，交易者面临到期交割的可能性就越大，为了防止实物交割中可能出现的违约风险，促使不愿进行实物交割的交易者尽快平仓了结，交易保证金比率随着交割临近而提高。

(2) 随着合约持仓量的增大，交易所将逐步提高该合约交易保证金比例。一般来说，随着合约持仓量增加，尤其是持仓合约所代表的期货商品的数量远远超过相关商品现货数量时，往往表明期货市场投机交易过多，蕴涵较大的风险。因此，随着合约持仓量的增大，交易所将逐步提高该合约的交易保证金比例，以控制市场风险。

(3) 当某期货合约出现连续涨跌停板的情况时，交易保证金比率相应提高。

(4) 当某品种某月份合约按结算价计算的价格变化，连续若干个交易日的累积涨跌幅达到一定程度时，交易所有权根据市场情况，采取对部分或全部会员单边或双边按同比例或不同比例提高交易保证金，限制部分会员或全部会员出仓，暂停部分会员或全部会员开新仓，调整涨跌停板幅度，限期平仓，强行平仓等多种措施，以控制风险。

(5) 当某期货合约交易出现异常情况时，交易所可按规定的程序调整交易保证金的比例。

1.3.2　当日无负债结算制度

当日无负债结算制度是指在每个交易日结束后，由期货结算机构对期货交易保证金账户当天的盈亏状况进行结算，并根据结算结果进行资金划转。当交易发生亏损，进而导致保证金账户资金不足时，则要求必须在结算机构规定的时间内向账户中追加保证金，以做到“当日无负债”。当日无负债结算制度的实施为及时调整账户资金、控制风险提供了依据，对于控制期货市场风险、维护期货市场的正常运行具有重要作用。当日无负债制度的实施具有如下特点：

(1) 对所有账户的交易及头寸按不同品种、不同月份的合约分别进行结算，在此基础上汇总，使每一交易账户的盈亏都能得到及时、具体、真实的反映。

(2) 在对交易盈亏进行结算时，不仅对平仓头寸的盈亏进行结算，而且对未平仓合约产生的浮动盈亏也进行结算。

(3) 对交易头寸所占用的保证金进行逐日结算。

(4) 当日无负债结算制度是通过期货交易分级结算体系实施的。由交易所(结算所)对会员进行结算，期货公司根据期货交易所(结算所)的结算结果对客户进行结算。期货交易所会员(客户)的保证金不足时，将被要求及时追加保证金或者自行平仓。否则，其合约将会被强行平仓。

1.3.3　涨跌停板制度

1. 涨跌停板制度的内涵

涨跌停板制度又称每日价格最大波动限制制度，即指期货合约在一个交易日中的交易价格波动不得高于或者低于规定的涨跌幅度，超过该涨跌幅度的报价将被视为无效报价，不能成交。

涨跌停板制度的实施，能够有效地减缓、抑制一些突发性事件和过度投机行为冲击期货价格造成的狂涨暴跌，减小交易当日的价格波动幅度，会员和客户的当日损失也被控制在相对较小的范围内。涨跌停板制度能够锁定会员和客户每一交易日所持有合约的最大盈亏，为保证金制度和当日结算无负债制度的实施创造了有利条件。因为向会员和客户收取的保证金数额只要大于在涨跌幅度内可能发生的亏损金额，就能够保证当日期货价格波动达到涨停板或跌停板时也不会出现透支情况。

2. 我国期货涨跌停板制度的特点

在我国期货市场，每日价格最大波动限制的设定为合约上一交易日结算价的一定百分比。一般而言，对期货价格波动幅度较大的品种及合约，设定的涨跌停板幅度也相应大些。

交易所可以根据市场风险状况进行调整。对涨跌停板的调整，一般具有以下特点：

(1) 新上市的品种和新上市的期货合约，其涨跌停板幅度一般为合约规定涨跌停板幅度的2倍或3倍。如果合约有成交，则于下一交易日恢复到合约规定的涨跌停板幅度；如果合约无成交，则下一交易日继续执行前一交易日的涨跌停板幅度。

(2) 在某一期货合约的交易过程中，当合约价格同方向连续涨跌停板、遇国家法定长假，或交易所认为市场风险明显变化时，交易所可以根据市场风险调整其涨跌停板幅度。

(3) 对同时适用交易所规定的两种或两种以上涨跌停板情形的，其涨跌停板按照规定涨停板中的最高值确定。

在出现涨跌停板情形时，交易所一般将采取如下措施控制风险：

(1) 当某期货合约以涨跌停板价格成交时，成交撮合实行平仓优先和时间优先的原则，但平仓当日新开仓位不适用平仓优先的原则。

(2) 在某合约连续出现涨(跌)停板单边无连续报价时，实行强制减仓。当合约出现连续涨(跌)停板的情形时，空头(多头)交易者会因为无法平仓而出现大规模、大面积亏损，并可能因此引发整个市场的风险，实行强制减仓正是为了避免此类现象的发生。实行强制减仓时，交易所将当日以涨跌停板价格申报的未成交平仓报单；以当日涨跌停板价格与该合约净持仓盈利客户按照持仓比例自动撮合成交。其目的在于迅速、有效化解市场风险，防止会员大量违约。

1.3.4 持仓限额及大户报告制度

1. 持仓限额及大户报告制度的内涵及特点

持仓限额制度是指交易所规定会员或客户可以持有的、按单边计算的某一合约投机头寸的最大数额。大户报告制度是指当交易所会员或客户某品种某合约持仓达到交易所规定的持仓报告标准时，会员或客户应向交易所报告。

通过实施持仓限额及大户报告制度，可以使交易所对持仓量较大的会员或客户进行重点监控，了解其持仓动向、意图，有效防范操纵市场价格的行为；同时，也可以防范期货市场风险过度集中于少数投资者。

在国际期货市场，持仓限额及大户报告制度的实施呈现如下特点：

(1) 交易所可以根据不同期货品种及合约的具体情况与市场风险状况制定和调整持仓限额及持仓报告标准。

(2) 通常来说，一般月份合约的持仓限额及持仓报告标准高；临近交割时，持仓限额及持仓报告标准低。

(3) 持仓限额通常只针对一般投机头寸，套期保值头寸、风险管理头寸及套利头寸可以向交易所申请豁免。

2. 我国期货持仓限额及大户报告制度的特点

我国大连商品交易所、郑州商品交易所和上海期货交易所，对持仓限额及大户报告标准的设定一般有如下规定：

(1) 交易所可以根据不同期货品种的具体情况，分别确定每一品种每一月份的限仓数额及大户报告标准。

(2) 当会员或客户某品种持仓合约的投机头寸达到交易所对其规定的投机头寸持仓限量 80%以上时，会员或客户应向交易所报告其资金情况、头寸情况等，客户须通过期货公司会员报告。

(3) 市场总持仓量不同，适用的持仓限额及持仓报告标准不同。当某合约市场总持仓量大时，持仓限额及持仓报告标准设置得高一些；反之，当某合约市场总持仓量小时，持仓限额及持仓报告标准也低一些。

(4) 一般按照各合约在交易全过程中所处的不同时期，分别确定不同的限仓数额。比如，一般月份合约的持仓限额及持仓报告标准设置得高；临近交割时，持仓限额及持仓报告标准设置得低。

(5) 期货公司会员、非期货公司会员、一般客户分别适用不同的持仓限额及持仓报告标准。

在具体实施中，我国还有如下规定：采用限制会员持仓和限制客户持仓相结合的办法，控制市场风险；各交易所对套期保值交易头寸实行审批制，其持仓不受限制，而在中国金融期货交易所，套期保值和套利交易的持仓均不受限制；同一客户在不同期货公司会员处开仓交易，其在某一合约的持仓合计不得超出该客户的持仓限额；会员、客户持仓达到或者超过持仓限额的，不得同方向开仓交易。

1.3.5　强行平仓制度

1. 强行平仓制度的内涵

强行平仓是指按照有关规定对会员或客户的持仓实行平仓的一种强制措施，其目的是控制期货交易风险。强行平仓分为两种情况：一是交易所对会员持仓实行的强行平仓；二是期货公司对其客户持仓实行的强行平仓。强行平仓制度适用的情形一般包括：

(1) 因账户交易保证金不足而实行强行平仓。这是最常见的情形。当价格发生不利变动，当日结算后出现保证金账户资金不足以维持现有头寸的情况，而会员(客户)又未能按照期货交易所(期货公司)通知及时追加保证金或者主动减仓，且市场行情仍朝其持仓不利的方向发展时，期货交易所(期货公司)强行平掉会员(客户)部分或者全部头寸，将所得资金填补保证金缺口。强行平仓制度的实施，有利于避免账户损失扩大。通过控制个别账户的风险有力地防止风险扩散是一种行之有效的风险控制措施。

(2) 因会员(客户)违反持仓限额制度而实行强行平仓，即超过了规定的持仓限额，且并未在期货交易所(期货公司)规定的期限自行减仓，其超出持仓限额的部分头寸将会被强制平仓。强行平仓成为持仓限额制度的有力补充。

2. 我国期货强行平仓制度的规定

我国期货交易所规定，当会员、客户出现下列情形之一时，交易所有权对其持仓进行强行平仓：

(1) 会员结算准备金余额小于零，并未能在规定时限内补足的。

(2) 客户、从事自营业务的交易会员持仓量超出其限仓规定的。

(3) 因违规受到交易所强行平仓处罚的。

(4) 根据交易所的紧急措施应予强行平仓的。

(5) 其他应予强行平仓的。

1.3.6 信息披露制度

信息披露制度是期货交易所按有关规定公布期货交易相关信息的制度。我国《期货交易管理条例》规定，期货交易所应当及时公布上市品种合约的成交量、成交价、持仓量、最高价与最低价、开盘价与收盘价和其他应当公布的即时行情，并保证即时行情的真实、准确。期货交易所不得发布价格预测信息。未经期货交易所许可，任何单位和个人不得发布期货交易即时行情。

《期货交易所管理办法》规定，期货交易所应当以适当方式发布下列信息：① 即时行情；② 持仓量、成交量排名情况；③ 期货交易所交易规则及其实施细则规定的其他信息。期货交易涉及商品实物交割的，期货交易所还应当发布标准仓单数量和可用库容情况。期货交易所应当编制交易情况周报表、月报表和年报表，并及时公布。期货交易所对期货交易、结算、交割资料的保存期限应当不少于20年。

1.4 期货交易流程

一般而言，客户进行期货交易涉及以下几个环节：开户、下单、竞价、结算、交割。在期货交易的实际操作中，大多数期货交易都是通过对冲平仓的方式了结履约责任，进入交割环节的比重非常小，所以交割环节并不是交易流程中的必经环节。

1.4.1 开户

能够直接进入期货交易所进行交易的只能是期货交易所的会员，所以普通投资者在进入期货市场交易之前，应首先选择一个具备合法代理资格、信誉好、资金安全、运作规范和收费比较合理的期货公司。在我国，由中国期货保证金监控中心有限责任公司(简称监控中心)负责客户开户管理的具体实施工作。

一般来说，各期货公司会员为客户开设账户的程序及所需的文件细节虽不尽相同，但其基本程序是相同的。

1. 申请开户

投资者在经过对比、判断，选定期货公司之后，即可向该期货公司提出委托申请，开立账户，成为该公司的客户。开立账户实质上是确立投资者(委托人)与期货公司(代理人)之间的一种法律关系。

客户可以分为自然人客户和法人客户。自然人客户应当本人亲自办理开户手续，签署开户资料，不得委托代理人代为办理开户手续。法人客户应当出具单位的授权委托书、代理人的身份证和其他开户证件。期货公司应当对客户开户资料进行审核，确保开户资料的合规、真实、准确和完整。

2. 阅读期货交易风险说明书并签字确认

期货公司在接受客户开户申请时，必须向客户提供期货交易风险说明书，自然人客户应在仔细阅读并理解后，在该期货交易风险说明书上签字；法人客户应在仔细阅读并理解之后，由单位法定代表人或授权他人在该期货交易风险说明书上签字并加盖单位公章。

3. 签署期货经纪合同书

期货公司在接受客户开户申请时，双方必须签署期货经纪合同。自然人客户应在该合同上签字，法人客户应由法定代表人或授权他人在该合同上签字并加盖公章。

自然人开户应提供本人身份证、留存印鉴或签名样卡。法人开户应提供企业法人营业执照影印件，并提供法定代表人及本单位期货交易业务执行人的姓名、联系电话、单位及其法定代表人或单位负责人印鉴等内容的书面材料，以及法定代表人授权期货交易业务执行人的书面授权书。

4. 申请交易编码并确认资金账号

期货公司为客户申请各期货交易所交易编码，应当统一通过监控中心办理。监控中心应当建立和维护期货市场客户统一开户系统，对期货公司提交的客户资料进行复核，并将通过复核的客户资料转发给相关期货交易所。期货交易所收到监控中心转发的客户交易编码申请资料后，根据期货交易所业务规则对客户交易编码进行分配、发放和管理，并将各类申请的处理结果通过监控中心反馈给期货公司。监控中心应当为每一个客户设立统一的开户编码，并建立统一开户编码与客户在各期货交易所交易编码的对应关系。当日分配的客户交易编码，期货交易所应当于下一交易日允许客户使用。

客户在与期货公司签署期货经纪合同之后，在下单交易之前应按规定缴纳开户保证金。期货公司应将客户所缴纳的保证金存入期货经纪合同中指定的客户账户，供客户进行期货交易之用。

1.4.2　指令

客户在按规定足额缴纳开户保证金后，即可开始委托下单，进行期货交易。下单是指客户在进行每笔交易前向期货公司业务人员下达交易指令，说明拟买卖合约的种类、数量、价格等行为。

交易指令的内容一般包括：期货交易的品种及合约月份、交易方向、数量、价格、开平仓等。通常客户应先熟悉和掌握有关的交易指令，然后选择不同的期货合约进行具体交易。

1. 常用交易指令

国际上期货交易的指令有以下几种：

1）市价指令

市价指令是期货交易中常用的指令之一，它是指按当时市场价格即刻成交的指令。客户在下达这种指令时无需指明具体的价位，而是要求期货公司出市代表以当时市场上可执行的最好价格达成交易。这种指令的特点是成交速度快，一旦指令下达后不可更改或撤销。

2）限价指令

限价指令是指执行时必须按限定价格或更好的价格成交的指令。下达限价指令时，客户必须指明具体的价位。它的特点是可以按客户的预期价格成交，但成交速度相对较慢，有时甚至无法成交。

3）停止限价指令

停止限价指令是指当市场价格达到客户预先设定的触发价格时，即变为限价指令予以执行的一种指令。它的特点是可以将损失或利润锁定在预期的范围，但成交速度较止损指令慢，有时甚至无法成交。

4）止损指令

止损指令是指当市场价格达到客户预先设定的触发价格时，即变为市价指令予以执行的一种指令。客户利用止损指令既可以有效地锁定利润，又可以将可能的损失降至最低限度，还可以相对较小的风险建立新的头寸。

5）触价指令

触价指令是指在市场价格达到指定价位时，以市价指令予以执行的一种指令。触价指令与止损指令的区别在于：其预先设定的价位不同。例如，就卖出指令而言，卖出止损指令的止损价低于当前市场价格，而卖出触价指令的触发价格高于当前市场价格；买进指令则与此相反。此外，止损指令通常用于平仓，而触价指令一般用于开新仓。

6）限时指令

限时指令是指要求在某一时间段内执行的指令。如果在该时间段内指令未被执行，则自动取消。

7）长效指令

长效指令是指除非成交或由委托人取消，否则持续有效的交易指令。

8）套利指令

套利指令是指同时买入和卖出两种或两种以上期货合约的指令。

9）取消指令

取消措令又称为撤单，是要求将某一指定指令取消的指令。通过执行该指令，客户以前下达的指令完全取消，并且没有新的指令取代原指令。

目前，我国各期货交易所普遍采用了市价指令、限价指令和取消指令。此外，郑州商品交易所还采用了套利指令，大连商品交易所不仅采用了套利指令，还采用了止损指令和停止限价指令。我国各交易所的指令均为当日有效。在指令成交前，投资者可以提出变更和撤销。

2. 指令下达方式

客户在正式交易前，应制订详细周密的交易计划。在此之后，客户即可按计划下达交易指令(即下单交易)。目前，我国客户的下单方式有书面下单、电话下单和网上下单三种，其中网上下单是最主要的方式。

（1）书面下单。客户亲自填写交易单，填好后签字交期货公司，再由期货公司将指令发至交易所参与交易。

（2）电话下单。客户通过电话直接将指令下达到期货公司，再由期货公司将指令发至交易所参与交易。期货公司须将客户的指令同步录音，以备查证。

（3）网上下单。客户通过因特网或局域网，使用期货公司配置的网上下单系统进行网上下单。进入下单系统后，客户需输入自己的客户号与密码，经确认后即可输入指令。指令经由因特网或局域网传到期货公司后，通过专线传到交易所主机进行撮合成交。客户可以在期货公司的下单系统获得成交回报。

1.4.3　竞价

1. 竞价方式

竞价方式主要有公开喊价和计算机撮合成交两种方式。其中，公开喊价属于传统的竞价方式。21 世纪以来，随着信息技术的发展，越来越多的交易所采用了计算机撮合成交方式，而原来采用公开喊价方式的交易所也逐步引入了电子交易系统。

1）公开喊价方式

公开喊价方式又可分为两种形式：连续竞价制和一节一价制。连续竞价制是指在交易所交易池内由交易者面对面地公开喊价，表达各自买进或卖出合约的要求。按照规则，交易者在报价时既要发出声音，又要做出手势，以保证报价的准确性。这种公开喊价有利于活跃场内气氛，维护公开、公平、公正的交易原则。这种公开喊价方式曾经在欧美期货市场较为流行。

一节一价制是指把每个交易日分为若干节，每节交易由主持人最先叫价，所有场内经纪人根据其叫价申报买卖数量，直至在某一价格上买卖双方的交易数量相等时为止。每一节交易中一种合约一个价格，没有连续不断的竞价。这种叫价方式曾经在日本较为普遍。

2）计算机撮合成交方式

计算机撮合成交是根据公开喊价的原理设计而成的一种计算机自动化交易方式，是指期货交易所的计算机交易系统对交易双方的交易指令进行配对的过程。这种交易方式相对公开喊价方式来说，具有准确、连续等特点，但有时会出现交易系统故障等因素造成的风险。国内期货交易所均采用计算机撮合成交方式。计算机交易系统一般将买卖申报单以价格优先、时间优先的原则进行排序。当买入价大于等于卖出价则自动撮合成交，撮合成交价等于买入价(bp)、卖出价(sp)和前一成交价(cp)三者中居中的一个价格，即

当 bp≥sp≥cp 时，则最新成交价＝sp；

当 bp≥cp≥sp 时，则最新成交价＝cp；

当 cp≥bp≥sp 时，则最新成交价＝bp。

开盘价由集合竞价产生。开盘价的集合竞价在某品种某月份合约每一交易日开市前 5 分钟内进行。其中，前 4 分钟为期货合约买卖价格指令申报时间，后 1 分钟为集合竞价撮合时间，开市时产生开盘价。交易系统自动控制集合竞价申报的开始和结束，并在计算机终端上显示。集合竞价采用最大成交量原则，即以此价格成交能够得到最大成交量。高于集合竞价产生的价格的买入申报全部成交；低于集合竞价产生的价格的卖出申报全部成交；等于集合竞价产生的价格的买入或卖出申报根据买入申报量和卖出申报量的多少，按少的一方的申报量成交。

集合竞价产生价格的方法如下：

(1) 交易系统分别对所有有效的买入申报按申报价由高到低的顺序排列，申报价相同的按照进入系统的时间先后排列；所有有效的卖出申报按申报价由低到高的顺序排列，申报价相同的按照进入系统的时间先后排列。

(2) 交易系统逐步将排在前面的买入申报和卖出申报配对成交，直到不能成交为止。如最后一笔成交是全部成交的，取最后一笔成交的买入申报价和卖出申报价的算术平均价为集合竞价产生的价格，该价格按各期货合约的最小变动价位取整，如最后一笔成交是部

分成交的，则以部分成交的申报价为集合竞价产生的价格。开盘集合竞价中的未成交申报单自动参与开市后竞价交易。

2. 成交回报与确认

当计算机显示指令成交后，客户可以立即在期货公司的下单系统获得成交回报。对于书面下单和电话下单的客户，期货公司应按约定方式即时予以回报。

客户对交易结算单记载事项有异议的，应当在下一交易日开市前向期货公司提出书面异议；客户对交易结算单记载事项无异议的，应当在交易结算单上签字确认或者按照期货经纪合同约定的方式确认。客户既未对交易结算单记载事项确认，也未提出异议的，视为对交易结算单的确认。对于客户有异议的，期货公司应当根据原始指令记录和交易记录予以核实。

1.4.4 结算

1. 结算的概念与结算程序

结算是指根据期货交易所公布的结算价格对交易账户的交易盈亏状况进行的资金清算和划转。

目前，大连商品交易所、郑州商品交易所和上海期货交易所实行全员结算制度，交易所对所有会员的账户进行结算、收取和追收保证金。中国金融期货交易所实行会员分级结算制度，其会员由结算会员和非结算会员组成。期货交易所只对结算会员结算，向结算会员收取和追收保证金；由结算会员对非结算会员进行结算、收取和追收保证金。

期货交易的结算由期货交易所统一组织进行。但交易所并不直接对客户的账户结算收取和追收客户保证金，而由期货公司承担该工作。期货交易所应当在当日及时将结算结果通知会员。期货公司根据期货交易所的结算结果对客户进行结算，并应当将结算结果按照与客户约定的方式及时通知客户。

在我国，会员(客户)的保证金可以分为结算准备金和交易保证金。结算准备金是交易所会员(客户)为了交易结算在交易所(期货公司)专用结算账户预先准备的资金，是未被合约占用的保证金；交易保证金是会员(客户)在交易所(期货公司)专用结算账户中确保合约履行的资金，是已被合约占用的保证金。在实际中，客户保证金可能有不同的说法，如结算准备金被称为可用资金，交易保证金被称为保证金占用。

下面以郑州商品交易所、大连商品交易所和上海期货交易所的结算制度为例，对具体的结算程序进行介绍。

第一步，交易所对会员的结算。

(1) 每一交易日交易结束后，交易所对每一会员的盈亏、交易手续费、交易保证金等款项进行结算。结算完成后，交易所采用发放结算单据或电子传输等方式向会员提供当日结算数据，包括会员当日平仓盈亏表、会员当日成交合约表、会员当日持仓表和会员资金结算表，期货公司会员以此作为对客户结算的依据。

(2) 会员每天应及时获取交易所提供的结算数据，做好核对工作，并将之妥善保存。该数据应至少保存两年，但对有关期货交易有争议的，应当保存至该争议消除时为止。

(3) 会员如对结算结果有异议，应在下一交易日开市前 30 分钟以书面形式通知交易所。遇特殊情况，会员可在下一交易日开市后两小时内以书面形式通知交易所。如在规定时间内会员没有对结算数据提出异议，则视作会员已认可结算数据的准确性。

(4) 交易所在交易结算完成后，将会员资金的划转数据传递给有关结算银行，结算银行应及时将划账结果反馈给交易所。

(5) 会员资金按当日盈亏进行划转，当日盈利划入会员结算准备金，当日亏损从会员结算准备金中扣划。当日结算时的交易保证金超过昨日结算时的交易保证金的部分将从会员结算准备金中扣划；当日结算时的交易保证金低于昨日结算时的交易保证金的部分将划入会员结算准备金。手续费、税金等各项费用从会员的结算准备金中直接扣划。

(6) 每日结算完毕后，当会员的结算准备金低于最低余额时，该结算结果即视为交易所向会员发出的追加保证金通知。会员必须在下一交易日开市前补足至交易所规定的结算准备金最低余额。

第二步，期货公司对客户的结算。

(1) 期货公司对客户的结算与交易所的方法一样，即每一交易日交易结束后对每一客户的盈亏、交易手续费、交易保证金等款项进行结算。其中，期货公司会员向客户收取的交易保证金不得低于交易所向会员收取的交易保证金。

(2) 期货公司在每日结算后向客户发出交易结算单。交易结算单一般载明下列事项：账号及户名、成交日期、成交品种、合约月份、成交数量及价格、买入或者卖出、开仓或者平仓、当日结算价、保证金占用额和保证金余额、交易手续费及其他费用。

(3) 当每日结算后客户保证金低于期货公司规定的交易保证金水平时，期货公司按照期货经纪合同约定的方式通知客户追加保证金。

2. 结算公式与应用

1) 结算价

结算价是当天交易结束后，对未平仓合约进行当日交易保证金及当日盈亏结算的基准价。郑州商品交易所、大连商品交易所和上海期货交易所规定：当日结算价取某一期货合约当日成交价格按照成交量的加权平均价；当日无成交价格的，以上一交易日的结算价作为当日结算价。中国金融期货交易所规定：当日结算价是指某一期货合约最后一小时成交价格按照成交量的加权平均价。

2) 开仓、持仓、平仓

开仓也称为建仓，是指期货交易者新建期货头寸的行为，包括买入开仓和卖出开仓。交易者开仓之后手中就持有头寸，即持仓。若交易者买入开仓，则构成了买入(多头)持仓；反之，则形成了卖出(空头)持仓。平仓是指交易者了结持仓的交易行为，了结的方式是针对持仓方向作相反的对冲买卖，持仓合约也称为未平仓合约。

3) 交易所对会员的结算公式

(1) 结算准备金余额的计算公式：

当日结算准备金余额＝上一交易日结算准备金余额＋上一交易日交易保证金－当日交易保证金＋当日盈亏＋入金－出金－手续费(等)

(2) 当日盈亏的计算公式：

$$\begin{aligned}\text{商品期货当日盈亏} = & \sum[(\text{卖出成交价} - \text{当日结算价}) \times \text{卖出量}] \\ & + \sum[(\text{当日结算价} - \text{买入成交价}) \times \text{买入量}] \\ & + \sum[(\text{上一交易日结算价} - \text{当日结算价}) \\ & \times (\text{上一交易日卖出持仓量} - \text{上一交易日买入持仓量})]\end{aligned}$$

(3) 股票指数期货交易当日盈亏的计算公式：

$$\begin{aligned}\text{股票指数期货交易当日盈亏} = & \sum[(\text{卖出成交价} - \text{当日结算价}) \times \text{卖出量} \times \text{合约乘数}] \\ & + \sum(\text{当日结算价} - \text{买入成交价}) \times \text{买入量} \times \text{合约乘数} \\ & + \sum[(\text{上一交易日结算价} - \text{当日结算价}) \\ & \times (\text{上一交易日卖出持仓量} - \text{上一交易日买入持仓量}) \\ & \times \text{合约乘数}]\end{aligned}$$

(4) 当日交易保证金计算公式：

$$\text{当日交易保证金} = \sum(\text{当日结算价} \times \text{当日交易结束后的持仓总量} \times \text{交易保证金比例})$$

4) 应用

【例 1-1】 某会员在 7 月 2 日开仓买入豆粕期货合约 40 手(每手 10 吨)，成交价为 4000 元/吨，同一天该会员平仓卖出 20 手豆粕合约，成交价为 4030 元/吨，当日结算价为 4040 元/吨，交易保证金比例为 5%。该会员上一交易日结算准备金余额为 1 100 000 元，且未持有任何期货合约、则客户的当日盈亏(不含手续费、税金等费用)情况为

$$\text{当日盈亏} = (4030-4000) \times 20 \times 10 + (4040-4000) \times 20 \times 10 = 14\ 000(\text{元})$$

$$\begin{aligned}\text{当日结算准备金余额} & = 1\ 100\ 000 - 4040 \times 20 \times 10 \times 5\% + 14\ 000 \\ & = 1\ 073\ 600(\text{元})\end{aligned}$$

【例 1-2】 7 月 3 日，该会员再买入 8 手豆粕合约，成交价为 4030 元/吨，当日结算价为 4060 元/吨，则其账户情况为

$$\text{当日盈亏} = (4060-4030) \times 8 \times 10 + (4060-4040) \times (40-20) \times 10 = 6400(\text{元})$$

$$\begin{aligned}\text{当日结算准备金余额} & = 1\ 073\ 600 + 4040 \times 20 \times 10 \times 5\% - 4060 \times 28 \times 10 \times 5\% + 6400 \\ & = 1\ 063\ 560(\text{元})\end{aligned}$$

【例 1-3】 7 月 4 日，该会员将 28 手豆粕合约全部平仓，成交价为 4070 元/吨，当日结算价为 4050 元/吨，则其账户情况为

$$\text{当日盈亏} = (4070-4060) \times 28 \times 10 = 2800(\text{元})$$

$$\text{当日结算准备金余额} = 1\ 063\ 560 + 4060 \times 28 \times 10 \times 5\% + 2800 = 1\ 123\ 200(\text{元})$$

3. 期货公司对客户的结算

期货公司对客户的结算须使用交易结算单，该结算单分为“资金状况”、“持仓明细”、“持仓汇总”三部分。下面对交易结算单中的主要项目进行说明：

1) 平仓盈亏的计算

$$\text{平仓盈亏} = \text{平历史仓盈亏} + \text{平当日仓盈亏}$$

$$平历史仓盈亏 = \sum[(卖出平仓价 - 上一交易日结算价) \times 卖出平仓量] + \sum[(上一交易日结算价 - 买入平仓价) \times 买入平仓量]$$

$$平当日仓盈亏 = \sum[(当日卖出平仓价 - 当日买入开仓价) \times 卖出平仓量] + \sum[(当日卖出开仓价 - 当日买入平仓价) \times 买入平仓量]$$

该交易结算单中，由于该客户当日没有进行平仓交易，所以平仓盈亏为 0。

2）持仓盯市盈亏和浮动盈亏的计算

$$持仓盯市盈亏 = 历史持仓盈亏 + 当日开仓持仓盈亏$$

$$历史持仓盈亏 = \sum[(当日结算价 - 上一交易日结算价) \times 买入持仓量] + \sum[(上一交易日结算价 - 当日结算价) \times 卖出持仓量]$$

$$当日开仓持仓盈亏 = \sum[(卖出开仓价 - 当日结算价) \times 卖出开仓量] + \sum[(当日结算价 - 买入开仓价) \times 买入开仓量]$$

$$浮动盈亏 = \sum[(当日结算价 - 成交价) \times 买入持仓量] + \sum[(成交价 - 当日结算价) \times 卖出持仓量]$$

持仓盯市盈亏和浮动盈亏可以在当日交易进行中计算。此时，持仓盯市盈亏和浮动盈亏的结算的基准价为“最新成交价”，即在上述公式中，以“最新成交价”代替“当日结算价”。但当日交易结束后，则应以“当日结算价”为结算基准价。

3）保证金的计算

$$保证金占用 = \sum(当日结算价 \times 持仓手数 \times 交易单位 \times 公司的保证金比例)$$

4）客户权益和可用资金的计算

$$客户权益 = 上日结存 \pm 出入金 \pm 平仓盈亏 \pm 浮动盈亏 - 当日手续费$$

$$可用资金 = 客户权益 - 保证金占用$$

5）风险度的计算

$$风险度 = \frac{保证金占用}{客户权益} \times 100\%$$

当风险度大于 100％时则会收到《追加保证金通知书》，保证金应追加至可用资金大于等于 0。

1.4.5　交割

1. 交割的概念

交割是指期货合约到期时，按照期货交易所的规则和程序，交易双方通过该合约所载标的物所有权的转移，或者按照结算价进行现金差价结算，了结到期未平仓合约的过程。其中，以标的物所有权转移方式进行的交割为实物交割；按结算价进行现金差价结算的交割方式为现金交割。一般来说，商品期货以实物交割方式为主，股票指数期货、短期利率期货多采用现金交割方式。

2. 交割的作用

交割是联系期货与现货的纽带。尽管期货市场的交割量占总成交量的很小比例，但交割环节对期货市场的整体运行却起着十分重要的作用。

期货交割是促使期货价格和现货价格趋向一致的制度保证。当市场过分投机，期货价格严重偏离现货价格时，交易者就会在期货、现货两个市场间进行套利交易。当期货价格过高而现货价格过低时，交易者在期货市场上卖出期货合约，在现货市场上买进商品，这样，现货需求增多，现货价格上升，期货合约价格下降，期现价差缩小；当期货价格过低而现货价格过高时，交易者在期货市场上买进期货合约，在现货市场卖出商品，这样，期货价格上升，现货供给增多，现货价格下降，使期现价差趋于正常。通过交割，期货、现货两个市场得以实现相互联动，期货价格最终与现货价格趋于一致，使期货市场真正发挥价格晴雨表的作用。

3. 实物交割方式与交割结算价的确定

1）实物交割方式

实物交割是指期货合约到期时，根据交易所的规则和程序，交易双方通过该期货合约所载标的物所有权的转移，了结未平仓合约的过程。实物交割方式包括集中交割和滚动交割两种。

(1) 集中交割：也叫一次性交割，是指所有到期合约在交割月份最后交易日过后一次性集中交付的交割方式。

(2) 滚动交割：指在合约进入交割月以后，在交割月第一个交易日至交割月最后交易日的前一交易日之间进行交割的交割方式。滚动交割使交易者在交易时间的选择上更为灵活，可减少储存时间，降低交割成本。

目前，我国上海期货交易所采用集中交割方式；郑州商品交易所采用滚动交割和集中交割相结合的方式，即在合约进入交割月后就可以申请交割，而且最后交易日过后，对未平仓合约进行一次性集中交割；大连商品交易所对黄大豆1号、黄大豆2号、豆粕、豆油、玉米合约采用滚动交割和集中交割相结合的方式，对棕榈油、线型低密度聚乙烯和聚氯乙烯合约采用集中交割方式。

2）实物交割结算价

实物交割结算价是指在实物交割时商品交易所依据的基准价格。交割商品计价以交割结算价为基础，再加上不同等级商品质量升贴水及异地交割仓库与基准交割仓库的升贴水。

4. 实物交割的流程

采用集中交割方式时，各期货合约最后交易日的未平仓合约必须进行交割。实物交割要求以会员名义进行。客户的实物交割必须由会员代理，并以会员名义在交易所进行。实物交割必不可少的环节包括：

(1) 交易所对交割月份持仓合约进行交割配对。

(2) 买卖双方通过交易所进行标准仓单与货款交换。买方通过其会员期货公司、交易所将货款交给卖方，卖方则通过其会员期货公司、交易所将标准仓单交付给买方。

(3) 增值税发票流转。交割卖方给对应的买方开具增值税发票，客户开具的增值税发票由双方会员转交、领取并协助核实，交易所负责监督。

5. 标准仓单

在实物交割的具体实施中，买卖双方并不是直接进行实物商品的交收，而是交收代表商品所有权的标准仓单，因此，标准仓单在实物交割中扮演着十分重要的角色。标准仓单是指由交易所统一制定的，由交易所指定的交割仓库在完成入库商品验收、确认合格后签发给货主的实物提货凭证。标准仓单经交易所注册后生效，可用于交割、转让、提货、质押等。

标准仓单的持有形式为标准仓单持有凭证。标准仓单持有凭证是交易所开具的代表标准仓单所有权的有效凭证，是在交易所办理标准仓单交割、交易、转让、质押、注销的凭证，受法律保护。标准仓单数量因交割、交易、转让、质押、注销等业务发生变化时，交易所收回原标准仓单持有凭证，签发新的标准仓单持有凭证。

在实践中，可以有不同形式的标准仓单，其中最主要的形式是仓库标准仓单。仓库标准仓单是指依据交易所的规定，由指定交割仓库完成入库商品验收、确认合格后，在交易所标准仓单管理系统中签发给货主的，用于提取商品的凭证。除此之外，还有厂库标准仓单等形式。所谓厂库，是指某品种的现货生产企业的仓库经交易所批准并指定为期货履行实物交割的地点。厂库标准仓单则是指经过交易所批准的，指定厂库按照交易所规定的程序签发的，在交易所标准仓单管理系统中生成的实物提货凭证。

在我国大连商品交易所，豆粕、豆油、棕榈油期货除了可以采用仓库标准仓单外，还可用厂库标准仓单。上海期货交易所的螺纹钢、线材期货合约也允许采用厂库标准仓单交割。郑州商品交易所的标准仓单分为通用标准仓单和非通用标准仓单。通用标准仓单是指标准仓单持有人按照交易所的规定和程序可以到仓单载明品种所在的交易所任一交割仓库选择提货的财产凭证；非通用标准仓单是指仓单持有人按照交易所的规定和程序只能到仓单载明的交割仓库提取所对应货物的财产凭证。

6. 现金交割

现金交割是指合约到期时，交易双方按照交易所的规则、程序及其公布的交割结算价进行现金差价结算，了结到期未平仓合约的过程。中国金融期货交易所的股指期货合约采用现金交割方式，规定股指期货合约最后交易日收市后，交易所以交割结算价为基准，划付持仓双方的盈亏，了结所有未平仓合约。其中，股指期货交割结算价为最后交易日标的指数最后 2 小时的算术平均价。

1.5　期货交易策略

期货交易策略根据交易者交易目的不同，可分为套期保值策略、投机策略和套利策略三类。

1.5.1　套期保值

套期保值就是买入(卖出)与现货市场数量相当，但交易方向相反的期货合约，以期在未来某一时间通过卖出(买入)期货合约来补偿现货市场价格变动所带来的实际价格风险。

套期保值是期货市场产生的原动力。期货市场的产生就是源于农产品生产经营过程中面临现货价格剧烈波动而带来风险时自发形成的买卖远期合同的交易行为。随着远期合同买卖的交易机制不断完善，例如将合同标准化、引入对冲机制、建立保证金制度等，最终形成了现代意义的期货交易。可以说，没有套期保值，期货市场也就不是期货市场了。

套期保值能够避免价格风险的基本原理如下：

第一，期货价格与现货价格尽管变动幅度不完全一致，但变动趋势大致相同，也就是当特定商品的现货价格趋于上涨时，其期货价格也趋于上涨。反之亦然。这是因为期货市场与现货市场虽然是两个不同的市场，但对于特定的商品而言，其期货价格与现货价格主要的影响因素是相同的。故而，引起现货市场价格涨跌的因素，也会同样影响到期货市场价格同向的涨跌。套期保值者就可以通过在期货市场上进行与现货市场相反的交易来实现保值，也就是在期货市场中持有与现货市场相反的头寸，使价格稳定在一个目标水平上。

第二，合约期满时，期货价格与现货价格将大致相等或合二为一，也即期货价格会逐步向现货价格收敛。这是因为，期货价格通常高于现货价格，在期货价格中包含有储藏该项商品直至交割日为止的一切费用。当合约接近交割日时，这些费用会逐渐减少乃至完全消失，于是，两个价格的决定因素实际上已经几乎相同了。

但期货市场毕竟是不同于现货市场的，它还会受到一些特有因素的影响。因此，期货价格的波动时间与波动幅度不一定与现货价格完全一致，加之期货市场上有规定的交易单位，两个市场操作的数量往往不尽相同，这意味着套期保值者在对冲时，有可能获得额外的利润或亏损，从而使其交易行为仍然具有一定的风险。因此，套期保值也不是件一劳永逸的事情。

1. 套期保值的类型

保值的类型又可以分为多头套期保值和空头套期保值。

多头套期保值是指在现货市场上面临价格上涨的潜在不利影响时，通过期货市场买入期货合约以防止因现货价格上涨而遭受损失的行为。具体表现为：套期保值者首先买进期货合约即买空，持有多头头寸，以保障其在现货市场的空头头寸，旨在避免价格上涨的风险。

空头套期保值则指在现货市场上面临价格下降的潜在不利影响时，通过期货市场卖出期货合约以防止因现货价格下跌而造成损失的行为。具体表现为：套期保值者首先卖出期货合约，即卖空，持有空头头寸，以保护其在现货市场中的多头头寸，旨在避免价格下降的风险。

2. 基差分析

套期保值可以大体抵消现货市场中价格波动的风险，但不能使风险完全消失，主要原因是“基差”的存在。只有掌握基差及其基本原理，才能深刻理解并运用套期保值，避免价格风险。

1）基差的含义

基差是指某一特定商品在某一特定时间和地点的现货价格与该商品在期货市场的期货价格之差，即

$$基差=现货价格-期货价格$$

基差可以是正数也可以是负数，主要取决于现货价格与期货价格的高低。现货价格高于期货价格，则基差为正数，又称为远期贴水或现货升水；现货价格低于期货价格，则基差为负数，又称为远期升水或现货贴水。

基差包含两个成分，即分隔现货与期货市场间的“时”与“空”两个因素：基差还包含两个市场之间的持有成本和运输成本，如储藏费、利息、保险费和损耗费、运输费等，其中利率变动对持有成本的影响很大。就同一市场而言，不同时期的基差在理论上应充分反映持有成本，即持有成本的这部分基差是随着时间而变动的，离期货合约到期的时间越长，持有成本就越大，而当非常接近合约的到期日时，就某地的现货价格与期货价格而言必然几乎相等，而农产品、矿产品等的基差将缩小至仅仅反映运输成本。

2）基差与套期保值

理想状态的套期保值，在整个保值过程中基差保持不变，但实际上这种理想状态很少发生。现货市场状况可能会引起市价的涨落，但更远交割月份的期货合约价格却不易受到影响。又或，某地因素会影响当地现货市场的价格，而反映全国或国际状况的期货价格却不受影响。比如，开始套期保值时黄金的现货价和 9 月份黄金期货的差额是 4.6 元/克，在套期保值假设下，当套期保值完成黄金卖出以后，基差应仍是 4.6 元/克。但是，实际情况是基差在不断的变动中，而且会导致套期保值者利润的增加或减少。

导致现货价格与期货价格的差异变化的因素是多种多样的。首先，现货市场中每种商品有许多个等级，每个等级的价格变化比率不一样。可是期货合约却限定了一个特定等级，于是需套期保值的商品的等级的价格在现货市场中变动快于合约中的特定等级的价格。第二，当地现货价格反映了当地市场状况，而这些状况可能并不影响全国或国际市场状况的期货价格。第三，当前市场状况对更远交割月份的期货价格的影响小于对现货市场价格的影响。第四，需套期保值的商品可能与期货合约规定的商品种类不尽相同。比如航空公司需用燃料油期货代替航空汽油进行套期保值交易，但航空汽油的生产成本、供求关系与燃料油的不尽相同，因此其价格波动可能与燃料油价格存在差异。

套期保值的另一个限制是期货合约规定的具体交易量，它可能与所需套期保值的库存量存在差异。比如，一家油脂厂希望出售 316 吨豆油，这时，这家工厂只能通过卖出 31 手豆油对 316 吨进行保值，有 6 吨不能保值。如果这家工厂决定卖出 32 手合约，那么多出来的 4 吨将成为投机交易。总之，有一些风险不能转移。这样，套期保值就难以提供完全的保险，但它的确大大减少了与商品相联系的价格风险，套期保值基本上是以基差波动风险取代价格波动风险。

对于套期保值者来说，由于期货价格与现货价格的变动趋势大体一致，因此，实际上可以无需关心期货价格变动的趋势。而且两种价格变动的时间和幅度是不完全一致的，也就是说，在某一时间的基差是不确定的。所以，对套期保值者甚或对于投机者而言，这是必须密切关注的。因为，基差的比例变化也会给保值带来风险，如多头套期保值者面临基差扩大，空头套期保值面临基差缩小。

3. 套期保值交易策略中期货合约的选择

（1）期货合约品种的选择。需套期保值的资产应与期货合约基础资产一致，或两者的价格高度相关，即尽量选择同种商品的期货合约来做套期保值交易，在无相同商品时，可采用关系比较紧密的替代商品的期货合约。如铜生产商可使用上海期货交易所的阴极铜期货合约进行空头套期保值，航空公司可采用燃料油期货合约对其所需的航空汽油进行多头套期保值。

（2）期货合约交割月份的选择。应选择交割月份略长于套期保值策略时限，且距今较近的期货合约。如进口商需在10月份对外支付一笔美元，就可选择11月份到期的人民币期货。

(3) 期货合约份数的选择。若套期保值的资产与期货合约基础资产一致，可用套期保值的资产规模与每张期货合约的交易单位之比，确定所需合约份数；若采用的是关系比较紧密的替代商品的期货合约，需根据最优套期保值比率确定所需合约份数。

1.5.2 投机交易

1. 投机的概念

投机指根据对市场的判断，把握机会，利用市场出现的价差进行买卖从中获得利润的交易行为。投机者可以"买空"，也可以"卖空"。如果其判断与市场价格走势相同，则投机者平仓出局后获取投机利润；如果其判断与价格走势相反，则投机者平仓出局后承担投机损失。所以，投机是有风险的。由于投机的目的是赚取差价收益，所以，投机是一般只是平仓了结期货交易，而不进行实物交割。根据持有期货合约时间的长短，投机可分为以下三类。

第一类是价差交易者，也称长线投机者，此类交易者在买入或卖出期货合约后，通常将合约持有几天、几周甚至几个月，待价格对其有利时才将合约对冲。比如预期10月份黄金期货价格上升，则8月份决定买进10月黄金合约若干手，待黄金价格上升后，在合约到期之前，卖出合约平仓，扣除手续后获净利。若价格预期错误，则受损失，同时需要支付手续费。又或预期10月份黄金期货价格下跌，则应做空头，然后待机补进以获利。进行价差投机的关键在于对期货市场价格变动趋势的分析预测的准确性。由于影响期货市场价格变动的因素很多，特别是投机心理等偶然性因素难以预测，因此，正确判断的难度较大，所以价差投机的风险也较大。

第二类是当日交易者，也称短线交易者，一般进行当日或某一交易节的期货合约买卖，其持仓不过夜。

第三类是逐小利者，又称"抢帽子者"，他们的技巧是利用价格的微小变动进行交易来获取微利，一天之内他们可以做多个回合的买卖交易。

根据投机者的交易部位差异，投机还可分为多头投机和空头投机两类。多头投机是指投机者预测期货价格上涨，而买入期货合约进行投机，待到期货价格上涨后再平仓了结，以获取投机利润。空头投机是指投机者预测期货价格下跌，而卖出期货合约进行投机，待到期货价格下降后再平仓了结，以获取投机利润。

2. 投机交易在期货市场中的作用

投机者是期货市场的重要组成部分，是期货市场必不可少的润滑剂。投机交易增强了市场的流动性，承担了套期保值交易转移的风险，是期货市场正常运营的保证。投机交易是期货市场套期保值功能和发现价格功能得以发挥的重要条件之一。其主要表现如下：

(1) 投机者是期货风险的承担者，是套期保险者的交易对手。期货市场的套期保值交易能够为生产经营者规避风险，但它只是转移了风险，并不能把风险消灭。转移出去的风险需要有相应的承担者，期货投机者在期货市场上正起着承担风险的作用。假设仅有套期保值者参与期货交易，那么，必须在买入套期保值者和卖出套期保值者交易数量完全相等时，交易才能成立。实际上，多头保值者和空头保值者通常并不匹配。投机者的参与恰好弥补了这种失衡，促使期货交易的实现。在利益动机的驱使下，投机者根据自己对价格的判断，不断在期货市场上买卖期货合约，以期在价格波动中获利。在这一过程中，投机者必须承担很大的风险，一旦市场价格与投机者预测的方向相反，就会造成亏损。如果期货市场上没有或没足够的投机者参与期货交易，套期保值者就没有交易对手，风险也就无从转嫁，期货市场套期保值回避风险的功能便难以发挥。

(2) 投机交易有助于提高市场流动性，保障了期货市场发现价格功能的实现。发现价格功能是在市场流动性较强的条件下实现的。一般来说，期货市场流动性的强弱取决于投机成分的多少。如果只有套期保值者，即使集中了大量的供求信息，也难以找到交易对手，在交易不活跃市场形成的价格，很可能是扭曲的。投机者的介入，为套期保值者提供了更多的交易机会，众多的投机者通过对价格的多样化预测，积极进行买空卖空活动。这增加了参与交易人数，扩大了市场规模和深度，使得套期保值者较容易找到交易对手，自由地进出市场，从而使市场具有充分的流动性。

要使风险高效转移，就必须有一大群人乐意买卖合约。当套期保值者想通过销售期货合约来巩固他的商业地位时，他需要快速完成交易。期货交易所汇集的大量投机者，让快速交易成为可能。为了使自己的投机活动获利，投机者就必须不断地运用各种手段，通过各种渠道收集、传递、整理所有可能影响商品价格变动的信息资料，并将自己对未来价格的预期通过交易行为反映在期货价格之中。同时，投机者在市场中快进快出，使得投机者能够及时修正自己对价格的判断，进一步影响期货价格的形成。因此，在流动性较好的市场中，由于适度的投机交易的存在，期货价格的连续性得到保证，能相对准确、真实地反映出商品的远期价格。

(3) 适度的期货投机能够缓减价格波动。投机者进行期货交易，总是力图通过对未来价格的正确判断和预测来赚取差价利润。当期货市场供过于求时，市场价格低于均衡价格，投机者低价买进合约，从而增加了需求，使期货价格上涨，供求重新趋于平衡；当期货市场供不应求时，市场价格高于均衡价格，投机者会高价卖出合约，增加了供给，使期货价格下跌，供求重新趋于平衡。可见，期货投机对于缩小价格波动幅度发挥了很大的作用。

投机交易减缓价格波动作用的实现是有前提的。一是投机者需要理性化操作，违背市场规律进行操作的投机者最终会被淘汰出期货市场。二是投机要适度，操纵市场等过度投机行为不仅不能减缓价格的波动，而且会人为地破坏供求关系，加剧价格波动，加大市场风险，使市场丧失其正常的功能。因此，应提倡理性交易，遏制过度投机，打击操纵市场行为。

1.5.3　套利

套利指同时买进和卖出两张或两张以上不同种类的期货合约。由于同种商品不同交割月份的合约价格变动也存在差异，同种商品在不同的期货交易所的价格变动也存在差异，这使得期货市场的套利交易成为可能。交易者买进自认为是“便宜的”合约，同时卖出那些“高价的”合约，从两合约价格间的变动关系中获利。在进行套利时，交易者关注的是期货合约相对价格水平的变化，而不是绝对价格水平。

套利交易对期货市场的稳定发展有积极的意义。具体地讲，套利的作用主要表现在两个方面：一方面，套利提供了风险对冲的机会；另一方面，套利有助于不同品种之间和不同市场之间的价格形成一个较为合理的结构。

套利一般可分为三类：跨期套利、跨市套利和跨商品套利。

(1) 跨期套利是套利交易中最普遍的一种，是利用同一商品在不同交割月份之间正常价格差距出现异常变化时进行对冲而获利的。利用期货合约进行的跨期套利又包含牛市套利、熊市套利等形式。所谓牛市套利，是指买入近期交割月份的期货合约。同时卖出远期交割月份的期货合约，希望近期合约价格上涨幅度大于远期合约价格的上涨幅度。而熊市套利则相反，即卖出近期交割月份合约，买入远期交割月份合约，并期望远期合约价格下跌幅度小于近期合约的价格下跌幅度。跨月套利与商品绝对价格无关，而仅与不同交割期之间价差变化的趋势有关。

(2) 跨市套利是利用同一商品在不同交易所的期货价格的不同，在两个交易所同时买进和卖出期货合约以谋取利润的活动。当同一期货商品合约在两个或更多的交易所进行交易时，由于区域间的地理差别，各商品合约间存在一定的价差关系。例如，伦敦金属交易所(LME)与上海期货交易所(SHFE)都进行阴极铜的期货交易，每年两个市场间会出现几次价差超出正常范围的情况，这为交易者的跨市套利提供了机会。例如，当LME铜价低于SHFF时，交易者可以在买入LME铜合约的同时，卖出SHFE的铜合约，待两个市场价格关系恢复正常时再将买卖合约对冲平仓并从中获利。反之亦然。在做跨市套利时应注意影响各市场价格差的几个因素，如运费、关税、汇率等。在国内，由于三家交易所之间的上市品种都不一样，而且与国外交易所之间无法连通，因此，跨市场套利难以实现。

(3) 跨商品套利指的是利用两种不同的，但相关联商品之间的价差进行交易。这两种商品之间具有相互替代性或受同一供求因素制约。跨商品套利的交易形式是同时买进和卖出相同交割月份但不同种类的商品期货合约。跨商品套利必须具备以下条件：① 两种商品之间应具有关联性与相互替代性；② 交易受同一因素制约；③ 买进或卖出的期货合约通常应在相同的交割月份。比如若玉米的价格偏高，小麦可以成为它的替代品。又如大豆与豆粕或豆油间的套利交易，大豆压榨后，生产出豆粕和豆油，在大豆与豆粕、大豆与豆油之间都存在一种天然联系能限制它们的价格差异额的大小。

交易者之所以进行套利交易，主要是因为套利的风险较低，套利交易可以为避免始料未及的或因价格剧烈波动而引起的损失提供某种保护，但套利的赢利能力也较直接交易小。套利的主要作用一是帮助扭曲的市场价格回复到正常水平，二是增强市场的流动性。套利交易的收益来自下面三种方式之一：① 在合约持有期，空头的赢利高于多头的损失；② 在合约持有期，多头的赢利高于空头的损失；③ 两份合约都赢利。

第 2 章　期货交易分析

期货价格的分析与预测是期货交易中极为重要的环节。期货价格与现货价格相比，更具风险性和不确定性。尽管人们在分析和预测期货价格时不可能得到准确的答案，然而通过对影响期货价格诸因素的分析，结合现货价格和历史资料，仍可预测出比较合理、准确的期货价格变动趋势。对期货价格进行分析和预测一般有两种方法：基础分析和技术分析。

2.1　期货交易基础分析

基础分析是利用市场供求关系因素和其他一般因素来解释和预测期货价格变化趋势的方法。一般性因素包括金融货币因素、政治因素、投机与心理因素以及自然因素等。商品期货与金融期货的基础分析不尽相同，在众多影响商品期货价格的因素中，供求关系是最基本、最重要的因素，其他因素的影响最终都是通过市场的供求因素来实现的。而金融期货的基础分析则更关注经济周期、宏观经济、政府政策、金融货币等因素。

基础因素分析法以分析价格变动的长期趋势、根本原因、宏观性因素等为主要特点。鉴于我国期货交易品种以商品期货为主，此处的基础因素分析偏重于商品期货。

2.1.1　商品供求状况分析

商品供求状况对商品期货价格具有重要的影响。基本因素分析法主要分析的就是供求关系。商品供求状况的变化与价格的变动是互相影响、互相制约的。在其他因素不变的条件下，供给和需求的任何变化，都可能影响商品价格变化，而且影响按时间的长短不同在发生着变化。在短期内，商品期货价格的变动受供给数量的限制而上下波动。从长期来看，商品供给与价格是互相影响的，即在某一时期内商品的供给量决定着商品的价格，而此时的价格变动又会对下一个时期商品的生产发挥作用，从而导致下一个时期内供给数量的增加或减少，进而影响新一轮的商品期货价格。供求与价格互为因果的关系，使商品供求分配更加复杂化，即不仅要考虑供求变动对价格的影响，还要考虑价格变化对供求的反作用，尤其需要考虑的因素是商品价格供给弹性差异对其供给影响程度的不同。

另外，由于期货交易的成交到实物交割有较长的时间差距，加上期货交易可以采取买空卖空方式进行，因此商品供求关系的变化对期货市场价格的影响在很大程度上受心理预期变化的左右，从而导致期货市场价格以反复的频繁波动来表现其上升或下降的总趋势。

1. 期货商品供给分析

期货商品供给分析主要考察本期商品供给量的构成及其变化。本期商品供给量主要由期初存量、本期产量和进口产量三部分组成。

1）期初存量

期初存量是指上年或上季积存下来可供社会继续消费的商品实物量。根据存货所有者身份的不同，可以分为生产供应者存货、经营商存货和政府储备。前两种存货可根据价格变化随时上市供给，可视为市场商品可供量的实际组成部分。而政府方面的目的在于为全社会整体利益而储备，不会因一般的价格变动而轻易投放市场。但当市场供给出现严重短缺，价格猛涨时，政府可能动用它来平抑物价，因此这种宏观调控会对市场供给产生重要影响。期初库存量的多少，反映了供应的紧张程度，供应的紧张将导致价格的上扬，而充裕的库存又将使价格下跌。因此，对于能够长期储藏的小麦、玉米、大豆等农产品以及能源、金属矿产品等商品，研究期初库存量是非常重要的。

2）本期产量

本期产量是指本年或本季的商品生产量。它是市场商品供给量的主体，其影响因素也甚为复杂。从短期看，它主要是受生产能力制约，资源和自然条件、生产成本及政府政策对于不同商品生产量的影响因素可能相差很大，必须针对具体商品生产量的影响因素进行具体分析，以便能较为准确地把握其可能的变动。

以大豆为例。

首先，大豆种植与供应是季节性的，中国与美国大豆在每年的 10～11 月份收获，南美国家大豆的收获期则在每年的 4、5 月份。通常，在收获期大豆的价格比较低。美国农业部每月中旬会发布《世界农产品供求预测》，预测世界大宗农产品的供应量及各国别的供应量。这一报告对芝加哥大豆期货价格有重要影响，美国农业部在每月中旬发布的《油料作物概况》对世界油料作物的供应量作预测。这些资料对于了解国际市场的变化，掌握芝加哥大豆期价的变化规律是有帮助的。

其次，种植面积变化对大豆市场价格的影响。国内大豆种植面积预测报告由国家统计局农调队在每年 3 月中下旬发布。美国大豆种植面积预测报告《种植展望》由美国农业部在每年 3 月底在网络上发布。美国大豆种植面积的预测报告对芝加哥大豆期货价格影响较大，可以用 3、4 月间期价变化来说明。国内市场参与者对国内大豆种植面积预测报告关注较少。因此，这一报告对大连大豆期货价格变化影响较小。实际上这是一个重要的参考数据，将来会对市场产生影响。

第三，种植期内气候因素、生长情况、收获进度的影响。在每年的 5～9 月份，芝加哥大豆期货价格的炒作因素中重要的是气候因素，美国农业部每周三发布《每周气候与作物公报》。美国农业部在每周一发布《作物进展》报告，内容包括播种时生长情况和收获进度，这些资料将是大豆期货价格的一个重要炒作因素。对大豆而言，五六月份，《作物进展》报告美国大豆播种旱灾度。6～8 月份，《作物进度》报告美国大豆开花、生长等作物生长进度报告。8～10 月份，《作物进度》报告美国大豆收获进度。

国内报刊，如《期货日报》等经常发布有关农业气象方面的报道，但没有一个权威机构专司此职，经常是由一些地方性气象台或统计局农调队发布这方面的信息。作物进展情况，国内较少专门报道，有些报道内容附于农业气象报道之后。在收获期，一些经纪公司，会专门去主产区调查大豆收获情况，主产区的农调队亦会发布这方面的调查信息。

3）本期进口量

本期进口量是对国内生产量的补充，通常会随着国内市场供求平衡状况的变化而变化。同时，进口量还会受到国际国内市场价格差、汇率、国家进出口政策以及国际政治因素的影响而变化。

我国自 1995 年开始已从一个大豆出口国变成一个净进口国，进口量的大小直接影响大连大豆期货价格的变动。进口数据可以从每月海关的统计数据中获得。进口预测数据的主要来源有：美国农业部周四发布的《每周出口销售报告》及有关机构对南美大豆出口装运情况的报告。进口预测数据对大连大豆期货价格的影响较大，但由于贸易商在国际市场回购或转销他国等情况，进口预测数据很难反映真实的进口数据。

2. 期货商品需求分析

商品需求量是指在一定时间、地点和价格条件下，买方蓄意购买并有能力购买某种商品的数量。它通常由国内消费量、出口量、国际市场需求和期末结存量等部分组成。

1）国内消费量

国内消费量主要受消费者的收入水平、购买能力、消费者人数、消费结构变化、商品新用途发现、替代品价格，以及获取的方便程度等因素的影响，这些因素变化对期货商品需求量及价格的影响往往大于其对现货市场的影响。

以大豆为例。相对稳定的食用消费对大豆价格影响较弱，变化较大的压榨需求量对大豆价格影响较强。经大豆压榨而生产出的豆油、豆粕产品市场需求变化不定，影响因素颇多。豆油作为一种植物油，受菜子油、棉籽油、椰子油、花生油、葵花子油等其他植物油供求因素的影响。大豆压榨后的主要副产品(80％以上)是豆粕，豆粕是饲料中的主要配料之一，与饲养业的景气状况密切相关，豆粕的需求情况对大豆期货价格有显著影响。

2）出口量

出口量是本国生产和加工的商船销往同外市场的数量，它是影响国内需求总量的重要因素之一。分析其变化应综合考虑影响出口的各种因素的变化情况，如国际、国内市场供求量，内销与外销价格比，本国出口政策和进口国政策变化，关税和汇率变化等。

3）国际市场需求分析

大豆主要进口需求来自于欧盟、日本、中国、东南亚地区的国家。欧盟、日本的大宗进口量相对稳定，而中国、东南亚国家的大豆进口量变化较大。稳定的进口规模虽然量大，但对国际市场价格影响甚微；不稳定的进口规模虽小，但对国际市场价格影响颇大。

例如，美国农业部在每月上、中旬发布《世界农产品供求预测》对主要进口国的需求情况作分析并进行预测。美国农业部还在每月中旬发布《油子：世界市场与贸易》作为上一报告的分报告，内容更为专业、详细，包括菜籽、棉籽、花生、葵花籽等。

4）期末结存量

期末结存量具有双重的作用，一方面，它是需求的组成部分，是正常的社会再生产的必要条件；另一方面，它又在一定程度上起着平衡短期供求的作用。当本期商品供不应求时，期末结存将会减少；反之就会增加。因此，分析本期期末存量的实际变动情况，就可以从商品实物运动的角度看出本期商品的供求状况及其对下期商品供求状况和价格的影响。以大豆为例，美国农业部在每月发布的《世界农产品供求预测》中有各国大豆的库存情况，主要分析美国、巴西、阿根廷的库存情况对芝加哥大豆期货价格的中短期趋势产生的影响，并存在较高的相关性。国内大豆库存情况没有权威的报告，因为国内农户规模小，存粮情况难以精确统计。

基本因素分析法认为，为了更好地把握期货交易的有利时机，交易者在利用上述各项因素对商品期货价格走势进行定性分析的同时，还应利用统计技术进行定量分析，提高预测的准确度，甚至还可以通过建立经济模型，系统地描述影响价格变动的各种供求因素之间相互制约、相互作用的关系。计算机的应用使基本因素分析中的定量分析变得更加全面和精确。利用计量经济模型来分析各经济要素之间的制约关系，已成为基本因素分析法的重要预测手段之一。

2.1.2 经济波动周期

商品市场波动通常与宏观经济波动周期紧密相关，期货价格也不例外。由于期货市场是与国际市场紧密相连的开放市场。因此，期货市场价格波动不仅受国内经济波动周期的影响，而且还受世界经济景气状况的牵制。

经济周期通常由复苏、繁荣、衰退和萧条四个阶段构成。复苏阶段始于前一周期的最低点，产出和价格均处于最低水平，随着经济的复苏、生产的恢复和需求的增长，价格也开始逐步回升；繁荣阶段是经济周期的高峰阶段，由于投资和消费需求的不断扩张超过了产出的增长，刺激价格快速上涨；衰退阶段出现在经济周期高峰之后，经济开始滑坡，需求萎缩，供给超过需求，价格迅速下跌；萧条阶段是经济周期的谷底，供给和需求均处于较低水平，价格下跌趋缓，处于低水平上。在整个经济周期演化过程中，价格波动略滞后于经济波动。

以上是经济周期四个阶段的一般特征。不同国家、不同时期的期货可能具有各自不同的特点。比如 20 世纪 70 年代初期，西方国家先后进入所谓的“滞胀”时期，经济大幅度衰退，价格却仍然猛烈上涨，经济的停滞与严重的通货膨胀并存。20 世纪八九十年代之后的经济波动幅度大幅缩小，并且价格总水平只涨不跌，衰退和萧条期下降的只是价格上涨速度。所谓的只涨不跌，是指价格总水平，而非所有具体商品的价格，具体商品价格仍然是有升有降。进入 21 世纪后，受此起彼伏的金融危机冲击，欧美经济深陷危机，消费疲软，而新兴市场国家复苏较快，导致部分商品的国际市场价格大幅波动。因此，认真观测和分析周期的阶段和特点，对于正确地把握期货市场价格趋势具有重要意义。经济周期阶段可由一些主要经济指标值的高低来判断，如 GDP 增长率、失业率、价格指数、汇率等，这些都是期货交易者应密切注意的。

2.1.3 金融货币因素

期货交易与金融货币市场有着紧密的联系，利率的高低、汇率的变动直接影响商品期货价格变动。

1. 利率

对于投机性期货交易者来说，保证金利息是其交易的主要成本。因此，利率的变动将直接影响期货交易者的交易成本。如果利率提高，交易成本上升，投机者面临的风险增大，就会减少期货投机交易，使期货交易量减少；如果利率降低，期货投机交易成本降低，交易量就会放大。利率调整是政府紧缩或扩张经济的宏观调控手段。利率的变化对金融衍生品交易影响较大，而对商品期货的影响较小。如从 1994 年开始，为抑制通货膨胀，中国人民银行大幅度提高利率水平，提高中长期存款和国库券的保值贴补率，导致国债期货价格狂飙，1995 年 5 月 18 日，国债期货被国务院责令暂停交易。

2. 汇率

期货市场是开放性的市场，期货价格与国际市场商品价格紧密相连。国际市场商品价格比较必然涉及各国货币的交换比值——汇率，汇率是本国货币与外国货币交换的比率。当本币贬值时，假设外国商品价格不变，以本国货币表示的外国商品价格将上升；反之则下降。因此，汇率的高低变化必然影响相应的期货价格变化，期货交易者必须密切注意相关汇率的变动情况。

2.1.4 政治和政策因素

期货市场价格对国际国内政治气候、相关政策的变化十分敏感。政治因素主要指国际国内政治局势、国际性政治事件的爆发及由此引起的国际关系格局的变化、各种国际性经贸组织的建立及有关商品协议的达成、政府对经济干预所采取的各种政策和措施等。这些因素将会引起期货市场价格的波动。

1. 农业政策的影响

在国际上，大豆主产国的农业政策对大豆期货价格影响很大。例如，1996 年美国国会批准新的《1996 年联邦农业完善与改革法》，使 1997 年美国农场主播种大豆的面积猛增 10%，从而导致大豆的国际市场价格大幅走低。有些时候，各国为了自身利益和政治需要，而制定或采取的一些政策、措施，会对商品期货价格产生不同程度的影响，如美国和欧洲经济共同体国家都规定有对农产品生产的保护性措施。

国内农业政策的变化也会对农产品期货价格产生影响，如 1998 年粮改政策，对主要农产品稻米、玉米、小麦实行价格保护政策，大豆不在保护之列，大豆价格随市场供需的变化而变动，为大豆期货交易提供广阔的舞台。农产品保护价政策也影响农民的种植行为，1999 年国家农调队的种植意向调查显示，玉米种植面积增加 120 万公顷，而豆类作物减少 110 万公顷。种植面积减少会带动农产品价格的上涨。

2. 贸易政策的影响

贸易政策将直接影响商品的可供量，对商品的未来价格影响特别大。例如，中国是否加入 WTO，以及 1999 年 5 月朱总理访美期间与美国政府签订《中美农业贸易协议》等都对大连大豆期货价格产生影响。1999 年 7 月起，中国对进口豆粕征收增值税，国内豆粕价格从 1350 元/吨的低谷猛涨至 1850 元/吨。这一政策也带动国内大豆价格上涨，大连大豆 2000 年 5 月合约价格从 1850 元/吨上涨到 2200 元/吨。又如，1999 年 11 月 10 日开始，中美贸易代表团在北京举行关于中国加入世界贸易组织的谈判，消息一出，大连大豆期货价格即告下跌，猛跌一周，大豆 2000 年 5 月合约价格从 2240 元/吨下跌至 2060 元/吨。2018 年 4 月初，由美国政府发起的针对中国商品的贸易关税之争，短期内使大连商品交易所的 1809 豆粕期货合约从 3000 元/吨上涨到 3400 元/吨，涨幅达到了百分之十三。这些就是贸易政策的变化对商品价格的直接影响。

3. 食品政策的影响

欧盟是世界大豆的主要进口地区，其食品政策的变化对世界大豆市场会产生较大影响。现在，一些欧盟国家，如德国、英国等，对“基因改良型”大豆的进口特别关注，这些国家的绿色和平组织认为，“基因改良型”大豆对人类健康有害，要求政府制定限制这类大豆进口的政策。如果这一食品政策实施，那么就会对世界大豆市场产生影响。

4. 国际性或区域性经济与贸易组织的影响

国际经贸组织及其协定为了协调贸易国之间的经济利益关系，许多贸易国之间建立了国际性的或区域性的经济或贸易组织。这些国际经贸组织经常采取一些共同的政策措施来影响商品供求关系和商品价格。国际大宗商品，如石油、铜、糖、小麦、可可、锡、茶叶、咖啡等商品的价格及供求均受到有关国际经贸组织及协定的左右。因此，期货价格分析必须注意有关国际经贸组织的动向。

在分析政治因素对期货价格影响时，应当注意到不同的商品所受影响程度是不同的。如国际局势紧张时，对战略性物资价格的影响就比对其他商品的影响大。

2.1.5 自然因素

自然因素包括气候条件、地理变化和自然灾害等，具体而言，包括地震、洪涝、干旱、严寒、虫灾、台风等方面因素。期货交易所上市的农产品、金属、能源等产品，其生产和消费都与自然因素密切相关。有时自然因素的变化会对运输和仓储造成影响，进而间接影响生产和消费。例如，1982 年美国玉米大丰收，农场主收益颇丰，许多农场主准备在来年加大玉米的播种面积。然而，许多专家及市场人士则认为，随着玉米播种面积的扩大，1983 年将出现玉米供应过剩，玉米价格将会降至历史最低点。与此同时，美国政府也实施了削减播种面积的计划。随后，美国全国遇到了干热气候的袭击，使玉米收成大幅度减少，当年玉米期货市场的价格不降反升。由此可见，变幻莫测的气候因素对某些商品，尤其是农产品的期货市场价格具有较大的制约性。即使是在科技水平迅速提高的当今，我们对自然环境的突发性变化，特别是对各种自然灾害的抗争能力仍十分有限。因此，自然因素对期货商品，尤其是受自然因素影响较大的农产品，仍具有相当的制约性。当自然条件不利时，农作物的产量就会受影响，从而使供给趋紧，刺激期货价格上扬。反之，如果气候适宜，农作物增产，市场供给增加，期货价格将趋于下跌。因此，期货交易者必须密切关注灾情、霜冻、作物生长期内温湿度等情况以及这些自然因素对世界范围内农作物生长和牲畜饲养的影响，以提高对期货价格预测的准确性。

2.1.6 投机和心理因素

期货市场上，投机商经常利用某些消息或价格的波动，人为地进行投机性的大量抛售或补进，从而引发期货价格的大幅震荡。与此相关，投机者的心理因素也会对期货市场的商品价格产生影响。心理因素是指投机者对市场的信心。一旦人们对市场信心十足，即使没有什么好的信息刺激，价格也可能因投机者的心理因素作用而上涨；反之，当人们对市场缺乏信心时，价格就有可能因此而下降。通常在期货交易中，投资者的心理变化往往与期货投机因素交织在一起，产生综合效应。也就是说，一方面，投资者心理因素随着市场变化而不断地发生变化，通常投资者的这种心理变化会成为其他交易者捕捉的交易机会和分散价格风险的时机，进而促进投机交易的形成。另一方面，期货市场中的投机方式经常翻新，不断变化，以适应不同时期期货商品的交易特点，这又会反过来影响交易者的投资心理。总之，投资者的心理变化与投机行为是期货交易中所形成的互相制约、相互依赖的

“共生现象”，他们共同作用于期货市场，是影响和制约期货市场商品价格发生波动的重要因素。

2.2　期货交易技术分析

2.2.1　期货技术分析概述

基本分析法虽然是预测价格走势的一种很重要的方法，但也有不足之处。即使期货交易者掌握了所有影响价格的信息，也很难把握期货价格的正确走势。为了弥补基本分析法的不足，交易者可通过研究市场行为来预测期货价格走势，这就是期货价格的技术分析。

技术分析是指通过对期货市场行为本身的分析来预测期货市场价格的变动趋势，即主要利用历史价格、成交量、未平仓量的变化以及其他交易数据和技术分析指标，按照时间顺序绘制成价格趋势图表或图形，然后借助于这些图表或图形的变化来分析和预测价格趋势的一种方法。技术分析派认为，一切影响商品供求关系的因素已经全部或大部分反映在市场价格走势中，因此研究价格如何变动比研究价格为什么变动更能了解未来市场价格的变动方向，市场本身所显示的现象足以为市场未来价格的变动方向提供信息。因此，只要分析市场本身的统计数字，诸如价格、交易量、未平仓量等，就可以为未来价格波动提供启示。技术分析派有以下基本假设：

(1) 市场是有趋势的，趋势是有惯性的。也就是说，一旦价格朝某一方向移动，在反转信号出现之前，这种移动的动力就会促使市场价格继续朝着同一方向移动，上升的持续上升，下降的持续下降。因此，技术分析者的任务就是通过对图表进行各种技术分析，来确定目前市场的主要趋势，以便在买卖中建立对自己有利的交易部位。

(2) 期货价格是买卖双方相互作用的结果，而期货价格具有某种时间上的连续性和继承性。在某一时点上，期货价格同其过去的价格有着密切联系，当前价格往往是过去价格在多种因素综合影响下的延续。也就是说，某一时点上的期货价格，反映了过去期货价格的变动趋势；当前期货会对今后的价格产生某种暗示和影响作用。因此，技术分析派认为“历史是会重演的”，即市场行为会反复地出现。根据过去的经验，研究当前市场行为的形态，便能为未来的价格变动方向提供启示。期货交易者可以在搜集整理分析过去的期货价格资料、信息的基础上，利用各种方法和技术来预测期货价格以及其未来的走势。

2.2.2　基础指标

期货价格技术分析的主要基础指标有开盘价、收盘价、最高价、最低价、成交量和未平仓合约量。

(1) 开盘价：开盘价为开市前 5 分钟集合竞价产生的价格。

(2) 收盘价：收盘价为收市前 5 分钟集合竞价产生的价格。

(3) 最高价：最高价为当日的最高交易价格。

(4) 最低价：最低价为当日的最低交易价格。

(5) 成交量：成交量为在一定的交易时间内某种商品期货在交易所成交的合约数量。在国内期货市场，计算成交量时采用买入与卖出量两者之和。

(6) 未平仓合约量：未平仓合约量是指买入或卖出后尚未对冲及进行实物交割的某种商品期货合约的数量，也称持仓量或空盘量。未平仓合约的买方和卖方是相等的，未平仓合约量只是买方和卖方合计的数量。如买卖双方均为新开仓，则未平仓合约量减少 2 个合约量；如其中一方为新开仓，另一方为平仓，则未平仓合约量不变；如买卖双方均为平仓，未平仓合约量减少 2 个合约量，当下次开仓数与平仓数相等时，未平仓合约量也不变。

未平仓合约量越大，该合约到期前平仓交易量和实物交割量的总和就越大，成交量也就越大。因此，分析未平仓合约量的变化可推测资金在期货市场的流向。未平仓合约量增加，表明资金流入期货市场；反之，则说明资金正流出期货市场。

2.2.3 成交量、未平仓合约量与价格的关系

成交量和未平仓合约量的变化会对期货价格产生影响，期货价格变化也会引起成交量和未平仓量的变化。因此，分析三者的变化，有利于正确预测期货价格走势。

(1) 成交量、未平仓合约量增加，价格上升，表示新买方正在大量收购，近期内价格还可能继续上涨。

(2) 成交量、未平仓合约量减少，价格上升，表示卖空者大量补货平仓，价格短期内向上，但不久将可能回落。

(3) 成交量增加，价格上升，但未平仓合约量减少，说明卖空者和买空者都在大量平仓，价格马上会下跌。

(4) 成交量、未平仓量减少，价格下跌，表明卖空者大量出售合约，短期内价格还可能下跌，但如果抛售过度，反而可能使价格上升。

(5) 成交量、未平仓量减少，价格下跌，表明大量买空者急于卖货平仓，短期内价格将继续下降。

(6) 成交量增加、未平仓量和价格下跌，表明卖空者借买空者卖货平仓导致价格下跌之际陆续补货平仓获利，价格可能转为回升。

从以上分析可见，在一般情况下，如果成交量、未平仓量与价格同向，其价格趋势可能继续维持一段时间；如两者与价格反向时，价格走势可能转向。当然，这还需结合不同的价格形态作进一步的具体分析。

2.2.4 图形分析

在技术分析中，图形分析是最主要、最普遍的分析方法，包括以下三种最基本的价格图形。

1. K 线图

在 K 线图中，纵轴代表价格，横轴代表时间。按时间单位不同，K 线图可分为分时图、日图、周图、月图等。K 线图绘制比较简单，以日线图为例，两个尖端，在上的是上引线，在下的是下引线，分别代表当日的最高价和最低价，中间类似蜡烛的长方形，则表明当日的开盘价和收盘价。低开高收的市场情况，即收盘价大于开盘价，称为阳线；高开低收的情况，即开盘价大于收盘价，称为阴线，由于每天价格的波动不一样，所以每天出现的阴线或阳线形状也不同，为加强视觉效果，能常用红色代表阳线，蓝色代表阴线。观察 K 线图，可以很明显地看出该日市况“低开高收”还是“高开低收”，形象鲜明，直观实用。

同其他走势图一样，K 线图的功能在于可以显示市场内买卖双方对目前价格的认同状况，以此预测价格的未来走势。在 K 线图理论中，不同形状的阴阳线，代表着不同的价格走势：

（1）光头光脚阳线与阴线。以最低价开市，以最高价收市，形成光头光脚阳线，实体幅度越长，显示买气越强盛，后市将可能转为上升。以最高价开市，以最低价收市，则形成光头光脚阴线，实体幅度越长，显示卖气越强盛，后市将转向下跌。

（2）无上引的阳线与无上引的阴线。价格开市后下跌的，然后又回升到比开市价更高处，最后以最高价收市，形成无上引的阳线，显示市势买气强烈，后市将持续上升。当价位处于低价圈时，价格在最高价开市后持续下跌，收市时略有回升，但收市价仍低于开盘价，形成无上引线的阴线，这种形状属于下跌抵抗型，即在下跌过程中受到买方的抵抗，价位将出现反弹上升。

（3）无下引线的阳线与阴线。当价位处于高价圈时，出现以最低价开市后持续上升，收市时回落，但仍比开市价高，形成无下引线的阳线。这种形状属于上升抵抗型，显示上升买气虽大，但卖压沉重，后市将有下跌趋势。当价位处于高价圈时，如开盘后市价上升，但不久就一直下跌，最后以最低价收盘，形成无下引线的阴线。这显示市势卖气甚重，属于先涨后跌型，后市仍有下跌趋势。

（4）十字星形线。当开市价与收市价处于相向价位的时候，会形成十字星形线。十字星形线显示市场内买家与卖家对于目前价格走势犹豫不决，非常谨慎。而随着时间变化，后市将出现重要转折。当高价圈出现十字星形线时，后市往往转跌，当低价圈出现十字星形线时，后市常常趋升。但十字星形线出现后是否转势，还要具体情况具体分析。

在分析 K 线图形态时，除了注意其基本形态外，还应注意以下几点：

第一，要注意上引线及下引线的长度关系。当上引线极长而下引线极短时，表明市场上卖方力量较强，对买方要予以压制；当下引线极长而上引线极短时，表时市场上卖方受到买方的顽强抗击。

第二，要注意实体部分和上下引线相对长短的比例关系，以此来分析买卖双方的力量。

第三，还要注意 K 线图所处的价位区域。对于同一 K 线状态，当出现在不同的地方时，它们的意义与解释不同，甚至相反。比如，K 线实体上下都带长引线，如果出现在上升行情末期，则一般意味着天价的形成；如果出现在下跌行情末期，则一般意味着低价位的出现。又如上下引线的阳线锤子和阴线锤子，如出现在高价位时，一般预示着后市转跌，若出现在低价位时，一般预示后市看涨。所以，进行 K 线图分析，就要观察阴线或阳线各部分之间的长度比例关系和阴阳线的组合情况，以此来判断买卖双方实力的消长及期货商品的价格走势。

2. 条形图

条形图是价格图中最简单的一种。按时间不同，又可分为分时图、日图、周图、月图等。以日条形图为例. 每个交易日由一条连接当日最高价和最低价的竖线表示，当日开盘价由一条与竖线相交、位于竖线左侧的短横线表示；当日收盘价由一条与竖线相交、位于竖线右侧的短横线表示。

3. 点数图

点数图又称 OX 图，是以点数为单位记录价格变化的图形。在点数图中，纵轴代表价格，每一小格代表价格的货币单位，俗称规格。每一小格代表多少货币价格单位，通常由制图者自行选择。其横轴不代表任何固定的时间单位，只是随时间推移，价格一栏一栏反复地变动。因此，点数图既不记录成交量，也不记录时间，在点数图中，用 X 表示价格上升，O 表示价格下降。当价格连续上升或下降，就在同一纵列方格按垂直方向填上 X 或 O 符号；当价格出现相反趋势，就在相邻的纵列填上新的活动方向。

另外，股票技术分析中的 K 线理论、切线理论、移动平均线理论、形态理论、波浪理论、江恩理论、随机漫步理论、相反理论、循环周期理论、市场效率理论、四度空间理论等以及一些技术指标如 MACD、KDJ、RSI、BOLL、威廉等都适应于期货市场。

2.3　期货交易常用术语

(1) 开仓：开仓是指期货交易者买入或者卖出期货合约的行为。

(2) 平仓：平仓是指期货交易者买入或者卖出与其所持期货合约的品种、数量及交割月份相同但交易方向相反的期货合约，了结期货交易的行为。

(3) 持仓量：持仓量是指期货交易者所持有的未平仓合约的数量。

(4) 持仓限额：持仓限额是指期货交易所对期货交易者的持仓量规定的最高数额。

(5) 头寸：头寸是一种市场约定，既未进行对冲处理的买方或卖方期货合约数量，对买进者称多头头寸；对卖出者称空头头寸。

(6) 卖空：看跌价格并卖出期货合约称卖空。

(7) 期货贴水与期货升水：在某一特定地点和特定时间内，某一特定商品的期货价格高于现货价格称为期货升水；期货价格低于现货价格称为期货贴水。

(8) 正向市场：在正常情况下，期货价格高于现货价格的市场称为正向市场。

(9) 反向市场：在特殊情况下，期货价格低于现货价格的市场称为反向市场。

(10) 持仓：交易者手中持有的合约称为持仓。

(11) 斩仓：在交易中，所持头寸与价格走势相反，为防止亏损过多而采取的平仓措施称为斩仓。

(12) 牛市：牛市是指处于价格上涨期间的市场。

(13) 熊市：熊市是指处于价格下跌期间的市场。

(14) 撮合成交：撮合成交是指期货交易所的计算机交易系统对交易双方的交易指令进行配对的过程。

(15) 最小变动价位：最小变动价位是指期货合约的单位价格涨跌变动的最小值。

(16) 每日价格最大波动限制：每日价格最大波动限制是指期货合约在一个交易日中的交易价格不得高于或者低于规定的涨跌幅度，超过该涨跌幅度的报价将被视为无效，不能成交。

(17) 期货合约交割月份：期货合约交割月份是指期货合约规定进行实物交割的月份。

(18) 最后交易日：最后交易日是指某一期货合约在合约交割月份中进行交易的最后一个交易日。

(19) 期货合约的交易价格：期货合约的交易价格是指该期货合约的交割标准品在基准交割仓库交货的含增值税价格。

(20) 开盘价：开盘价是指某一期货合约开市前五分钟内经集合竞价产生的成交价格。集合竞价未产生成交价格的，以集合竞价后第一笔成交价为开盘价。

(21) 收盘价：收盘价是指某一期货合约当日交易的最后一笔成交价格。

(22) 当日结算价：当日结算价是指某一期货合约当日成交价格按照成交量计算的加权平均价。当日无成交价格的，以上一交易日的结算价作为当日结算价。

(23) 涨跌停板：涨跌停板是指当某一期货合约在某一交易日收盘前 5 分钟内出现只有停板价位的买入(卖出)申报、没有停板价位的卖出(买入)申报，或者一有卖出(买入)申报就成交、但未打开停板价位的情况。

(24) 成交价格：成交价格是指交易所计算机自动撮合系统将买卖申报指令按价格优先、时间优先的原则进行排序，当买入价大于、等于卖出价则自动撮合成交。撮合成交价等于买入价(Pb)、卖出价(Ps)和前一日成交价(Pc)三者中居中的一个价格，即

$Pb>Ps>Pc$，则最新成交价为 Ps；

$Pb>Pc>Ps$，则最新成交价为 Pc；

$Pc>Pb>Ps$，则最新成交价为 Pb。

(25) 最高价：最高价是指一定时间内某一期货合约成交价中的最高成交价格。

(26) 最低价：最低价是指一定时间内某一期货合约成交价中的最低成交价格。

(27) 最新价：最新价是指某交易日某一期货合约交易期间的即时成交价格。

(28) 涨跌：涨跌是指某交易日某一期货合约交易期间的最新价与上一交易日结算价之差。

(29) 最高买价：最高买价是指某一期货合约当日买方申请买入的即时最高价格。

(30) 最低卖价：最低卖价是指某一期货合约当日卖方申请卖出的即时最低价格。

(31) 申买量：申买量是指某一期货合约当日交易所交易系统中未成交的最高价位申请买入的下单数量。

(32) 申卖量：申卖量是指某一期货合约当日交易所交易系统中未成交的最低价位申请卖出的下单数量。

(33) 成交量：成交量是指某一期货合约在当日交易期间所有成交合约的双边数量。

(34) 持仓量：持仓量是指期货交易者所持有的未平仓合约的双边数量。

(35) 限价指令：限价指令是指执行时必须按限定价格或更好价格成交的指令。

(36) 取消指令：取消指令是指投资者要求将某一指定指令取消的指令。

(37) 开盘集合竞价：开盘集合竞价在某品种某月份合约每一交易日开市前 5 分钟内进行，其中前 4 分钟为期货合约买、卖指令申报时间，后 1 分钟为集合竞价撮合时间。

(38) 集合竞价最大成交量原则：集合竞价最大成交量原则即以此价格成交能够得到的最大成交量。高于集合竞价产生的价格的买入申报全部成交；低于集合竞价产生的价格的卖出申报全部成交；等于集合竞价产生的价格的买入或卖出申报，根据买入申报量和卖出申报量的多少，按少的一方的申报量成交。若有多个价位满足最大成交量原则，则开盘价取与前一交易日结算价最近的价格。

(39) 新上市合约的挂盘基准价：新上市合约的挂盘基准价由交易所确定并提前公布。

挂盘基准价是确定新上市合约第一天交易涨跌停板的依据。

(40) 交易编码：交易编码是指会员按照期货交易所编制的用于客户进行期货交易的专用代码。

(41) 强制减仓：强制减仓是指交易所将当日以涨跌停板价申报的未成交平仓报单，以当日涨跌停板价与该合约净持仓盈利客户(或非经纪会员，下同)按持仓比例自动撮合成交。

(42) 合约单位净持仓盈亏：合约单位净持仓盈亏是指客户该合约的单位净持仓按其净持仓方向的持仓均价与当日结算价之差计算的盈亏。

(43) 风险警示制度：风险警示制度是指当交易所认为必要时，可以分别或同时采取要求报告情况、谈话提醒、发布风险提示函等措施中的一种或多种，来警示和化解风险。

(44) 强行平仓制度：强行平仓制度是指对会员或投资者违规超仓的或者未按规定及时追加交易保证金的，以及其他违规行为的，交易所对违规会员采取强行平仓措施的制度。

(45) 大户报告制度：大户报告制度是指当会员或者投资者某品种持仓合约的投机头寸达到交易所对其规定的投机头寸最大持仓限制标准的80%时，会员或投资者应向交易所报告其资金情况、头寸情况，投资者须通过经纪会员报告的制度。

(46) 保证金：保证金是指交易者按照规定标准交纳的资金，用于结算和保证履约。

(47) 结算：结算是指根据交易结果和交易所有关规定对会员交易保证金、盈亏、手续费、交割货款及其他有关款项进行计算、划拨的业务活动。

(48) 交易保证金：交易保证金是指会员在交易所专用结算账户中确保合约履行的资金，是已被合约占用的保证金。当买卖双方成交后，交易所按持仓合约价值的一定比率收取交易保证金。

(49) 追加保证金：当客户的必需保证金少于一定数量时，经纪公司要求客户补足的部分叫追加保证金。

(50) 浮动盈亏：未平仓头寸按当日结算价计算的未实现盈利或亏损的部分叫浮动盈亏。

(51) 每日无负债结算制度：每日无负债结算制度又称逐日盯市，是指每日交易结束后，交易所按当日结算价结算所有合约的盈亏、交易保证金及手续费、税金等费用，对应收应付的款项实行净额一次划转，相应增加或减少会员的结算准备金的制度。

(52) 风险准备金：风险准备金是指由交易所设立，用于为维护期货市场正常运转提供财务担保和弥补因交易所不可预见风险带来的亏损的资金。

(53) 当日盈亏：当日盈亏期货合约以当日结算价计算的盈利和亏损，当日盈利划入会员结算准备金，当日亏损从会员结算准备金中扣划。

(54) 交割差价：交割差价最后交易日结算时，交易所对会员该交割月份持仓按交割结算价进行结算处理，产生的盈亏为交割差价。

(55) 内幕信息：内幕信息是指可能对期货市场价格产生重大影响的尚未公开的信息，包括：中国证监会及其他相关部门制定的对期货交易价格可能发生重大影响的政策，期货交易所做出的可能对期货交易价格发生重大影响的决定，期货交易所会员、客户的资金和交易动向以及中国证监会认定的对期货交易价格有显著影响的其他重要信息。

（56）内幕信息的知情人员：内幕信息的知情人员是指由于其管理地位、监督地位或者职业地位，或者作为雇员、专业顾问履行职务，能够接触或者获得内幕信息的人员，包括：期货交易所的理事长、副理事长、总经理、副总经理等高级管理人员以及其他由于任职可获取内幕信息的从业人员，中国证监会的工作人员和其他有关部门的工作人员以及中国证监会规定的其他人员。

（57）实物交割：实物交割是指期货合约到期时，根据交易所的规则和程序，交易双方通过该期货合约所载商品所有权的转移，了结未平仓合约的过程。

（58）集中交割：集中交割即在卖方标准仓单、买方货款全部交到交易所后，由交易所集中统一办理交割事宜。

（59）期货转现货：期货转现货是指持有同一交割月份合约的交易双方通过协商达成现货买卖协议，并按照协议价格了结各自持有的期货持仓，同时进行数量相当的货款和实物交换。

（60）滚动交割：滚动交割是指在合约进入交割月以后，由持有标准仓单的卖方客户主动提出，并由交易所组织匹配双方在规定时间完成交割的交割方式。

第3章　期货交易风险控制

期货投资交易中对风险的控制是一项中心活动，因为控制好了风险，就减少了亏损的幅度，避免了不可挽回的损失，进一步来说，控制好风险可以达到稳定盈利的终极投资目的。

3.1　期货交易风险概述

交易风险是交易者在交易过程中面临损失的可能性，应该注意的是风险是一种损失的可能性而不是必然损失，交易风险无处不在，给人们的交易带来极大的障碍。

交易风险按其产生的来源分为行情不利波动时产生的风险及其他来源的风险，行情不利波动所产生的风险是交易风险的主要内容。

3.1.1　行情不利波动所产生的风险

在期货交易中当投资者开仓后，行情朝着对开仓方向不利的方向运动后，我们交易的初始头寸就处于亏损的账面状态，这时交易者就面临着亏损的风险，这个风险就是已经出现的账面亏损。当然这个账面亏损并不一定会变成现实的损失，但它至少是一种投资暂时不利的状态，而且有可能在现有的基础上亏损更多。我们将这种风险定义为交易中第一类不利波动风险。

交易中第二类不利波动风险指的是开仓后行情朝着对开仓方向有利的方向运行，交易者的账面开始出现明显浮动盈利，然后行情又向对开仓方向不利的方向运动。导致浮盈减少的情况。这种情况也是交易者经常遇到的，刚开始还赚了钱，可后来风云突变，行情急转直下，到最后反而是亏了钱。

从上面不利波动交易风险的定义可以看出，不利波动交易风险是一种浮亏或浮盈减少的状态，风险最大的可怕之处在于它可能在现有的不利情况下变得更糟糕，令交易亏得更多或浮盈减少得更多甚至亏损。所以交易者对不利波动交易风险应该高度重视，严加对待。

3.1.2　其他交易风险

1. 来源于操作错误产生的交易风险

操作错误风险是在期货买卖下委托单时，由于粗心大意将交易方向搞错，交易标的输错，交易数量输错所产生的常见损失。犯这种类型的低级错误的交易者一定要在操作过程中小心冷静，不要着急，不要有机会转眼即逝的想法，要知道期货交易过程中陷阱比机会多。

2. 来源于机械或网络故障的交易风险

有时我们在交易过程中会遇到计算机死机、断电、网络故障等突发情况，导致我们无法正常交易、监测或及时反应，从而造成交易损失。避免这种情况的交易风险就要事前想到这种可能性而提前做好预防措施，针对计算机死机、机械故障要准备备用计算机；针对网络故障要准备不同网络运营商的网路通道；针对停电要考虑好是使用笔记本替代交易还是快速地到有电力供应的地方进行交易。

从上面交易风险的分类中我们看到，交易不利波动风险是风险的主要形式，我们下面要谈的控制风险也主要是针对这种情况的，不过在正确控制风险之前我们应当对风险的特性加以深刻的认识，在此基础之上才可能提出好的风险控制方法。

3.1.3　交易风险的特性

1. 风险的不利性

风险的不利性首先表现为现实的不利性。期货交易中第一类不利波动风险表现为开仓后出现亏损，这对交易者是不利的，期货交易中的第二类不利波动风险表现为的是必须出现浮盈的减少，这对交易者来说也是一种不利。风险的不利性不仅表现为现实的不利性，而且可能变现为将来的不利性。

2. 风险的普遍性

风险的普遍性指的是风险无处不在，从上面对风险的定义中可以看出，开仓后亏损自己的头寸会暴露在风险之下，就算是开仓后赚了钱只要行情发生回撤，交易者的浮盈减少，也同样面临着风险。所以风险是交易者经常会遇见的情况。毕竟开仓后就直线向头寸有利的方向运动，而中间没有行情的反复的情况还是比较少见的。

3. 风险的可转变性

风险的可转变性是指风险在某些时候能够随行情的改变而消失。期货行情的变化是阴晴不定的，暂时的不利可能会随着行情的改变而变得有利起来。

4. 风险依据程度可分为大、中、小三种

风险的本质是对投资者的某种不利性。这种不利性依据程度不同可以分为大、中、小三种风险。因为投资者最关心的是投资收益，所以我们测度风险的大小就用账面亏损额或利润回吐额除以本金得到的百分比数来区分风险的大、中、小。依据交易者的风险管理经验，5%以内为小风险；3%～10%为中等风险；10%～20%为大风险。不同的投资者有不同的风险偏好，所以，不同的投资者对待风险的态度也是不同的。

3.2　期货交易风险的控制方法

3.2.1　仓位控制方法

交易中控制风险最直接和最简单的方法就是每次交易都轻仓，通俗地说就是轻仓交易。

1. 轻仓交易的合理性

1）即使你的判断正确率大于 50%，重仓交易也可能让你亏损出局

交易时的仓位轻重问题是一个通常被交易者忽略的问题，绝大多数交易者将他的交易重心放在寻找交易机会，提高交易准确率上面去了。其实动用多少资金进行交易也是值得

交易者认真思考的一个问题。有研究者注意到普通赌客在拉斯维加斯赌城的下注行为，一般的赌客带 2000 美元进场，通常不到半小时就“剃光头”回家。其实不是赌场多么坑人，因为美国赌场的每种游戏(老虎机除外)的赌场盈利仅为 1%～2%，即从概率上说，你每次下注 100 美元，只能拿回 98～99 美元，概率上你每次下注都输一点，“久赌必输”的老人言就完全应验。所以赌场不怕你赢钱，就怕你不来。就算赌客不懂技巧乱下注，以通常最低额 5 美元的标准下注，2000 美元也够耗上两天，赌场包你吃住，就算当一次度假也不错。而这些赌客赚钱的心太急，恨不得立即就赚得十万八万的，每注下得太大，结果也就可想而知。

2）轻仓交易可以抵御连续的不利打击

职业交易对控制亏损的态度是非常严厉的，因为假设你的本金是 100 万，亏 50%后就变为 50 万，要想回本就必须赚上 100%。所谓亏钱容易赚钱难，所以职业交易者不允许本金出现较大的亏损。巴菲特说过保护本金安全是投资最重要的事情。期货市场，变幻莫测，即使是交易经验丰富的职业投资者，有时也会遇到连续的判断失误，极端情况是会出现连续六七次失败，但这种情况发生的概率较低，如果职业投资者的判断错误率为 40%，连续 7 次错误的发生概率为 1.6%。假如每一次交易亏损本金的 5%，连续 7 次就可以亏损本金的 30%。职业投资者一般情况下都建立了不允许超过本金 20%的亏损原则。为满足这个原则，交易者要么减少单次交易的资金规模，要么对较大的投资用较小的止损来保护。

3）轻仓交易会让交易者的心情放松，更加有利于作出客观的判断

做过交易的人都知道，如果在交易的本金过大，投资者对交易的盈亏很在意的情况下，投资者往往很难做到客观冷静。这种情况发生的原因是较大的输赢结果超过了交易者的心理正常承受范围，所以就会引起交易者的心态出观变化，很容易出现情绪化。而好的交易需要交易者客观分析，冷静应对，因为交易是一种概率活动，这种高难度概率智力活动需要交易者尽量客观地对行情进行分析判断，以及冷静地处理。投入的资金越少，投资者的心态就会越轻松，就越有利于客观冷静思考分析。当然过少也可能使交易者太过轻松，提不起劲来，所以恰当的下注需要交易者自己在长期的交易中去把握，原则是要让自己轻松冷静，同时要激发足够的注意力。

2. 如何做到轻仓交易

1）依据资金约束来确定每次的交易金额

先根据自己对资金的风险承受程度确定一个每次交易的最大亏损比例，比如是 3%。然后对每一具体的交易机会考虑一下，行情如果向自己交易头寸最不利的方向运动，亏损多少你就认输平仓，比如是 3%，根据前面的数据就可以算出本次交易的资金投入为 100%；但如果对于这次交易你准备 6%止损，那么你的本次资金投入就应该是半仓。在完整的资金约束下的计算单次交易金额比例的公式为

$$单次交易金额比例=\frac{总资金单次最大亏损比例}{止损亏损比例}$$

2）依据投资标的波动率来制定单次投资比例

这种方法先要收集一段时间内标的的日收盘数据，再根据这些数据算一个标准差，然后用两倍的标准差除以平均收盘价，得到一个波动率，这个波动率大约保证有 96%的可能性期价在小于此波动率的范围内波动。最后计算单次的资金投入比例的公式为

$$单次的资金投入比例=\frac{总资金单次最大亏损比例}{波动率}$$

3）依据最大总资金亏损比例来确定

这种方法首先要求交易者给出一个最大的总资金亏损承受度，比如20%，再根据交易的平均止损程度，比如平均每次5%，同时根据一个训练有素的交易者可能连续亏损5～7次的规律，来确定每次的交易资金比例，计算公式为

$$交易资金比例=\frac{总资金亏损承受度}{平均每次止损度}\times 最大连续亏损次数$$

4）依据一般性的习惯

前面论证了不要重仓交易的科学性，依据操作的一般性，提倡将总资金分为5～10等份进行交易是比较科学的，主观掌握的原则是有把握时多下一些，把握较小就少下一些。

5）向上金字塔加仓法

前面讨论过如果每次都轻仓交易，交易水平高超的投资者也会大大降低收益总水平，对这种保守的交易方法的一个改进就是向上金字塔加仓法。前面4种交易方法属于等额交易法，这里的向上金字塔加仓法属于不等额交易法，操作要比等额复杂一些。向上金字塔加仓法的操作要领是首先投入最多的首仓，其额度最大可以是总资金的一半，如果开始有明显的盈利，然后再加仓较前仓少的资金，比如说三分之一，如果行情继续向有利方向发展，就再在适合加仓的地方加仓比前面更少的资金，比如说六分之一。这样行情发展顺利，按照前面例子中的加仓方法就可以将资金完全利用起来了。向上金字塔加仓法经常采用三分之二和三分之一的两次金字塔加仓法，或六分之三、六分之二、六分之一的三次金字塔加仓法。

6）向下金字塔加仓法

这种加仓方法主要适合于抓大底部，风险较大的交易，但水平不高者慎用。操作要领是估计跌得差不多时，投入少量资金试试，如果行情继续下跌到一定程度又出现可以加仓的机会时，投入比前仓更多的资金买入，如果行情继续下跌，在前两仓都亏损的情况下继续在合适的地方投入比前面两次更多的资金买入，如此越跌越买、越买越多就叫做向下金字塔加仓法。

3.2.2　止损止赢控制方法

止损的含义是在当时行情让自己的先前投资产生足够的损失时就认赔出局，将账面上的亏损转变为现实的损失。止损主要是针对期货交易第一类不利波动风险而言的措施。止赢是在浮盈回吐到一定程度之后结束交易的活动，这是针对期货交易第二类不利波动风险而言的。止损对交易者来说是一件痛苦的事情，因为继续持有还有翻本的可能性，而认赔出局就是直面亏损，因此需要交易者有极大的勇气。止赢同样也是令交易者不愉快的事情。但从一般概率上讲，止损和止赢是概率正确的，而且最关键的是如果你每次都严格执行止损，止损就会杜绝因为一次大的失误就将你扫地出门的事情的发生；止赢同样杜绝了将大的盈利大幅回吐甚至倒亏的事情发生。

1. 止损止赢的合理性

1）亏钱之后更大可能是继续加大亏损

期货行情是由趋势和盘整行情构成的，趋势和盘整行情所持续的时间比为4∶6，也就

是期市大多时候处于无趋势的盘整中，而在盘整行情中上涨和下跌的概率大约各占50%。所以综合来讲趋势保持继续的可能性比反转的可能性型大。之所以亏钱，一定是出于某种下降趋势中，所以接下来更大可能是继续下跌，亏得更多。

2）止损违背人性，止赢符合人性

纽约有位叫夏皮诺的心理医生，他请了一批人来做两个实验。

实验一：

选择：第一，75%的机会得到1000美元，但有25%的机会什么都得不到；第二，确定得到700美元。

虽然一再向参加实验者解释，从概率上来说，第一选择能得到750美元；可结果还是有80%的人选择了第二选择。大多数人宁愿少些，也要确定的利润。

实验二：

选择：第一，75%的机会付出1000美元，但有25%的机会什么都不付出；第二，确定付出700美元。，

结果是75%的人选择了第一选项。他们为了搏25%什么都不付出的机会，从数字上讲多失去了50美元。

问问你自己，如果你是参加实验的一员，你会做什么样的选择？

期货是概率的游戏，无论什么样的买卖决定都没有100%正确或不正确的划分，人性中讨厌风险的天性便在其中扮演着角色。

假如说期货的运动只有上、下两种途径，每次交易的盈亏机会各是均等的50%的话，对于一般期民来说，人性好小便宜、吃不得小亏的心理，使盈时赚小钱，亏时亏大钱，期货就成了输赢机会不均等的游戏。期市没有击败你，是你自己击败了自己。

从更实际的情况来看，如果买入期货后你开始赚钱了，说明你买的期货处于某种级别的上涨趋势行情中，这种行情接下来更大的可能是将继续上涨而不是下跌。如果买入期货后你开始亏钱，说明你买的期货处于某种级别的下跌趋势行情中，这种行情接下来更大的可能是将继续下跌而不是上涨。我们一再强调期货市场是一种概率游戏，我们应该对高概率下小注，因此赚钱时应该更有耐心一些，而亏钱时应该及早脱身。

3）止损止赢是有标准的

止损止赢是需要亏损或利润回吐到一定程度后才采取的行为。因为期货行情的正常运行轨迹就是曲折运动，涨涨跌跌是非常正常的事情。在一般情况下，对于正常的期价的涨涨跌跌所产生的风险交易者不必理会，只有这种涨涨跌跌达到不正常的地步，交易者才会采取止损止赢行动。这些不正常的标准有资金面标准、技术面分析标准、基本面分析标准三种。

(1) 资金面标准一般是指亏损或浮盈亏损达到总资金的一定比例后就要执行止损或止赢，这个标准因交易者的交易风格而导。一般而言短线最多容忍3%的亏损或浮盈减少；中线最多容忍10%的亏损或浮盈减少；长线最多容忍30%的亏损或浮盈减少。

(2) 技术面分析标准主要是以技术分析手段判断行情下一步是趋势继续还是反转，如果判断为趋势将继续就要执行止损或止赢，如果判断为行情将反转就可以继续持有。这里可以使用的技术分析方法主要有趋势线分析、支撑阻力分析、通道线分析、黄金比例分析、形态分析、K线分析等方法。

(3) 基本面分析标准指的是用基本面分析手段去判断行情下一步是趋势继续还是反转，如果综合的基本面分析结果向好就可以继续持有，如果综合的基本面分析结果不好就可以止损或止赢。

2. 如何对止损止赢进行操作

前面论证了止损止赢操作的合理性，下面谈如何在实际交易中操作的问题，止损止赢的关键是区分正常不利波动和有危险意义的不利波动，如果是前者就可以继续持有，如果是后者就应该采取止损止赢行动。区分的关键可以从资金约束、技术面来进行。

1) 从资金约束来止损止赢

止损的资金约束控制方法是在交易之前先根据总资金风险控制程度和本次仓位投入比例来确定本次交易的最大亏损承受程度，从而算出本次交易的止损比例。例如某交易者总资金的最大风险承受程度为 3%，本次交易投入的仓位为三分之一仓，那么很容易计算本次交易最大的亏损承受程度是 9%，具体的计算方式是总资金最大风险承受程度除以仓位比例。止赢的资金约束控制方法是止赢之前先确定一个账面盈利的回吐比例，当行情不利运动导致最大浮盈回吐到这个比例的时候就执行止赢平仓。

2) 从技术面来止损止赢

最常见的止损止赢方法是根据技术点位来进行的，这是根据技术分析的手段来确认一些比较关键的技术点位，如果行情突破这些技术点位，那么之前交易的前提和预测就很可能是错误的，因此就依据概率提前止损止赢。这些关键的技术点位可以是前期的高点或低点、重要的趋势线的支撑或突破、重要的轨道线的支撑或突破、黄金分割或重要的百分比线、重要形态的关键颈线、所依据的主要指标的关键位置或关键点位。

3.2.3　降低交易频率的控制方法

降低交易风险的控制方法除了上面介绍的仓位控制和止损止赢两种方法以外，还有一个很重要的方法就是降低交易频率，即减少不必要的交易。许多交易者在投资过程中总是非常冲动地去交易，在他们的眼中机会无处不在，任何一次的波动都可以盈利，事实上我们说期市在超过一半以上的时间都不适合交易，特别是在盘整行情中，这时进行交易非常容易遭受到损失，因此减少不必要的交易就显得重要。

1. 为何要降低交易频率

1) 大多数交易者交易次数太多而不是太少

一般而言期货市场的交易者交易次数较多，因为在他们的眼中，期货的每一次大的波动似乎都是一次赚钱良机，特别是事后来看，因此他们赚钱的天性就开始蠢蠢欲动了，所以大多数经验不太丰富的交易者都陷入频繁的买卖当中去了。

2) 好的交易机会是需要等待的

好的交易机会并不随时都有，所谓好的交易机会是亏损的可能性较小，而赚钱的可能性较大，或者换句话说是正确率较高的时候；从另外一个角度来衡量好的交易机会是指那些损失有限，收益却比较大的交易机会。这两种情况都叫做交易的好机会，但事实上好机会出现的频率是比较低的，需要耐心地等待。

2. 如何降低交易频率

期货市场的波动像一个迷人的万花筒，其中很多的交易机会是虚假的，那么做好交易防范，减少不必要的交易的方法就是严格设立进场条件，并加入过滤条件。

1）严格设立进场条件

前面论述过真正的交易机会是比较少的，我们的进场条件越苛刻，就越能排除差的交易机会，提高我们的交易质量。我们可以通过增加单个条件的标准和多加一些独立条件来实现。排除差的交易机会的另外一条思路就是用较多的、独立的、好的交易机会的必要条件组合来设立进场条件。

严格设立进场条件不一定就能够交易成功，只是交易成功的可能性较大而已，而且也不能将所有的交易机会一网打尽，这时我们就不要追求完美了，我们只要概率制胜就可以。

2）加过滤条件

往往满足我们交易条件的交易机会还是显得过多，除了提高参数标准和多加一些进场条件外，我们还可以加入一些过滤条件来提高我们的交易质量，减少不必要和虚假的交易机会，常见的过滤条件包括时间和价格幅度两方面：

（1）时间过滤条件。鉴于我们的很多买入条件是以突破为主而建立的，但是盘中突破还是收盘突破，甚至是连续突破，都可以作为行动的标准，从大量实践交易来看，采用收盘突破或者是更严格的连续时间的收盘突破更为科学一些。

（2）价格幅度过滤条件。价格幅度过滤条件是从力量和程度上对期价突破提出的要求，其实质是要求明显的有力度的突破，这样利用惯性原理来保证持续性，一个通行的标准是突破程度为3%。当然不同的市场可以有不同的标准。

3.3 构建自己的交易系统

系统是指将零散的东西进行有序的整理、编排形成的具有整体性的整体。交易系统就是把具体交易过程中用到的各种进出场策略与行情实际走势有机结合起来，形成的一套交易规则。交易从本质上来说只包括两个方面：进场 、离场，相对应的就是进场所用到的策略和离场所用到的策略。但因为在实际的操作过程中还要考虑到资金管理、加减仓等操作，所以一个完整的交易系统可以分为四个部分：进场、资金管理、加减仓、离场。

3.3.1 进场

这一部分要解决的问题是开多还是开空的问题。要解决开多还是开空的问题，就涉及投资者是如何认识市场的，投资者用什么样的标准来衡量市场，标准不一而足，但是大多数交易者都应该采用顺势而为的交易理念。顺势而为的前提是了解什么是势，知道什么是势才能顺势！对势的描述最早的经典学说应该是“道氏理论”了，当然方法不只这一种，交易者可以连接两个相邻的波谷作一条趋势线，也可以用30、50或者60日均线作为多空的分水岭。

顺势交易，顾名思义就是顺着当前趋势的方向进行买卖。如果当前趋势上涨就买入开仓，当前趋势下跌就卖出开仓。但在实际交易中，并不容易下手。因为首先对于势的看法和理解因人而异；其次，对于选择顺应趋势的级别上也有很大的不同；第三，顺势交易一个很大的弊端是容易导致交易者追涨杀跌。由于趋势周期的不同，大周期中的一个回调可能是一波中期的明显下跌走势，那些没有在中期趋势一开始介入的投资者很容易会空在长期趋势回调结束时，也就是杀跌，追涨同理。

当然，一个主流的趋势是不会轻易改变的，特别是一个大级别的趋势。就像 2004 年开始的商品牛市，特别是上海期货交易所的螺纹钢，它在 2016 年启动牛市到 2018 年上半年依然没有结束的趋势。这样的例子很多，但都有一个共同的特点，它们不是时时出现，有时候会好多年才有这么一次绝好的机会，这就要求我们有足够的耐心。所以如果交易者想做顺势而为的交易，就要顺大势，顺稳固的势，顺可操作的势！

判断趋势的方法有很多种，无论用哪一种，要做到从一而终！这样可以达到趋势判断前后的一致性。以下介绍两种趋势判断的方法：

(1) 按照方向，趋势分为上涨、下跌、横盘。

(2) 按照级别，趋势分为短期趋势、中期趋势、长期趋势。

对于第(1)点，一般用 60 日均线斜率向上代表上涨趋势，斜率向下代表下跌趋势，斜率走平代表横盘，斜率向上或向下的角度大小代表趋势的强弱。一般来说斜率在±20°以内都认为是横盘，大于 30°是较为明显的趋势，大于 45°是强势趋势，大于 60°基本就是暴涨暴跌的行情了，这种情况需要时刻注意保护盈利，因为这种极端行情毕竟不是常态。

对于第(2)点，短期趋势定义为 15M(30M、1H 也属此列)周期的 MA60 所代表的趋势，这种趋势一旦形成短则 1 天，长则 3～5 天，是可以操作的最小周期。当然很多人用 1M、3M 的 K 线或者是看分时图来操作，那是理念问题，没有高低之分。中期趋势定义为日线级别的走势，判断方法一样，趋势一旦形成运行时间短则几周长则数月。长期趋势定义为周线级别的走势，由于期货的特殊性，需要换月操作，所以周线基本就是实际操作中最长的周期了，当然，在研究行情的时候依然可以看指数合约的月线乃至年线。

趋势判断好之后，开仓的问题就迎刃而解了！顺势交易，首先顺趋势级别比较大的势，其次是顺强度比较强的势。原则就是："上升趋势，不做空；下跌趋势，不做多，横盘趋势不操作。"具体操作，一句话就是"顺大势逆小势"。如果交易者不能在趋势形成的第一时间介入，那么就要等趋势回调时用低于操作周期一个级别的周期寻找介入点。当然这里的逆小势并不是让交易者在小趋势形成的初期就介入，而是要等趋势出现停顿或者是到了较为明显的阻力或者支撑位再去尝试。低级别周期操作的好处是可以在趋势形成的初期就实现介入，一旦趋势形成就已经有了一部分获利，对安心持仓有非常大的好处。

如何选择具体的进场点位？其判断方法有以下两种：

(1) K 线突破均线后的回踩，突破 K 线是大阳或者大阴都是较好的信号。

(2) 关键点的突破和短期上升趋势开始的阶段。关键点的突破有很多情况，一个是重要阻力区，这里一般是指前期高点、具有意义的整数关口或者阶段性新高。而短期上升趋势开始的阶段往往是指一些特殊的短期上升趋势。如横向趋势突破后的短期上升趋势，中期上升趋势调整后的短期上升。任何长期的趋势都是由一段一段的短期趋势汇聚而成，所以如果可以在短期趋势的开始阶段介入，会为自己的持仓建立成本优势。

耐心是顺势交易中最为重要的部分。在交易机会出现之前，只能耐心等待，没有耐心往往会导致过早介入，介入过早就要经受市场的波动，因为这时市场尚未完全展开上涨或者可能还处在下跌趋势中，而这些情况你往往无法坚持或者会被轻易地止损出局。交易者急于改变现状的心态，往往是失去耐心，过早介入市场的主要原因。利弗莫尔在《股票作手回忆录》的开始几页就明确的写到："理由可以等待，但是你必须立即行动，否则就会被抛在后面。"既然交易者按照技术分析来交易，建立了自己的交易系统，那么当系统出现信号的时候就要毫不犹豫地去执行，不要犹豫不决。

3.3.2 资金管理

如果要问期货市场里赢家和输家的本质区别是什么，那无疑是资金管理。由于期货市场资金杠杆的存在以及行情走势存在很大不确定性，如果仓位或是止损设置的不合理，极容易出现顺大势却仍然被爆仓出局的问题，所以资金管理水平的高低，直接决定了一个交易者能否在这个市场上长期生存下去。

期货市场里永远不缺少交易机会，但是交易者可能会缺钱，也就是说如果交易者从事期货交易，他不需要担心错过交易机会，而应该担心的是自己的本钱。期货市场是一个诱惑很大的市场，因为时不时就会有新闻爆出某某某用 5 万本金在一年甚至更短的时间赚到了上千万甚至是几千万，听起来真是好极了，不免让人对自己的美好未来心生憧憬，所以有不少交易者认为只有博一下才能赚大钱。本书对这种观点不评论对错，只分析概率，假设交易者的做单成功率是 50%，交易品种的保证金为 10%，交易者满仓进了多单，行情接着大涨，本金翻番，这个概率我们假设是 50%，再假设交易者浮盈加仓继续满仓，同样重复下去，如果想让 5 万元本金达到 1000 万，需要增长 200 倍，也就是要翻接近 8 番才可以。那么连续 7 次翻番的概率是多大呢？算下来不到万分之一，而且这还是在行情没有出现较大回撤，并且交易者的入场点都极为精准的前提下，况且 50%的成功率也不算低，那么交易者哪里来的自信认为这种事情会发生在自己身上呢？再假设那个几万分之一甚至更低的概率发生在了交易者身上，交易者能全身而退吗？前面几次甚至是几十次的孤注一掷换来了几百倍的收益，但只需要一次满仓的错误就会灰飞烟灭，交易者又是哪里来的自信认为自己可以全身而退呢？所以，这是一条不归路。但是绝大多数情况是交易者在前几次就出现了错误，那结果会如何呢？恐怕体会到的只能是失落、绝望、痛苦和窘迫。这样的情况交易者一定不希望发生在自己身上，既然如此，那就要认识到资金管理的重要性。

1. 资金管理的作用

资金管理为什么重要？因为通过资金管理可以把交易者本金的风险严格控制住，也就是说资金管理的本质是风险控制。风险控制是指风险管理者采取各种措施和方法，消灭或减少风险事件发生的各种可能性，或风险控制者减少风险事件发生时造成的损失。交易者不能保证每次交易都是对的，所以需要通过风险控制来保护自己的本金安全。交易一旦出现亏损，说明交易者遇到麻烦了，或者至少可以说明在哪个地方出现了问题和差错，此时应该引起高度的注意了。而一旦亏损放大，那么这个问题将越来越严重，此时就应该立刻采取措施来解决问题，防止亏损的进一步放大。否则，到时候交易者将被市场控制住，动弹不得。

在交易过程中，交易者可能遇到这样的问题：就是因为当初没有执行止损操作，而资金亏损到"上不上，下不下"的位置。平仓觉得价格可能会稳定下来，不平仓感觉价格会继续朝对自己不利的方向发展。这样，交易者就被夹在中间动弹不得，此时是最要命的。这个时候一定要下决心计划怎么处理，越快越好。然而无论如何，发生这样的事情已经让人沮丧和痛苦了，交易者为什么不禁止这样的事情继续发生呢？如果交易者在入场之前就会想好止损的点位，并且第一时间挂好止损条件单，就有可能避免这样的事情发生！

期货交易赚钱的奥秘就在于抓住大机会，截断小亏损。但是大机会并不是一把就可以抓住的，有的时候要3次甚至5次才能抓到一次好的机会，当然，没有抓住大机会未必都会亏损。但是如果交易者在其中一次错误的行动中亏掉了大部分的本金，那么即便后来一次抓住了大的机会，那也未必能够赚钱，甚至还不能弥补当初错误的行动而导致的巨大亏损。资金管理和风险控制极其重要，因为这是在期货市场里安身立命的前提条件。如果不能保护好本金，将来的收益也就无从谈起了。资金管理和风险控制就像空气一样，是交易者时时刻刻都不能或缺的东西，交易者的每一笔交易都要严格执行，这个警告期货交易者应该深深地刻在心里。

2. 资金管理的方法

那么资金管理具体要怎么做呢？

(1) 确定单笔最大亏损限额是资金管理的第一步。每笔交易的最大亏损额是仓位控制的重要依据。一般来说，每个交易者都不希望自己的单笔交易亏损很多的钱，所以他们给自己制定了一个单次最大限额。根据多数人的交易经验，这个限额往往是总资金的1%～3%之间。如果交易者的交易周期较长，而且交易经验丰富，那么单次最大亏损限额可以适当提高，如果操作周期短，没什么交易经验，资金承受能力又较低的话，那么也可以将这个限额适当降低。需要提醒的是，过犹不及，应该根据自身情况设置该限额，如果交易者对自己的情况没有清楚的认识，建议设定为2%。这个比例并不是一成不变的，因为交易机会的成功概率是不同的，交易者可以根据成功率的不同在一定范围内进行微调。

(2) 确定交易合约反向波动的点数。总资金亏损的最大限额确定好以后，第二步就是看交易者对于所交易品种价格反向波动的承受度。也就是说买入一个商品和约之后，价格跌到成本以下多少的时候，交易者选择止损出局。品种不同，波动率也不同，需要设置不同的止损点位。以15分钟或是半小时K线的操作周期举例，一般来说农产品不要超过30点，油脂不要超过50点，螺纹、热卷控制在50点以内。当然，不同的交易者有不同的参考标准。

(3) 计算买入数量。具体公式为

$$\text{可以买入的手数}=\frac{\text{本金}\times\text{最大单笔亏损限额}}{\text{合约乘数}\times\text{止损点数}}$$

$$\text{仓位}=\frac{\text{手数}\times\text{每手保证金}}{\text{本金}}$$

通过上面的公式可以看出，一旦单笔最大亏损限额和止损点数确定了，交易者的仓位也就基本确定了。交易者可以通过调整止损点数的多少来调整仓位的大小。

(4) 设置止损点位。具体有以下四种方法：第一种方法：商品和约价格的日常波动都有一定的规律，这个规律称之为波动率或者波动幅度，也就是在一年中绝大多数交易日里某一个合约最高价和最低价的差额占整个合约价格的比例，大部分商品的波动率会在2%以内，农产品甚至在1%左右，交易者可以根据这个比例来设置自己的止损位置。

第二种方法：可以用5日平均波动来衡量价格的日常合理波动性，那么一旦超过这个数值的一定倍数时，说明价格不再是某种合理的波动，而是可能出现某种方向上的突变，此时就是交易者最后的价格止损位置。

第三种方法：这种方法称为趋势止损法，一般是按照当初买入时依据的趋势线进行的，跌破趋势线止损离场。依据趋势线进场一般都是在价格重回趋势线时介入，所以按照这个方法止损也是比较容易控制的。但需要注意的是，趋势线附近的行情有时会比较剧烈，尤其是趋势线的突破可能会有大阴或大阳出现，如果等到收盘再止损那就会导致亏损点位过大，所以在使用这种方法时还需要有一个固定的点位来作为辅助，即到了最大点位直接止损出局。

第四种方法：这种方法称为时间止损法，当商品价格在一段时间内的表现未达预期的时候，可以采用此方法进行止损操作。当持仓品种走势不能很快的朝着预期方向走的时候，这说明入场时的判断一定是哪里出了问题，这就是时间止损的依据之一。另外就是持仓成本的问题，一个不能盈利的持仓会让交易者丧失机会成本，如果交易者的操作没问题，那么将很快脱离成本区。

时间止损的长短并没有严格的规定，通行的做法是“3 日持仓法”，也就是交易者持仓 3 日以后依然没有出现盈利，甚至还是亏损，那么即使没有到初始止损位也应该止损出局，当然这说的是按照日线周期进行操作的规则，操作周期不同，这个时间也不同，大体可以按照 K 线周期的三倍来算，具体的标准还需要交易者在实践中慢慢摸索。

止损中有一个很棘手的问题，就是盘中或者开盘的时候价格突然跳过原先计划好的止损点，那么此时该怎么办？无论什么样的原因导致价格达到或者超过了交易者的初始止损点，交易者应该且唯一要做的就是立刻止损出局，因为止损永远都不会错！

止损出局并不是事情的结束，而恰恰是开始，那就是下次的入场机会。很多交易者因为刚止损不想马上再操作而错过不少的行情，操作周期越短这种情况会越频繁，无论如何错过好的操作机会都太可惜了。好的行情并不是一蹴而就的，有的时候要尝试几次，所以不要因为几次失手而感到沮丧和失落，除非没有严格执行计划，否则就不应该这样。只有在正确的时机重返市场，交易者止损才是有意义的。要注意的是，再次入场之前，交易者必须要调整自己的心态，毕竟止损后带来的资金损失难免让人沮丧，调整心态可以让交易者更好的执行下一次的操作。心态调整是交易中相当难的点，因为这是心理问题，很多交易者是一朝被蛇咬十年怕井绳，这其中关键的点在于交易者对自己交易系统的信心，一旦建立起“只要严格按照系统执行，交易者必然是可以盈利的”这种信心，心态也就不是一个问题了。说到底，就是不要让前面的亏损交易影响了后续的工作，因为交易系统之所以能够盈利是在于它的持续性。

3.3.3 加减仓

1. 加仓

(1) 加仓的原则：盈利后加仓。交易者来到期货市场的目的是赚钱！这就要求当交易者在处于有利位置的时候尽可能多的赚到钱。因为交易者并不总是处在有利位置，而且也会经常止损，只有在情况对交易者有利时尽可能多的赚到钱，才能达到赚大钱的目标。那么什么是有利位置，如何做才能尽可能多的赚到钱呢？一旦你的持仓脱离成本区，并且有了一定幅度的获利就可以说交易者已经处于有利位置了。一定幅度的获利描述并不准确，主要是因为根据操作品种的不同，这个幅度是不一样的，具体幅度主要和这个品种的波动率有关，关于波动率在上一部分讲过，一般来说交易者持仓获利的幅度超过这个品种的波动率的时候，就算是确定了的有利位置了。举个例子，假设螺纹的波动率是 3%，螺纹的现价是 4000 元/吨，那么交易者的持仓获利超过 120 点就算是有利位置了，当然，可以根据实际操作周期进行调整。

(2) 加仓的幅度：一旦加仓的位置确定好了，下一步就是确定加仓的幅度。其基本规则是：原则上加仓幅度不超过已有持仓。也就是说假设一开始交易者的持仓是 20%，等到处于有利位置了，加仓的幅度最好不要超过 20%。因为加仓幅度过大会对整体成本影响非常大，假设加仓 20%，交易者的盈利点数会立即缩小一半，交易者能抵抗回撤的能力也立马回撤一半。鉴于此，在加仓之前和加仓以后有两件事非常重要，第一件事，上面说了怎么样才是处于有利位置，但是并不表示处于有利位置以后第一时间就要进行加仓，一般来说是要等行情有了一定幅度的回撤，并且价格企稳，有了一个较为明显的小低点以后再进行加仓；第二件事，就是一旦完成加仓，第一时间就要把原来的止损重新设定，最低标准是本次操作不亏钱，这是最大限度！

(3) 加仓的禁忌：亏损加仓。这里需要说明一下，这个亏损加仓并不是绝对的，不能一概而论。有些大资金是左侧交易，他们的建仓是一个过程，在建仓的过程中经常会有亏损加仓的行为，这种行为不在此列！其实有一个非常简单的标准来衡量，那就是这个加仓行为是交易者交易计划的一部分，还是因为持仓出现亏损想加仓拉低成本？如果是计划的一部分，那么这是没问题的。当然，对于绝大多数投资者来说，禁止亏损加仓都是成立的。至于第二次第三次加仓，也基本都是按照这个逻辑进行的，做空同理。

2. 减仓

(1) 减仓的原则：① 盈利达到原始止损 2 倍以上时，择机减仓。择机的意思是，在行情急速上冲短时间内有大幅利润或是行情运行到一些重要关口时，同时又满足了盈利幅度大于初始止损的两倍时，就可以考虑减仓了。减仓的幅度没有严格规定，根据个人情况和交易者与交易系统的磨合程度来确定，并且和操作周期以及行情具体运行的状态有关。这个减仓可以作为本次操作的最低获利标准，也就是说，减仓以后的持仓，最大限度就是“不赚钱也绝对不能亏钱”。② 无论是进场后还是加仓后，如果交易者不能安心睡觉，也就是说交易者的持仓幅度已经不能让交易者正常作息了，那么需要减仓，减到能安心睡觉为止。

(2) 减仓的禁忌：无论出于什么样的原因，都要避免在减仓后立刻加仓的行为。要强调的是，交易者的减仓行为是满足了一定的条件并且是交易计划的一部分，在执行自己的交易计划，即使减仓后行情继续大幅跃升，依然有持仓在持续获利，交易者完全没有必要重新加码进场，这种打乱操作计划的行为会对交易者的心态造成不好的影响。减仓和加仓几乎不可能在很短时间内接连出现，但是有可能会有加仓后在短时间内出现减仓条件的情况。

3.3.4　离场

俗话说：“会买的是徒弟，会卖的是师傅，会空仓的是祖师爷。”这么看来离场肯定是比进场要难的。

首先，离场的位置决定了交易者的实际获利，也就是说本次操作是亏钱、赚钱、亏多少、赚多少都是由离场的那一刻确定下来的；其次，离场意味着交易者本次操作的结束，但却是另一次操作的开始，离场的位置好坏很容易让操作者将情绪带到下一次操作中来。

所以离场是需要更重视的一个环节！

离场主要分为两种情况：一是止损离场，二是获利离场。

(1) 第一种：止损离场。

(2) 第二种：获利离场。获利离场分为主动离场和被动离场两种。

① 主动离场：毫无疑问，这是操作者的主动行为，虽然有一定的主观性，但是要遵循必须的规则。其大体规则和“减仓”的规则相同，一是获利点数达到或者超过初始止损的一定倍数以后(通常为 2 倍以上)；二是期货价格运行到一定的重要压力、支撑、成交密集区，尤其是历史性高低点，长期盘整区间的上下沿或者是遇到寓意极强的 K 线组合等位置，这些位置一次性通过的可能性非常小，所以，可以在这些位置进行主动性的获利平仓，平仓的幅度根据各自情况以及行情的级别等因素酌情处理。主动离场时交易者可以部分离场，离场的部分可以作为交易者本次操作的最低收益保障，剩余持仓按照被动离场的方式操作。

② 被动离场：一是按照进场时所依据的指标信号，保持操作的前后一致性，也就是说如果交易者按照趋势线或者均线突破进场，那么交易者就等同周期破趋势线、均线离场，这种方式的缺点是有时利润回撤会比较大，优点是大级别的行情极少错过。另外一种情况是，根据持仓获利的情况将止损慢慢调整为浮动止盈，随着行情的发展止盈的幅度越来越大，直到止盈的条件单被打掉。这是第一种方式的补充，优点是较为灵活，可以保护好大部分利润，缺点是需要操作者有较为丰富的经验，否则位置设置不好容易经常被打掉或者损失太多利润。最后要强调的是，浮动止盈的设置只能是越来越高，不能反向调整。举个例子，假设交易者是持有多单，盈利达到一定幅度以后可以调整止损的位置，可以调整到成本价，随着行情继续发展，可以继续上调到盈利 50 点、100 点、200 点，但是不能从上一次的盈利 200 点调整为 180 点。

为什么大家都说离场更难呢？第一，“难在心理！知易行难！”我们以被动离场的第一种方式操作为例，很简单吧，你坐等信号就行了，趋势线破位或者价格破均线就离场，是不是很简单？但是大家真正做起来是什么情况呢？事实上我们往往都有疑虑症，也就是总能够想到一连串不利于自己持仓的事情或将马上发生，好好的上涨行情中一根小阴线就让你联想到空头吹响了大反攻的号角，又或者按照信号来的话，利润回撤太大了，那样是不是很可惜？这往往会动摇自己的持仓信心，从而导致大家过早了结头寸。第二，难在如何稳如泰山的持仓不动，不到系统出现离场信号时不操作！真正的行情不会在一天之内就从开始走到结束。货真价实的好行情总需要花上一段工夫才能走完它的过程。只有在这段时间内持仓平稳地度过，才能够在这轮行情中获得更大的收益。

要克服离场难的问题，投资者可以制定交易计划。“计划你的交易，交易你的计划。”交易者需要把自己的交易计划落实到纸面上，一是可以检查自己是否严格按照计划来执行，二是可以通过一段时间的积累提高自己的计划、交易水平。

离场以后就完成了一个完整的操作周期，剩下的就是等待下一个操作周期。

第 4 章　博易大师行情交易软件使用说明

4.1　软件概述

博易大师是国内主流的期货、证券及外汇行情显示软件，支持国内、国际期货，金融指数，外汇、期权仿真等市场的实时行情及图表显示，支持 24 小时全球品种看盘需求。

1. 软件运行环境

博易大师 5.5.0 版本可以运行在主流操作系统上，如 Windows XP、Windows 7、Windows 8 等 Windows 简体中文操作系统。

2. 系统配置

博易大师 5.5.0 版本对硬件要求不高，可运行在目前绝大部分 PC 及其兼容机上，要求配备不低于 Intel 酷睿 2.0 以上的 CPU，512M 以上的内存，120G 以上的硬盘，1M 以上的独享带宽。

3. 软件安装

博易大师软件的安装步骤如下：

(1) 通用版博易大师的安装文件可在澎博公司官网 http://www.pobo.net.cn/的“产品中心”页面下载，如图 4-1-1、图 4-1-2 所示。

图 4-1-1　澎博公司官网主页

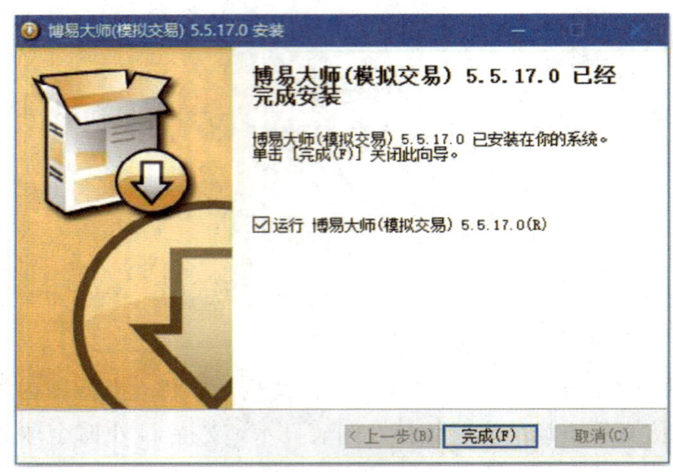

图 4-1-2　安装“博易大师”软件

(2) 安装完成后桌面上会增加图标，双击此图标可以打开博易大师。

4.2　登录系统

登录博易大师系统的操作步骤如下：

(1) 双击桌面上的博易大师图标可以弹出登录界面，如图 4-2-1 所示。

图 4-2-1　博易大师登录界面

(2) 如需查看与行情服务器的通信情况，可点击登录界面右上角的“配置”，弹出“网络设置”对话框，如图 4-2-2 所示，点击【测速】按钮，软件将自动测算与每台行情服务器的通信情况，点击【停止】按钮将停止测速。单击网络状况最好的 IP，对应的“选定”列中会显示√，再点击【确定】按钮选定最优服务器。系统默认不勾选“使用代理服务器”。如勾选该项，则会显示代理服务器的设置选项。

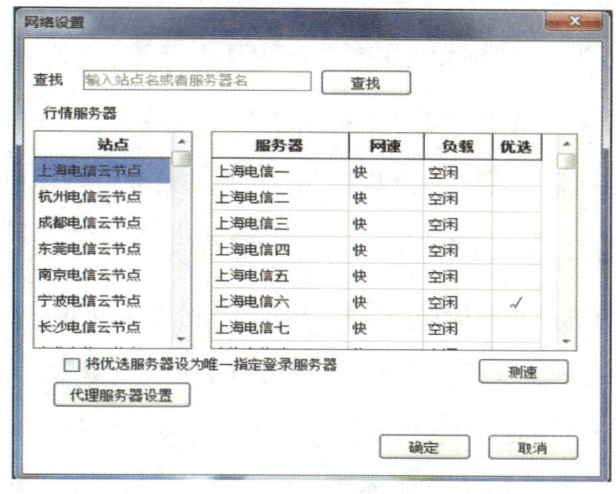

图 4-2-2　“网络设置”对话框

服务器测速频率为 10 天一次，除此之外登录软件无需测速可直接登录。

4.3　界 面 介 绍

4.3.1　系统界面介绍

在默认情况下，客户登录软件后的起始页是上海期货交易所的报价界面，如图 4-3-1 所示。

图 4-3-1　上海期货交易所报价界面

(1) 菜单栏由左向右依次为“系统”、“页面”、“板块”、“新闻”、“特色功能”、“澎博专栏”(客户定制版面为 XX 期货专栏)、“交易”、“工具”及“帮助”等菜单。右端还有【交易】和【论坛】两个按钮，点击【交易】后可打开闪电手登录界面，点击【论坛】可使用默认浏览器打开“澎博财经产品问答平台”。

(2) 工具栏由左向右依次为“后退”(同【ESC】键)、“起始页”、“新闻”(同【F9】键)、“背景资料”(同【F10】键)、“数据刷新”、“放大”、“缩小”(K 线状态放大缩小，分时图状态历史回忆)、“显示风格”(在黑色背景和白色背景之间切换)、“画线工具”(同【Alt+F12】键)、“预警设置”、“报价”(回到当前查看品种所属板块报价界面)、“走势图”(所选品种分时图)、“闪电图”(分笔成交线图)、“日”(K 线)、“周”、“月”、“季”、“X”(任意天)、“1”(分钟)、“3”、“5”、“15”、“30”、“60”、“2hr”(小时)、“4hr”、“Y”(任意分钟)等工具。

(3) 编辑报价栏目。报价栏目中的“最新”、“现手”、“买卖价”等栏目可以调整宽度以及前后顺序，具体操作如下：

① 在报价界面点击菜单中的“工具”，选择“报价栏目”，如图 4-3-2 所示。

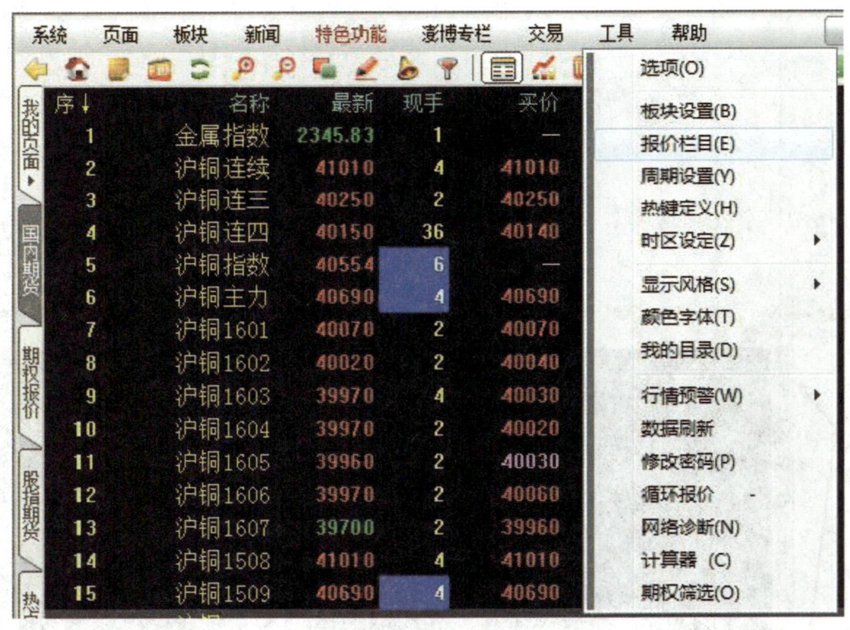

图 4-3-2 选择“报价栏目”

② 在“编辑栏目”对话框(如图 4-3-3 所示)中选择相应的页面标签，如“国内期货”、“证券”等标签，选择需修改的栏目，点击【添加】或【删除】按钮可以使该栏目显示或不显示在报价页面上，点击【上移】或【下移】按钮可以调整顺序，在“所选栏宽度”选项中修改数字可调整列宽，修改完成后点击【确定】按钮。

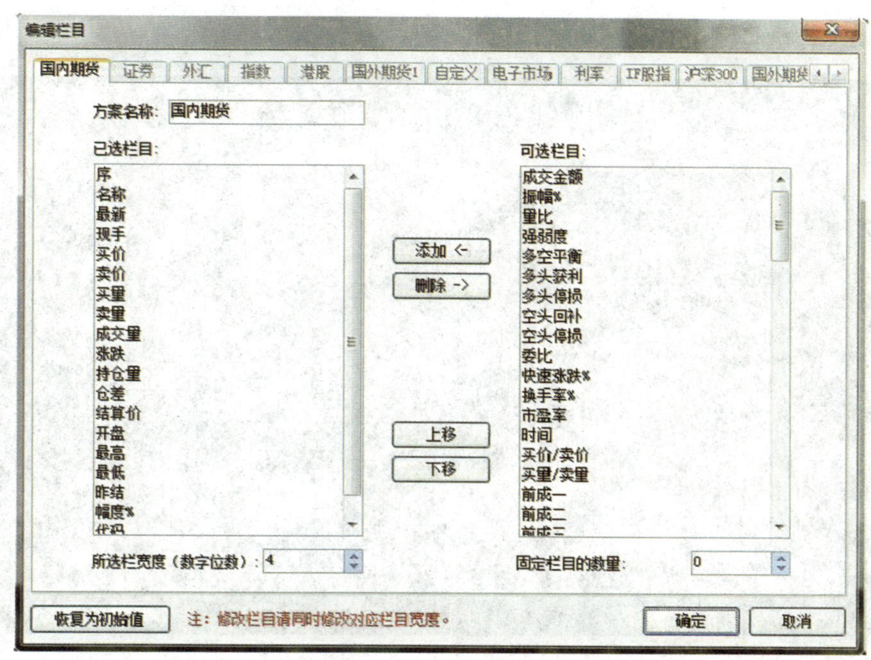

图 4－3－3　“编辑栏目”对话框

(4) 将选中行的“买价”“卖价”显示的数字放大/缩小显示。具体操作方法为：单击右键选择“属性”，或者点击菜单栏上的【工具】按钮，在下拉菜单中选择“选项”，在弹出的窗口中对“选中行买一卖一字体放大号”进行调整(如图 4－3－4、图 4－3－5、图 4－3－6 所示)，调整后 “买价”及“卖价”的数字会相应变化(如图 4－3－6 所示)。

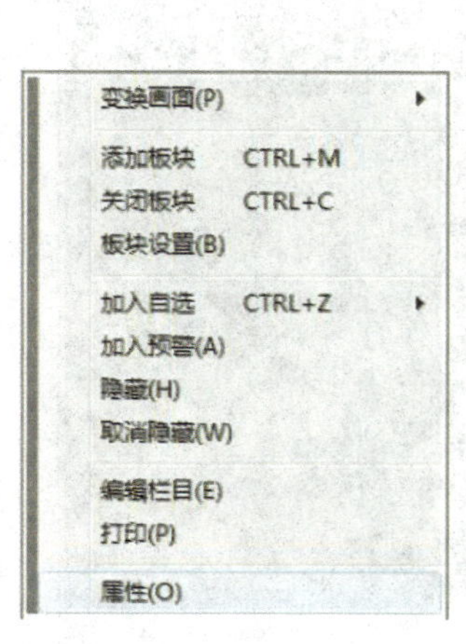

图 4－3－4　单击右键选择“属性”

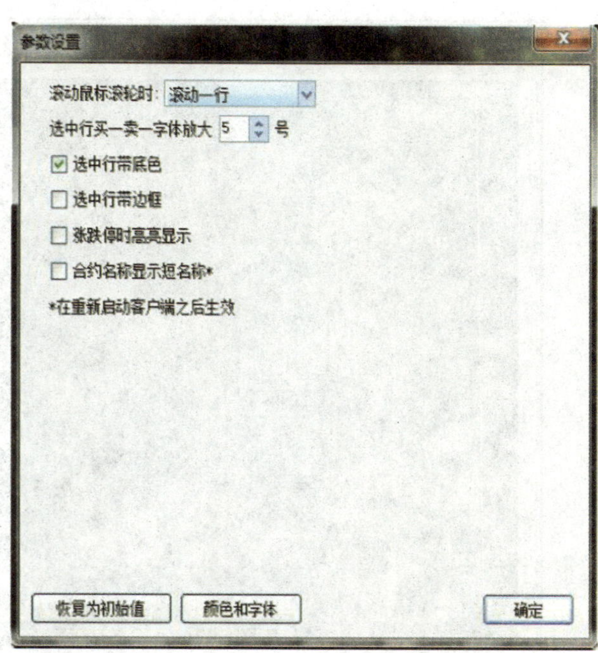

图 4－3－5　“参数设置”对话框

图 4－3－6　数字放大显示

4.3.2　闪电图

下图 4－3－7 为闪电图，其中各指标线的简介如下：

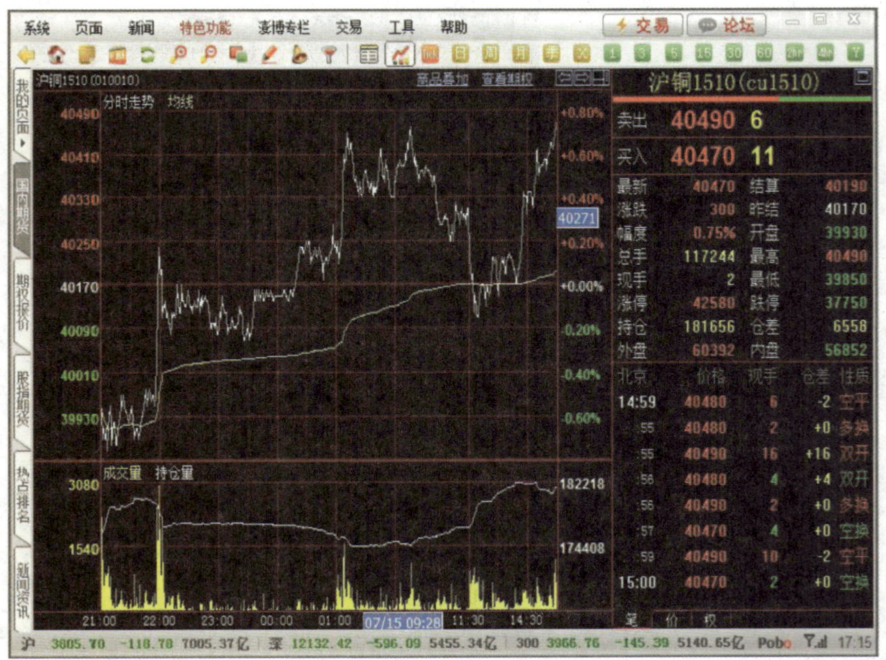

图 4－3－7　闪电图

（1）白线画法：右侧信息窗口每更新一笔成交价就画一个点，这些点的连线组成一条白线，如图 4－3－7 所示。

（2）黄线画法：从当日开盘至该笔成交价更新时的当日所有交易的加权平均值组成一条黄线，如图 4－3－7 所示。

4.3.3　分时走势图

下图 4－3－8 为分时走势图，其中各指标线的简介如下：

（1）白线画法：每分钟最后一笔成交价组成一条白线，如图 4－3－8 所示。

（2）期货品种分时走势图中黄线为均价线，即当日开盘至这一分钟加权平均价的连线，如图 4－3－8 所示。

（3）对于 IF 品种，在当月合约交割当天（合约到期月份的第三个周五，遇国家法定假日顺延）13:00～15:00 期间，分时走势图上会出现一根黄色虚线，也就是交割估价线，这根线是根据沪深 300 算术平均得出的，且实时变动，如图 4－3－8 所示。

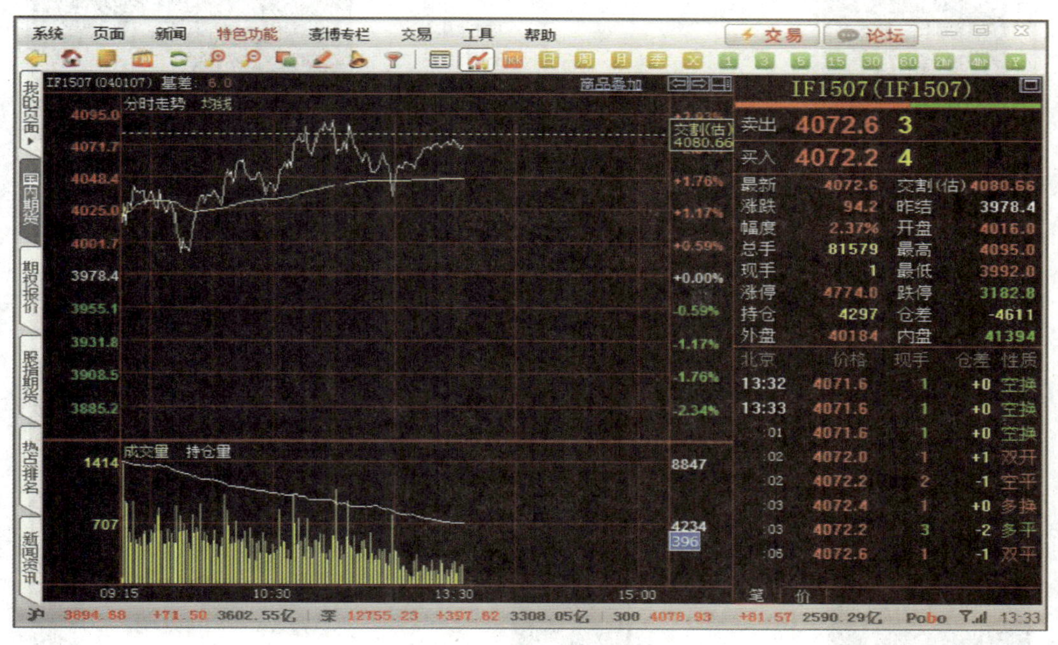

图 4－3－8　分时走势图

4.3.4　K 线图

K 线图界面由主图和副图组成，可实现多个副图显示，系统默认为三图组合（成交量和一个指标，默认为 MACD）。如需要调整副图数量，只需在 K 线图空白处单击鼠标右键选择“视图组合”进行调整即可，如图 4－3－9 所示。

备注：*在分钟/小时 K 线上显示的红色虚线是时间分割线，分割线右边的 K 线为当日 K 线，左边为历史 K 线，如图 4－3－10 所示。*

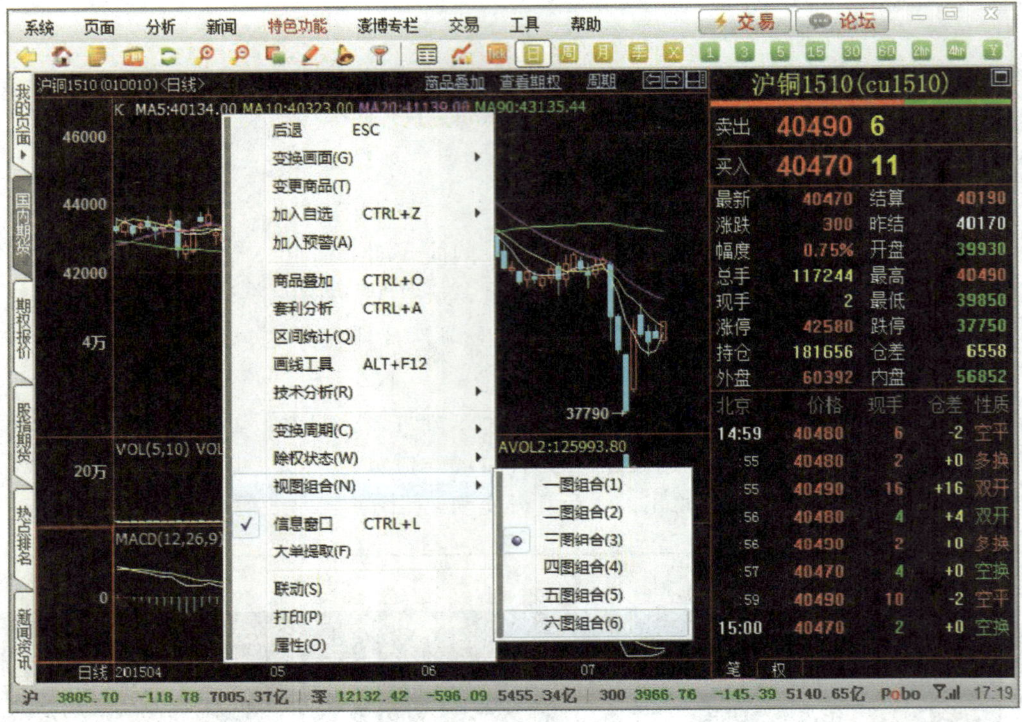

图 4-3-9　K 线图界面

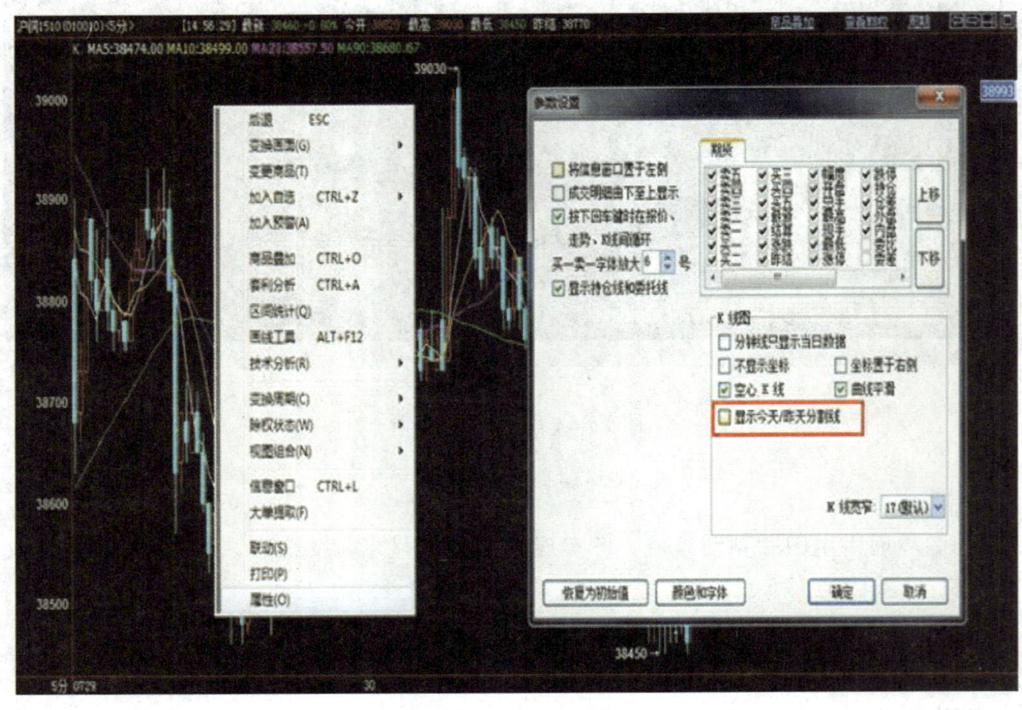

图 4-3-10　时间分割线、当时 K 线及历史 K 线

4.3.5　新闻资讯

进入新闻界面的方式有三种：点击工具栏上的“新闻”快捷按钮、直接按键盘上的【F9】键以及点击左侧系统页面中的“新闻资讯”。

新闻界面采用网页格式，查看新闻就像浏览网页一样，可按照新闻类型来搜索当天、近一周和近一月的新闻，如图 4-3-11 所示。

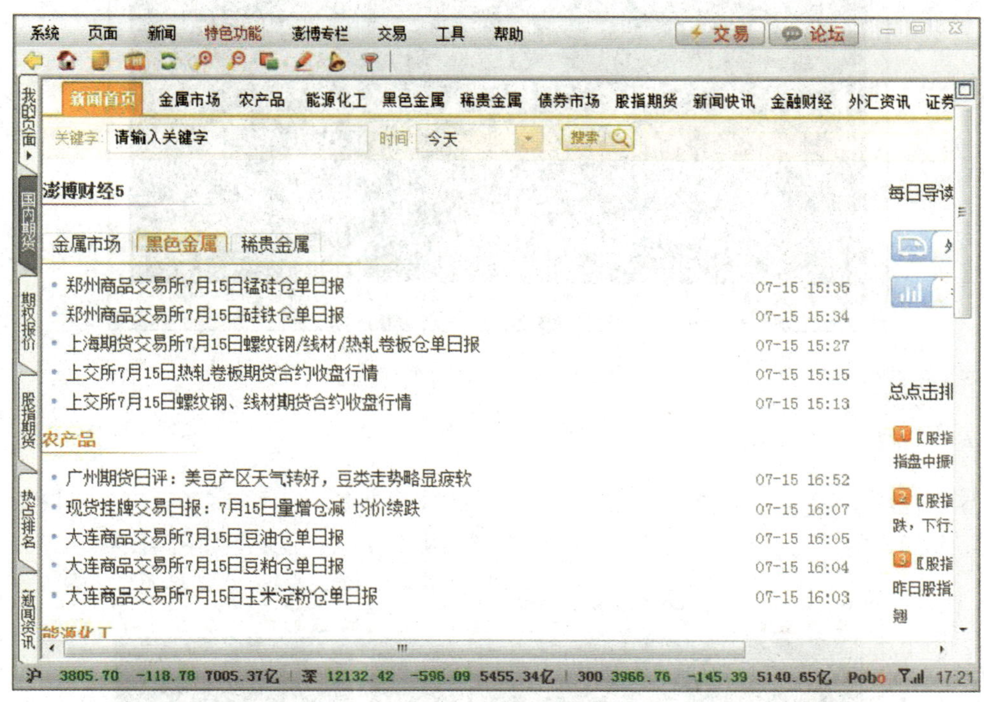

图 4-3-11　新闻界面

4.4　页面设置

博易大师中共有 5 个系统页面，即国内期货、期权报价、股指期货、热点排名和新闻资讯，此外也可根据个人需要自定义设置页面。

4.4.1　国内期货页面

点击主界面左侧的“国内期货”标签即可进入“国内期货”页面，默认显示国内期货主力板块，如图 4-4-1 所示。“国内期货主力”和“夜盘”板块中的合约按上期所、大商所、郑商所和中金所的顺序显示。“国内期货主力”板块包含国内各品种的主力合约。“夜盘”板块包含国内开通夜盘的期货合约。

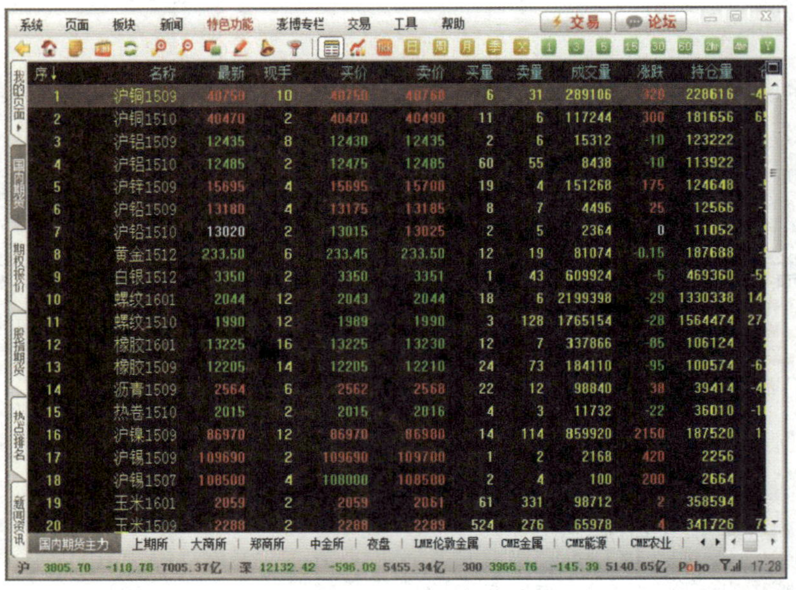

图 4-4-1 “国内期货”页面

4.4.2 股指期货页面

点击主界面左侧的“股指期货”标签即可进入“股指期货”页面，该页面包含了股指期货报价页面、IF 主力分时走势图、IF 主力 K 线图以及沪深 300 走势，如图 4-4-2 所示。

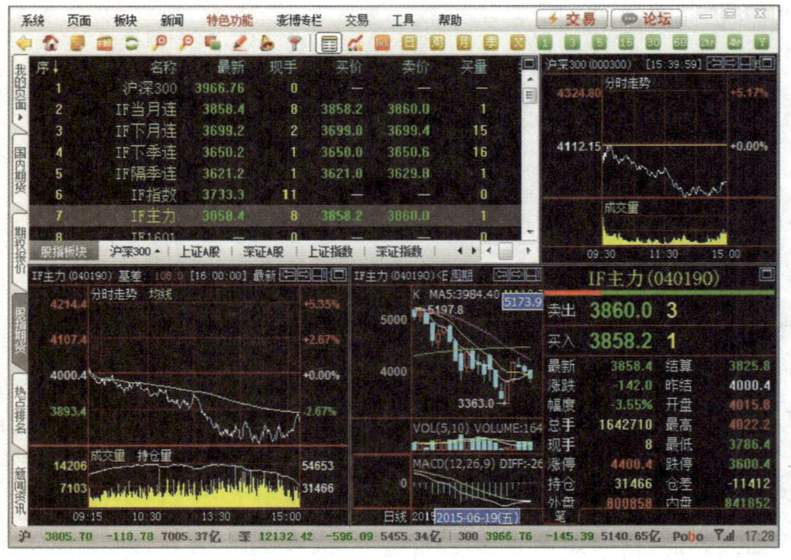

图 4-4-2 “股指期货”页面

4.4.3 热点排名页面

点击主界面左侧的“热点排名”标签即可进入“热点排名”页面，或者在键盘上输入“810”后回车，也可进入“热点排名”页面。该页面为九宫格形式，只针对主力合约进行排名，排名内容分别为今日涨幅、今日跌幅、活跃度、1 分钟涨幅、1 分钟跌幅、量比、今日增仓比、今日减仓比和成交金额，如图 4-4-3 所示。单击九宫格中的合约，交易下单板可自动填入该合约的相关信息。

今日涨幅			1分钟涨幅			今日增仓比		
沪镍1509	86970.00	2.53	铁矿石1509	368.00	0.27	沪铅1510	13020.00	1.099
沥青1509	2564.00	1.50	菜粕1509	2345.00	0.26	豆油1601	5690.00	1.095
沪锌1509	15695.00	1.13	黄豆一号1601	4230.00	0.21	铁矿石1601	354.50	1.066
沪铜1509	40750.00	0.79	菜粕1601	2259.00	0.18	十年国债1509	95.44	1.058
沪铜1510	40470.00	0.75	沪锡1509	109690.00	0.15	沪铜1510	40470.00	1.037
菜粕1509	2345.00	0.64	豆粕1509	2789.00	0.14	玉米淀粉1601	2553.00	1.035
IH1507	2708.00	0.39	棉花1601	12715.00	0.12	焦炭1509	803.50	1.033

今日跌幅			1分钟跌幅			今日减仓比		
IC1507	7136.00	-7.51	焦炭1509	803.50	-0.31	IF1507	3858.40	0.734
IF1507	3858.40	-3.55	IF1507	3858.40	-0.19	菜粕1509	2345.00	0.789
胶合板1509	90.25	-2.17	PVC1509	5300.00	-0.09	IC1507	7136.00	0.816
甲醇1509	2310.00	-1.45	棕榈油1601	4912.00	-0.08	IH1507	2708.00	0.843
螺纹1601	2044.00	-1.40	沥青1509	2564.00	-0.08	菜粕1601	2259.00	0.855
螺纹1510	1990.00	-1.39	螺纹1601	2044.00	-0.05	沥青1509	2564.00	0.897
焦炭1509	803.50	-1.29	沪铅1510	13020.00	-0.04	焦煤1509	624.00	0.920

活跃度			量比			成交金额		
IF1507	3858.40	70940.39	IC1507	7136.00	1.673	IF1507	3858.40	1.92亿
IH1507	2708.00	10275.95	IF1507	3858.40	1.496	IH1507	2708.00	2774.51万
IC1507	7136.00	5038.77	沪镍1509	86970.00	1.335	IC1507	7136.00	1360.47万
菜粕1509	2345.00	1897.02	菜粕1509	2345.00	1.335	菜粕1509	2345.00	889.23万
豆粕1509	2789.00	1649.20	菜粕1601	2259.00	1.167	豆粕1509	2789.00	773.06万
橡胶1601	13225.00	1296.04	沪铅1510	13020.00	1.119	沪镍1509	86970.00	738.24万
沪镍1509	86970.00	1270.09	十年国债1509	95.44	1.116	沪铜1509	40750.00	584.93万

图 4-4-3　“热点排名”页面

4.4.4　新闻资讯页面

点击主界面左侧的“新闻资讯”标签即可进入“新闻资讯”页面，如图 4-4-4 所示。

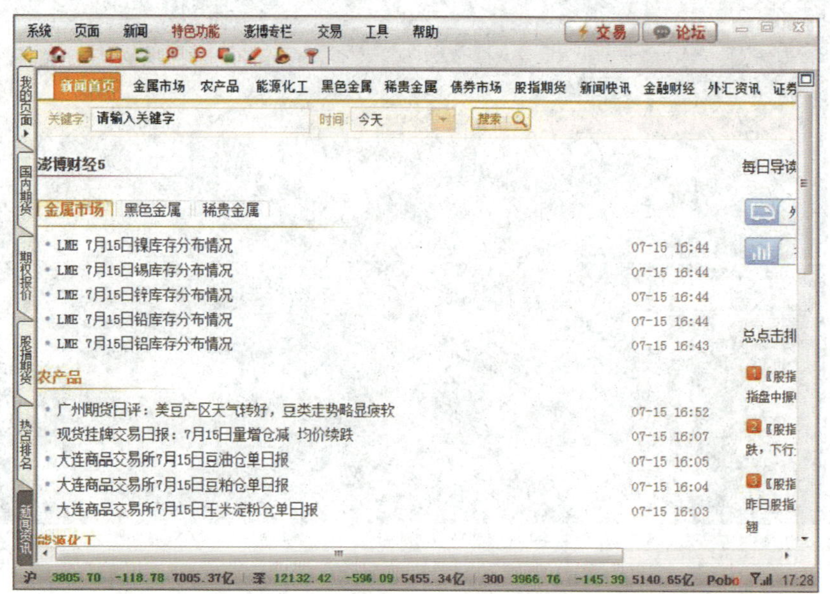

图 4-4-4　“新闻资讯”页面

4.4.5 自定义页面

可以根据个人需要对页面进行设置。以新建页面为例，具体步骤如下：

(1) 点击主界面左上角菜单栏中的“页面”→“新建页面”，或者点击左上角系统页面中的“我的页面”→“新建页面”，如图 4-4-5 所示。

(2) 在空白窗口中点击鼠标右键，选择“切分窗口”，可对窗口进行“横切”或者“竖切”，如图 4-4-6。“横切”是将窗口均分成上下两个窗口；“竖切”是将窗口均分成左右两个窗口。

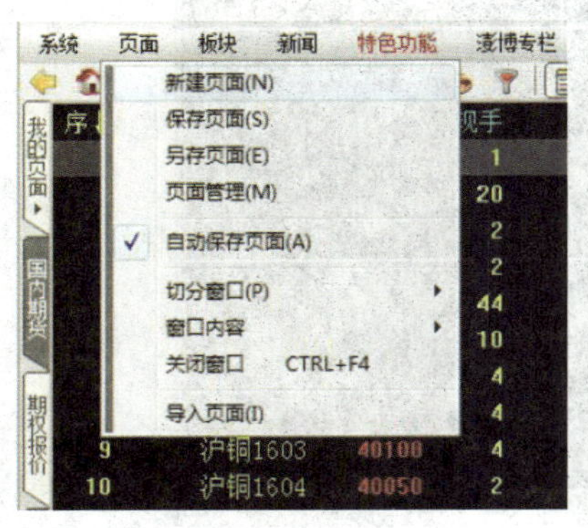

图 4-4-5 新建页面

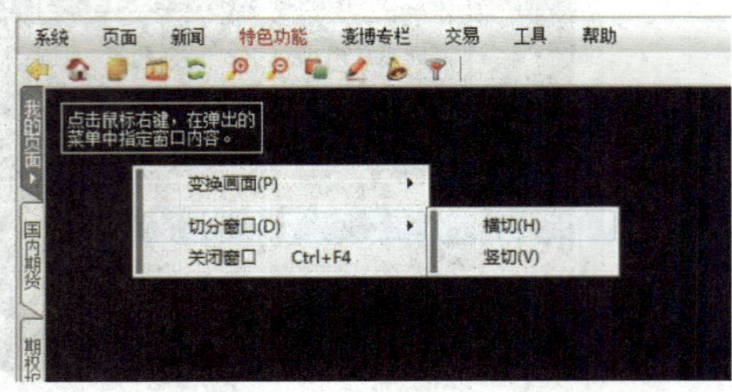

图 4-4-6 切分窗口

如先横切，然后再选中下方窗口竖切，切分后的效果如图 4-4-7 所示。

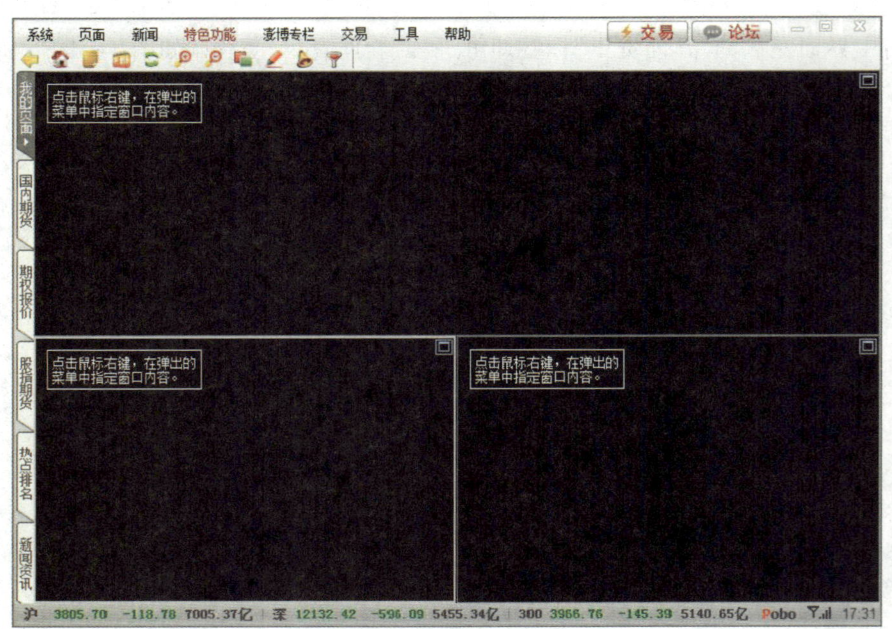

图 4-4-7 先横切再竖切

(3) 在每个窗口中点击鼠标右键，选择“变换画面”可在该窗口引入对应的画面，如图 4-4-8 所示。

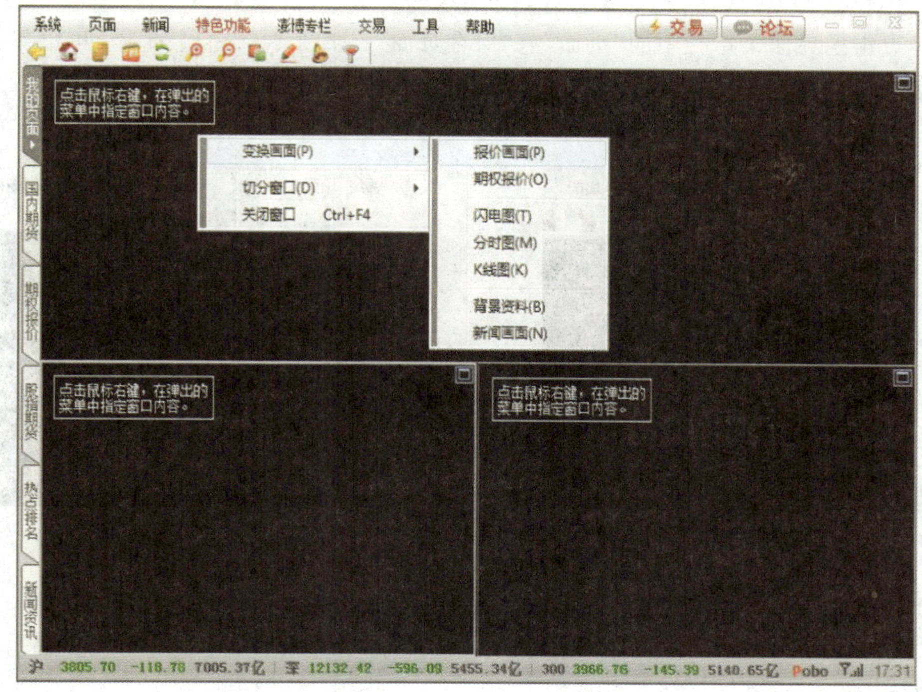

图 4-4-8　变换画面

比如通过“变换画面”功能，在图 4-4-7 所示窗口的上部显示“报价画面”，左下角窗口显示“分时图”，右下角窗口显示“K 线图”，效果如图 4-4-9 所示。

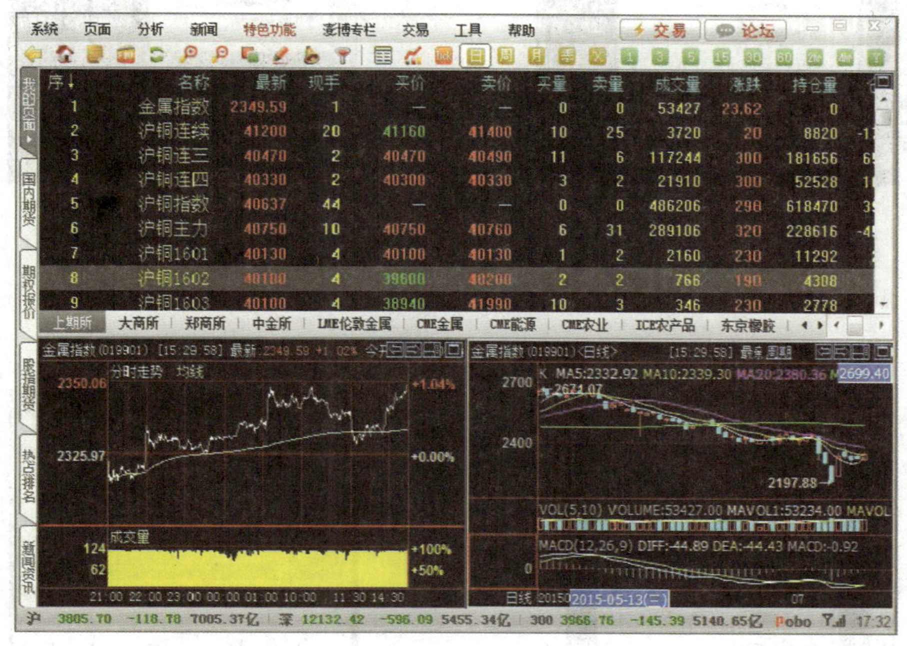

图 4-4-9　变换画面举例

备注：点击主界面菜单栏中的“系统”→“联动”可实现双击“报价画面”中的某合约时，

下方的“分时图”和“K线图”也随之切换，如图4-4-10所示。

（4）点击主界面菜单栏中的“页面”→“保存页面”，如图4-4-11所示，可以保存新建的页面设置。

备注：如不保存页面，下次登录时会恢复到默认状态。

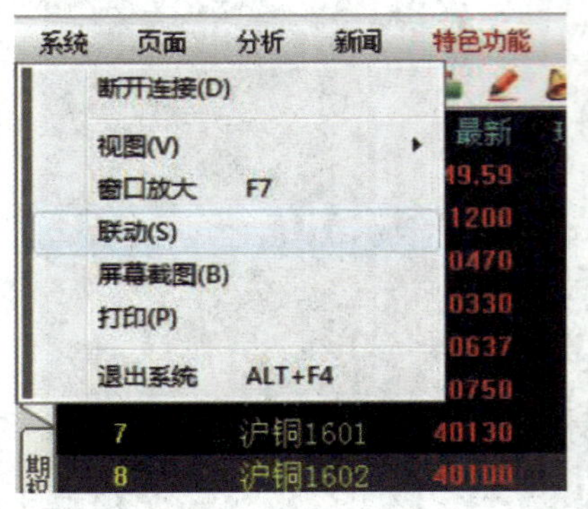

图4-4-10　联动切换

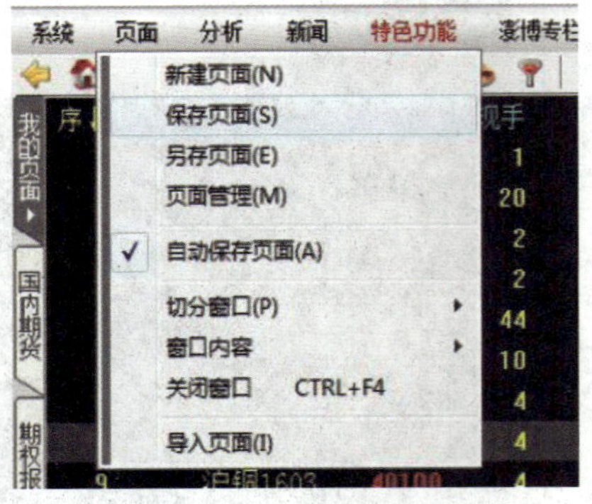

图4-4-11　保存页面

（5）点击主界面菜单栏中的“页面”→“另存页面”（如图4-4-12所示）或点击主界面左侧的“我的页面”→“另存页面”（如图4-4-13所示），输入页面名称，可将页面另存，方便以后调用。

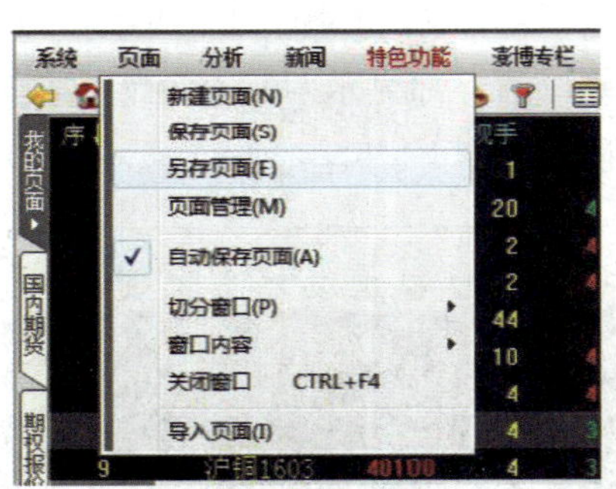

图4-4-12　另存页面

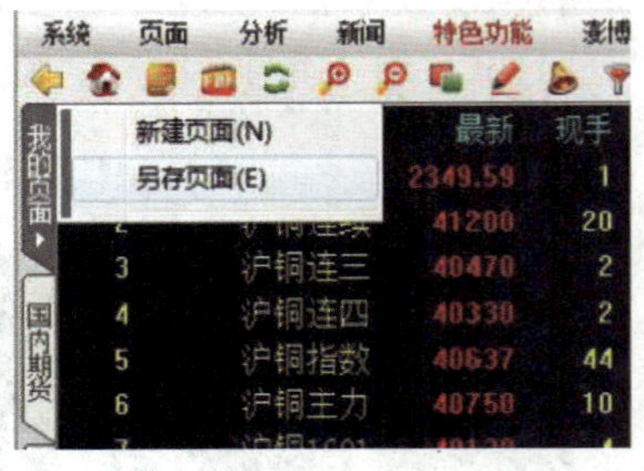

图4-4-13　另存页面

（6）删除自定义页面的步骤：点击主界面菜单栏中的“页面”，在下拉菜单中选择“页面管理”，然后选择需删除的页面，点击“删除”，如图4-4-14、图4-4-15所示。

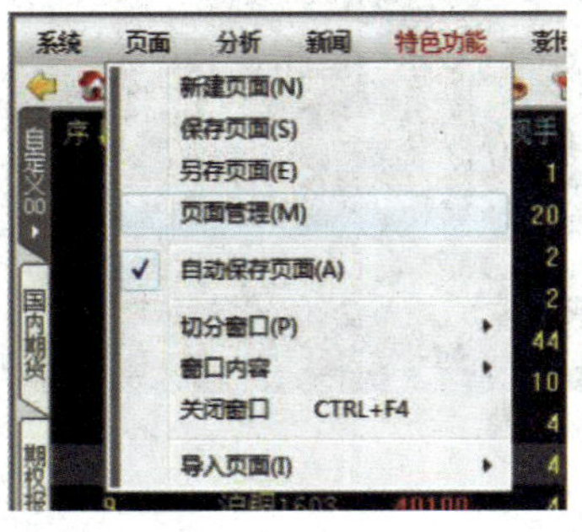

图4-4-14　“页面”下拉菜单

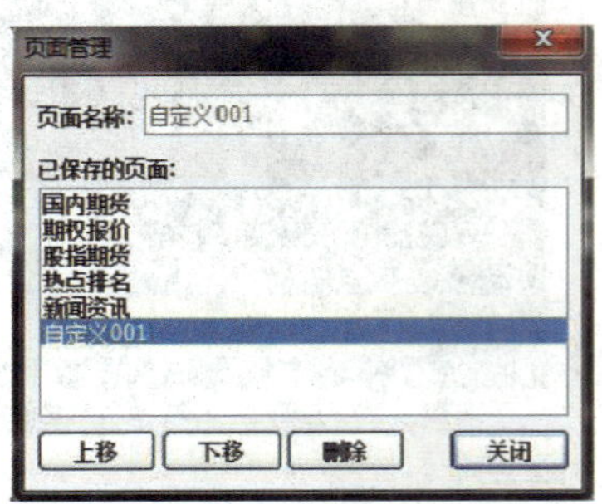

图4-4-15　“页面管理”对话框

4.5 板块设置

4.5.1 选择板块

选择板块有以下两种方式。

方式 1：报价画面下方会显示一行板块名称，直接点击板块名称即可转入相应的页面，如图 4-5-1 所示。

图 4-5-1　板块名称

方式 2：报价画面下方未显示的板块，可点击菜单栏中的“板块”进行选择，如图 4-5-2 所示。

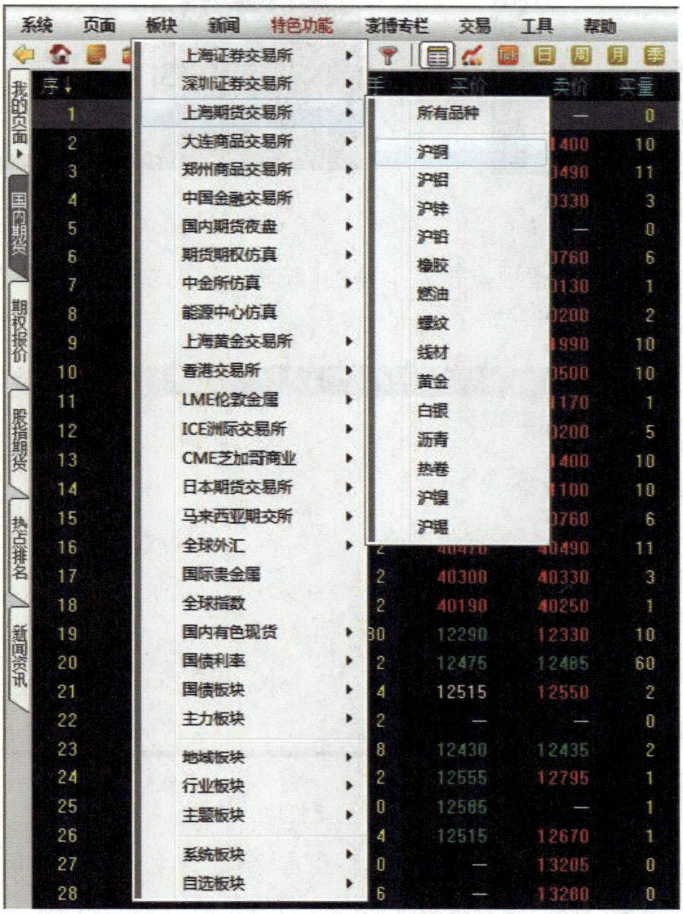

图 4-5-2　菜单栏中的板块下拉菜单

4.5.2　新建板块

新建板块的操作步骤如下：

(1) 点击主界面菜单栏中的“工具”，选择“板块设置”(如图 4-5-3 所示)或在报价页面上右击鼠标，在下拉菜单中选择“板块设置”(如图 4-5-4)，可打开“编辑板块”对话框(如图 4-5-5 所示)。

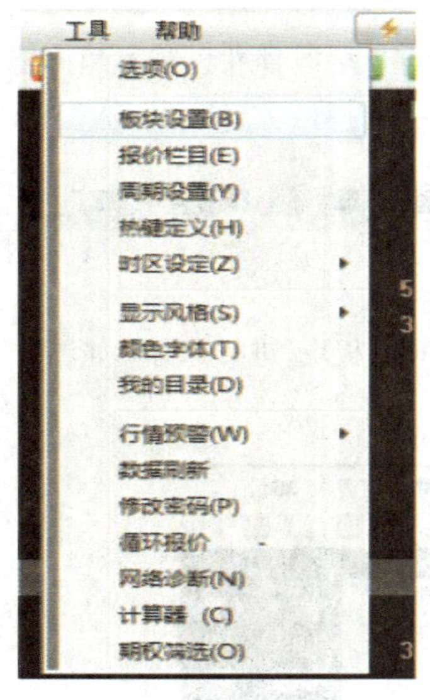

图 4-5-3　“工具”下拉菜单

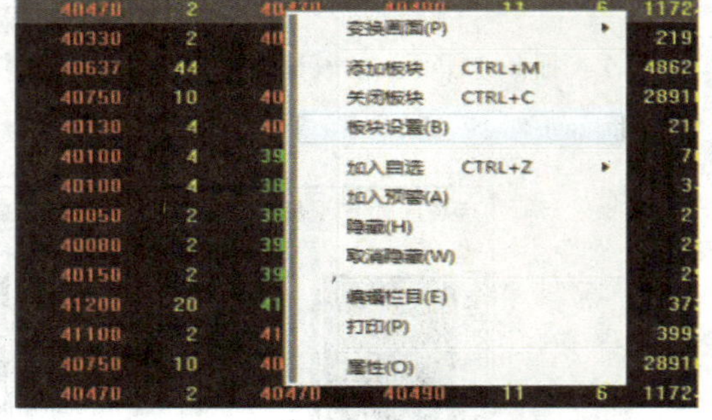

图 4-5-4　报价页面上的右键下拉菜单

(2) 在“编辑板块”对话框中点击左下角的【新建】按钮(如图 4-5-5 所示)可以打开“编辑板块股”对话框，如图 4-5-6 所示。

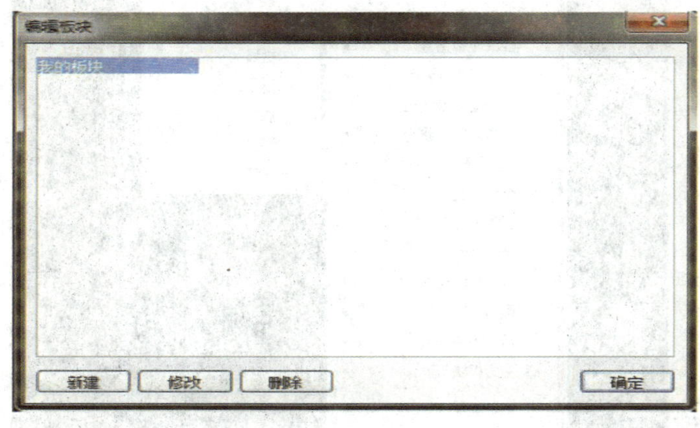

图 4-5-5　“编辑板块”对话框

(3) 在“编辑板块股”对话框中进行编辑后点击【确定】，如图 4-5-6 所示。

(4) 将自定义板块名称显示在报价页面下方名称条的方法：在报价页面上点击菜单栏中的“板块”→“自选板块”，选择相应板块即可，如图 4-5-7 所示。

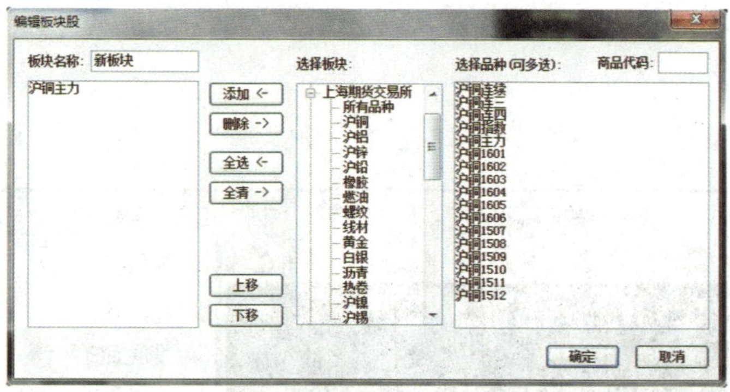

图 4-5-6　“编辑板块股”对话框

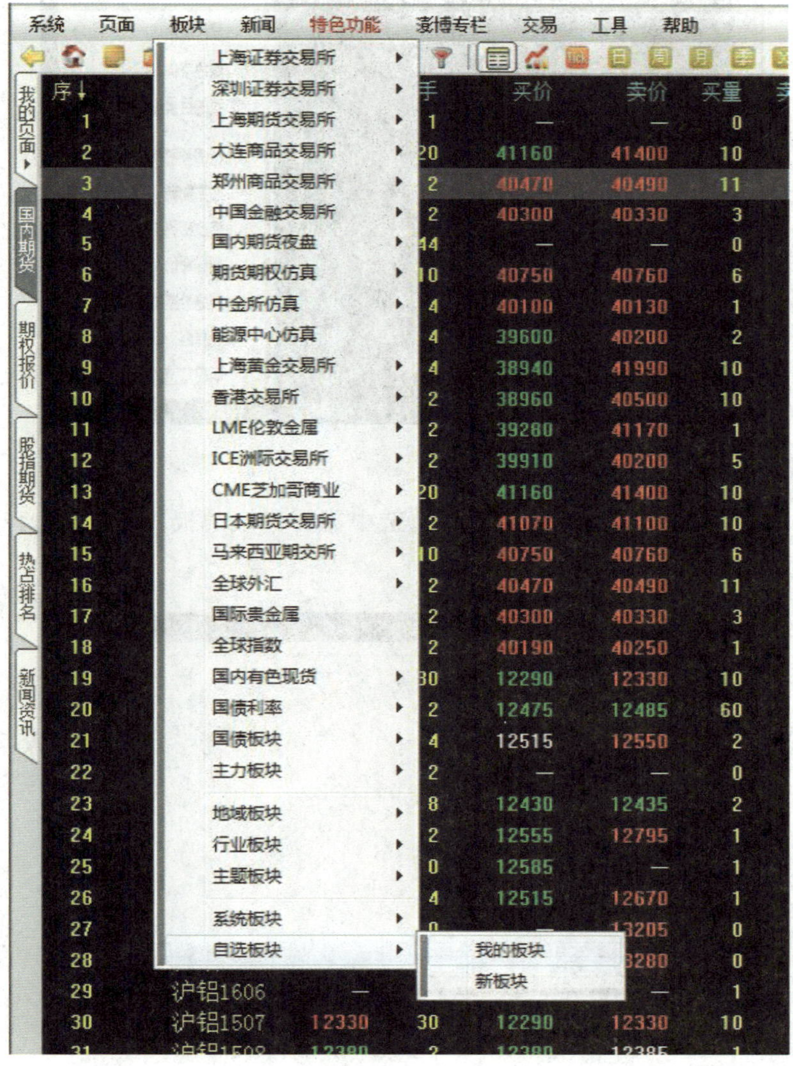

图 4-5-7　“板块”下拉菜单

4.5.3 修改板块

修改板块的具体操作步骤如下：

（1）点击主界面菜单栏中的“工具”，选择“板块设置”，如图 4-5-8 所示。

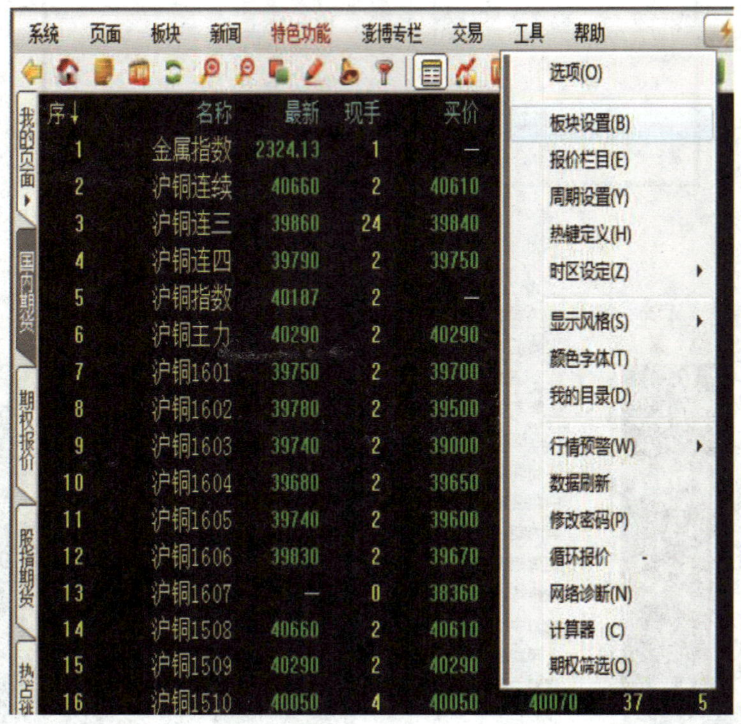

图 4-5-8　选择“版块设置”

（2）在软件弹出的“编辑板块”对话框中选中需要修改的板块，点击【修改】按钮，如图 4-5-9 所示。

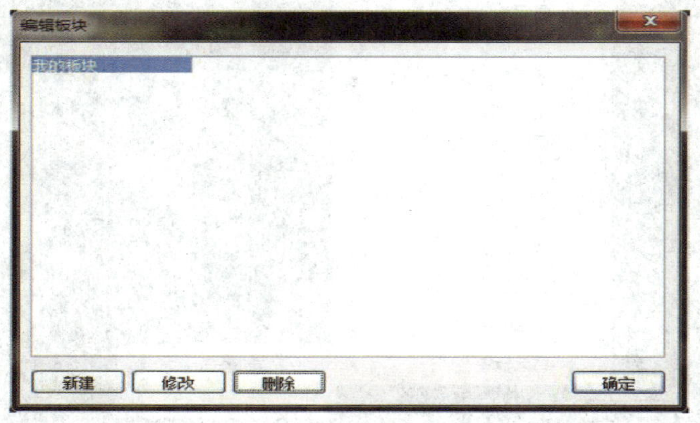

图 4-5-9　“编辑板块”对话框

（3）在弹出的“编辑板块股”对话框中可以对板块信息进行修改，修改好后点击【确定】按钮，如图 4-5-10 所示。

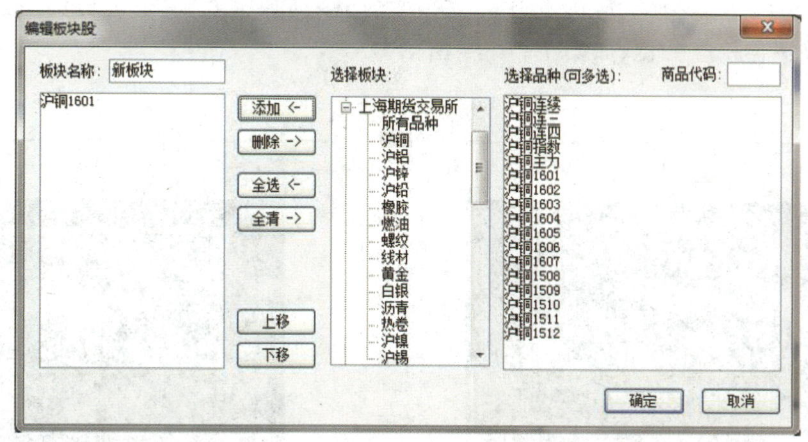

图 4-5-10　“编辑板块股”对话框

4.5.4　删除板块

删除板块的具体操作步骤如下：

(1) 点击主界面菜单栏中的“工具”，选择“板块设置”，如图 4-5-8 所示。

(2) 在“编辑板块”对话框中选中板块，点击“删除”按键，如图 4-5-9 所示。

4.6　分时图界面

4.6.1　信息窗口

信息窗口中各项内容的简介如下：

(1) 合约名称下方的买卖盘对比柱图。其中各显示内容含义如下：

红柱代表买入量，绿柱代表卖出量，红绿柱长度按买入量和卖出量之比分配。一档行情时为买一价、卖一价的挂单量，五档行情时为买一价至买五价、卖一价至卖五价的挂单量之和。如图 4-6-1 所示，红色代表买入价上的挂单数量(1)，绿色代表卖出价上的挂单数量(7)。

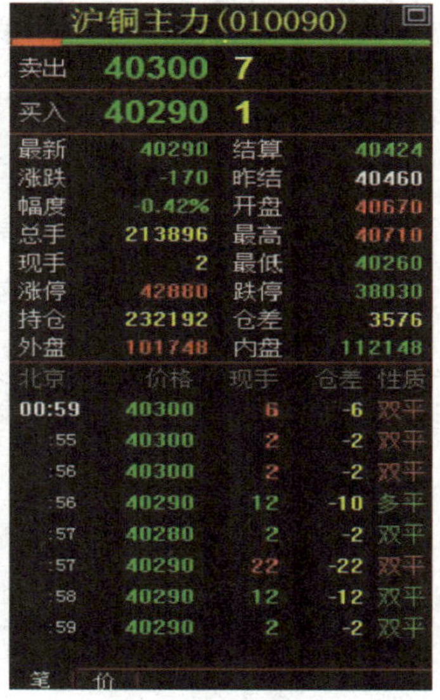

图 4-6-1　信息窗口

(2) 成交明细显示。成交明细的时间显示格式为“大数字+小数字”，大数字代表 X 时 X 分，小数字代表 X 秒，如图 4-6-1 所示。

备注：可通过按键盘上的【F1】键调出当天全部的成交明细数据，也是精确到秒，如图4-6-2 所示。

(3) 买卖价字体放大缩小。具体操作方法如下：

点击菜单栏上的“工具”，在下拉菜单中选择“选项”(如图 4-6-2 所示)，在弹出的对话框中选择“走势图和

K 线图”(如图 4-6-3 所示)，在选中行“买一卖一字体放大 号”中进行调整，调整后“买价”“卖价”数字会相应变化(如图 4-6-4 所示)。

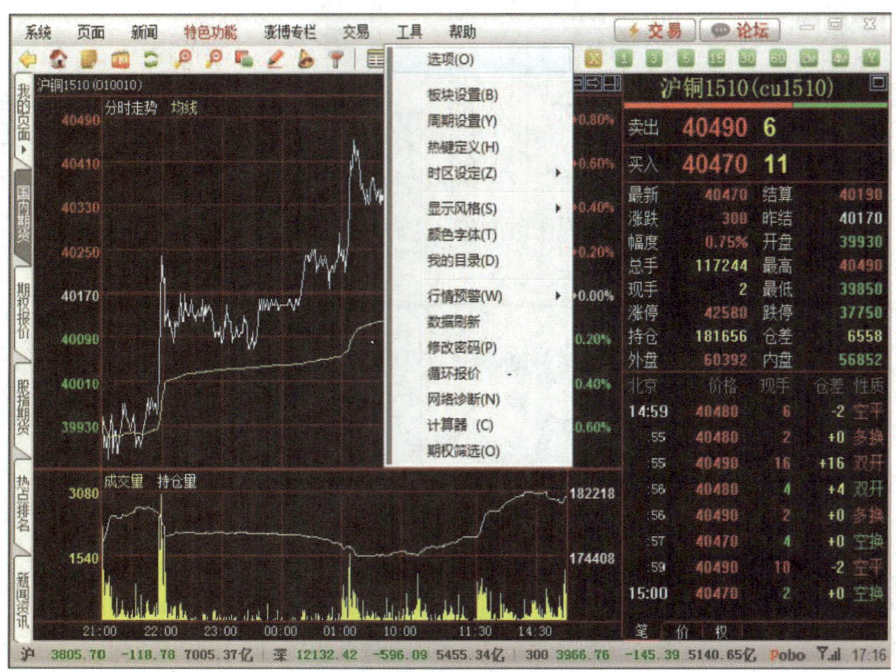

图 4-6-2　“工具”下拉菜单

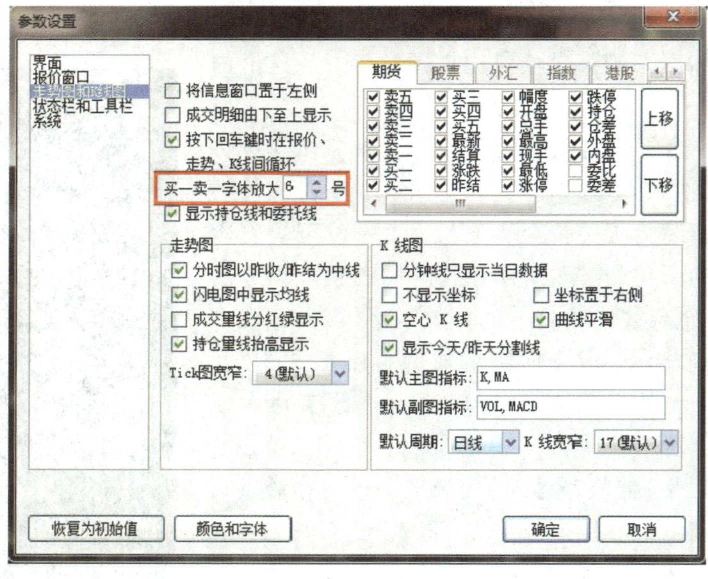

图 4-6-3　“参数设置”对话框

沪铜1510(cu1510)

卖出	40490	6	
买入	40470	11	
最新	40470	结算	40190
涨跌	300	昨结	40170
幅度	0.75%	开盘	39930
总手	117244	最高	40490
现手	2	最低	39850
涨停	42580	跌停	37750
持仓	181656	仓差	6558
外盘	60392	内盘	56852

图 4-6-4　调整字体后的显示结果

4.6.2　历史回忆

可通过以下几种方式查看某合约近 10 日(含当日)或某一具体日期(250 个交易日)的历史分时走势图：

(1) 点击菜单栏上的“特色功能”，选择“历史回忆 ”，在下拉菜单中可以选择“最近 X 日”(如图 4-6-5 所示)，进入历史回忆图之后，当天的分时走势以黑底显示，历史走势以灰底显示(如图 4-6-6 所示)；也可以点击“选择日期”，选择某一个历史交易日(如图 4-6-7 所示)。

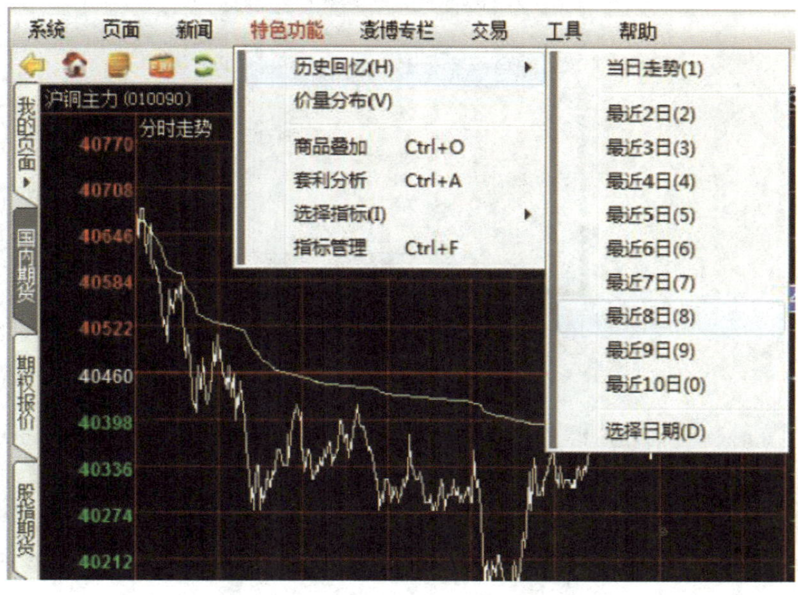

图 4-6-5　特色功能下拉菜单

图 4－6－6　分时走势与历史走势图

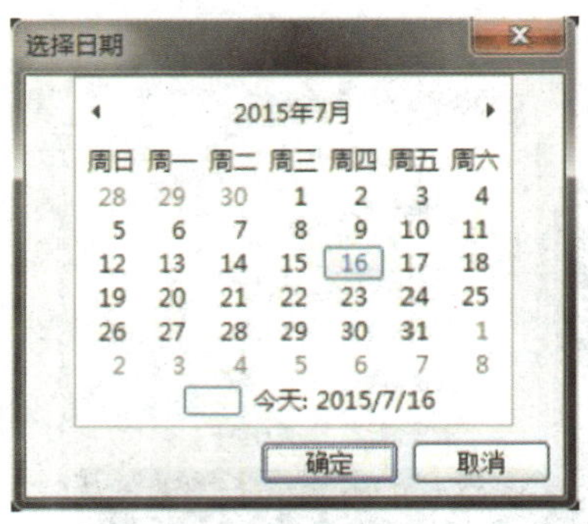

图 4－6－7　选择历史交易日期

（2）调出分时图页面，按键盘上的向下箭头，可以向前请求一天的历史回忆，最多请求 10 个交易日（含当日）；按键盘上的向上箭头，可以撤销一天的历史回忆，直至恢复只显示当日的分时走势图。

（3）在 K 线图界面双击鼠标左键调出十字光标，将十字光标停留在需要查看历史回忆的那根 K 线上（如图 4－6－8 所示），按键盘上的【回 车】键，可以调出该日的历史回忆，画面左上角可查改该日的日期（如图 4－6－9 所示）

图 4-6-8　调出十字标

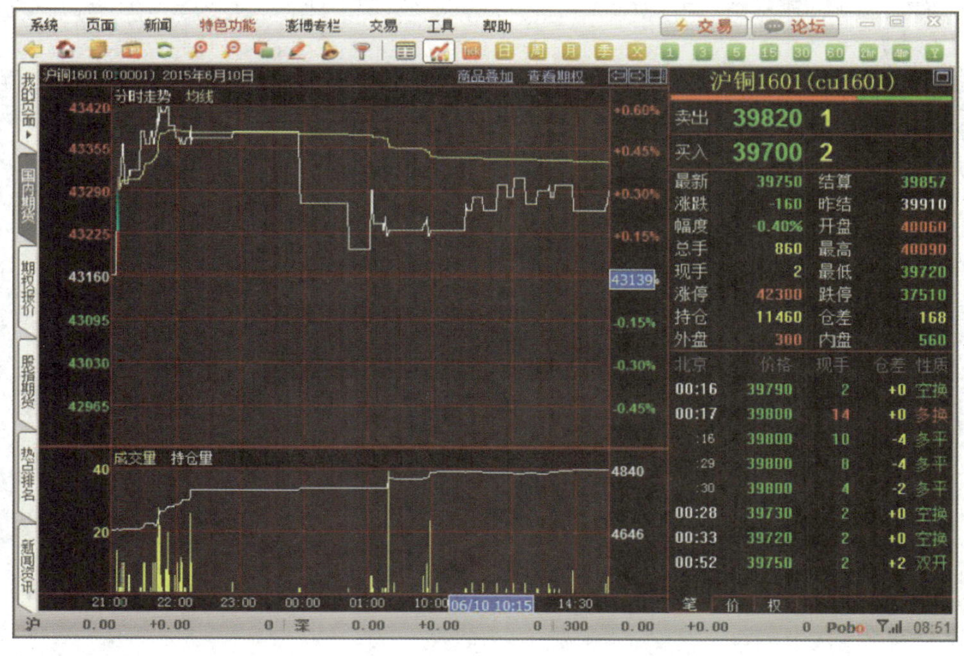

图 4-6-9　调出历史回忆

4.6.3　成交明细

在分时图界面上按键盘上的【F1】键可调出当日成交明细数据，如图 4-6-10 所示，数据分三栏显示，滚动鼠标滚轮或按键盘上的【上页/下页】键可以进行翻页。

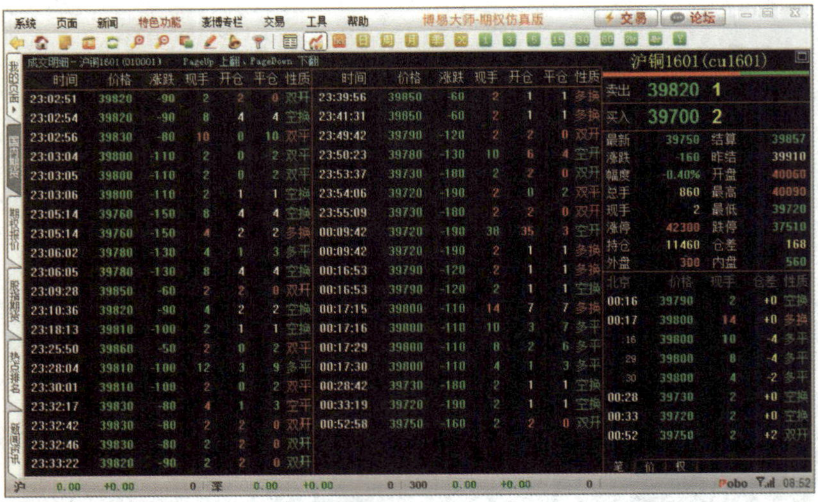

图 4-6-10　当日成交明细

4.6.4　价量分布

价量分布图可查看某合约的成交量、成交价格等实时的统计信息。查看价量分布有以下几种方式：

(1) 点击菜单栏中的“特色功能”，在下拉菜单中选择“价量分布”，如图 4-6-11 所示。

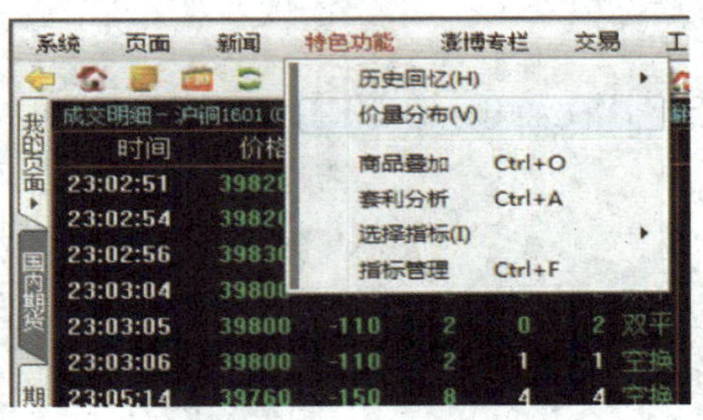

图 4-6-11　在“特色功能”下拉菜单中选择“价量分布”

(2) 在分时图界面直接按【F2】键，查看“价量分布”图，结果如图 4-6-12 所示。

其中各显示内容含义如下：

① 成交量：成交量对应前面的成交价格，表示在此价位上成交的成交量总和。

② 占比：占比对应前面的成交价格，表示在此价位上的成交量占今天总成交量的百分比。

③ 计算公式：

$$占比=\frac{在此价位上的成交量}{总的成交量}\times 100\%$$

④ 竞买率：竞买率对应前面的成交价格，特指在此价位上成交量中主动性买量占的比率。

⑤ 计算公式：

$$竞买率=\frac{在此价格上以卖价成交的成交量}{此价位的成交量}\times 100\%$$

⑥ 颜色分析：红色代表主动买，以卖一价成交；绿色代表主动卖，以买一价成交；黄色代表标示出开仓量和平仓量相等的部分。

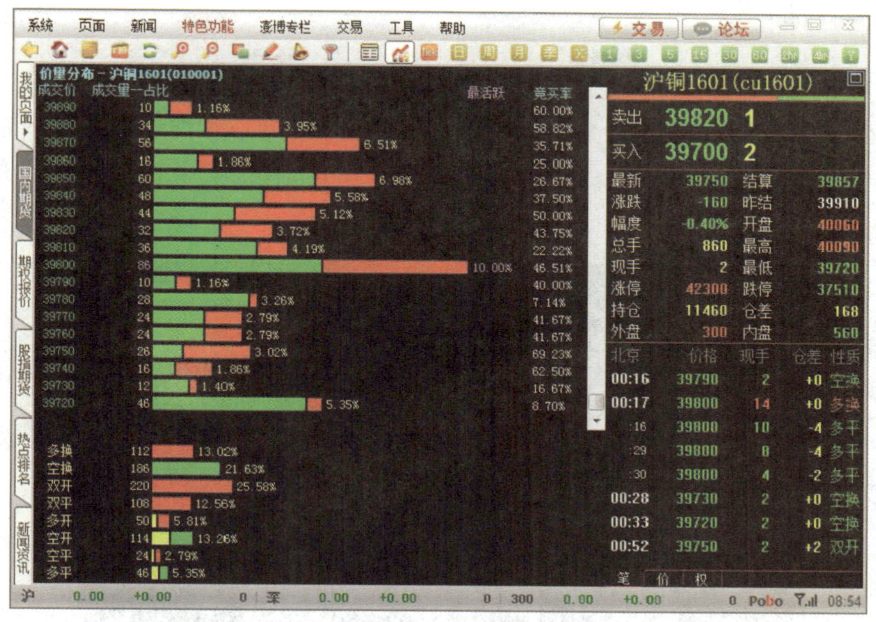

图 4-6-12 价量分布图

以图 4-6-12 中多开为例，多开即多头开仓，开仓量大于平仓量，持仓量增加，但持仓量的增加值小于现手，且为主动买盘。主动买盘是以卖一价成交的，以红色标示。多头开仓包含了开仓和平仓，但开仓量大于平仓量，其中开仓和平仓量相等的部分标示为黄色。

(3) 为了能在查看分时走势图的同时查看价量分布图，博易大师在走势图信息窗口右下角中增加了“价”的功能，如图 4-6-13 所示。

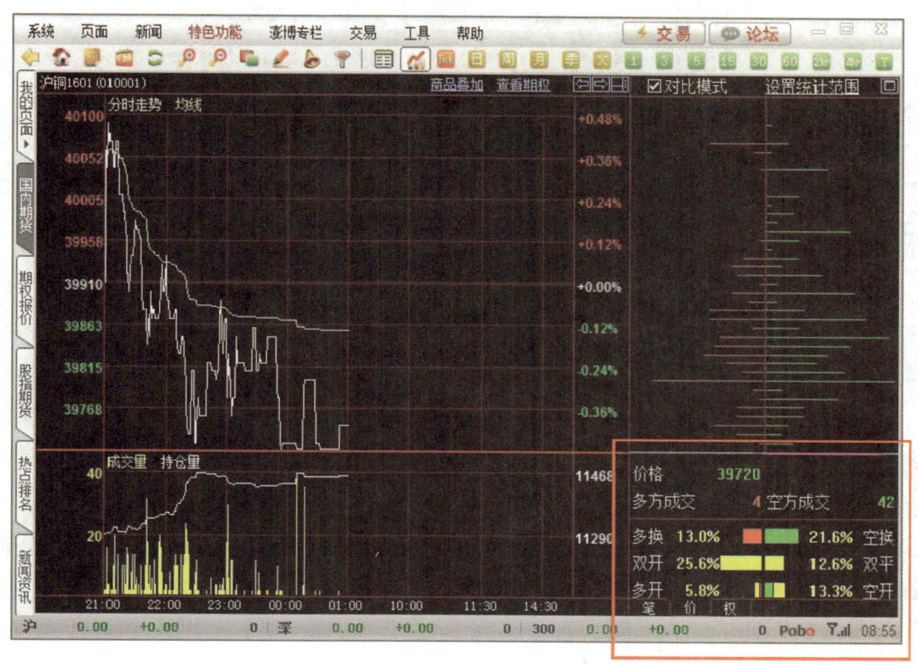

图 4-6-13 “价”功能窗口

4.6.5　商品叠加

在博易大师分时图中进行商品叠加的步骤如下：

(1) 在分时图界面单击右上角的“商品叠加”→“选择商品”(如图 4-6-14 所示)；或者点击菜单栏中的“特色功能”，在下拉菜单中选择“商品叠加”(如图 4-6-15 所示)。

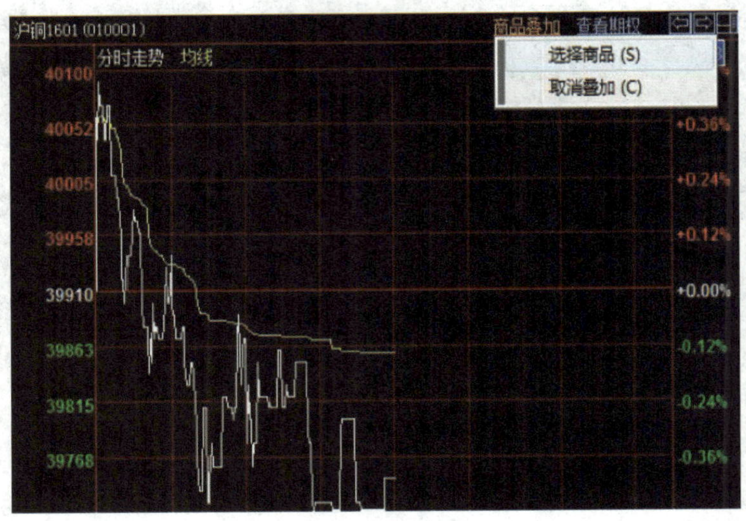

图 4-6-14　“商品叠加”下拉菜单

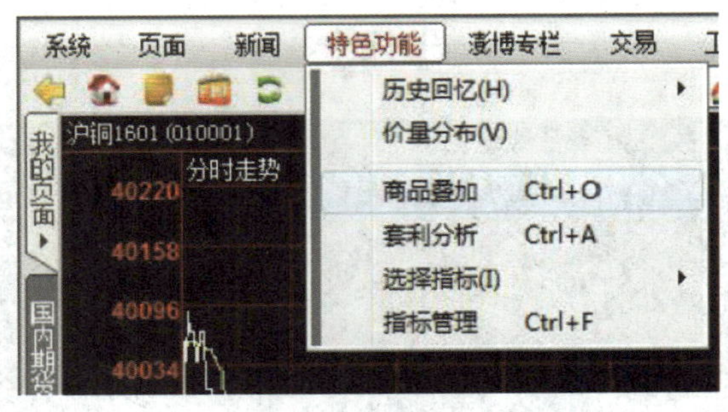

图 4-6-15　在“特色功能”下拉菜单中选择“商品叠加”

(2) 在“选择商品”对话框中选择要叠加的商品(如图 4-6-16 所示)，点击【确定】按钮即可看到叠加后的效果(如图 4-6-17 所示)。

备注：

① 分时走势图中的商品叠加采用绝对坐标方式，因此只适用在相关品种间操作，并不适合价格数量级差别很大的品种进行叠加。

② 过多的品种叠加会使颜色会出现重复，本软件的限制上限是八个品种以不同的颜色叠加。

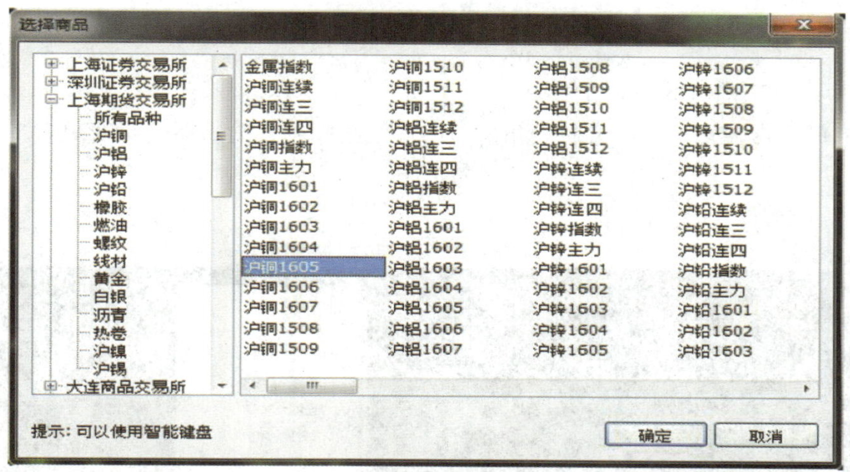

图 4－6－16　选择要叠加的商品

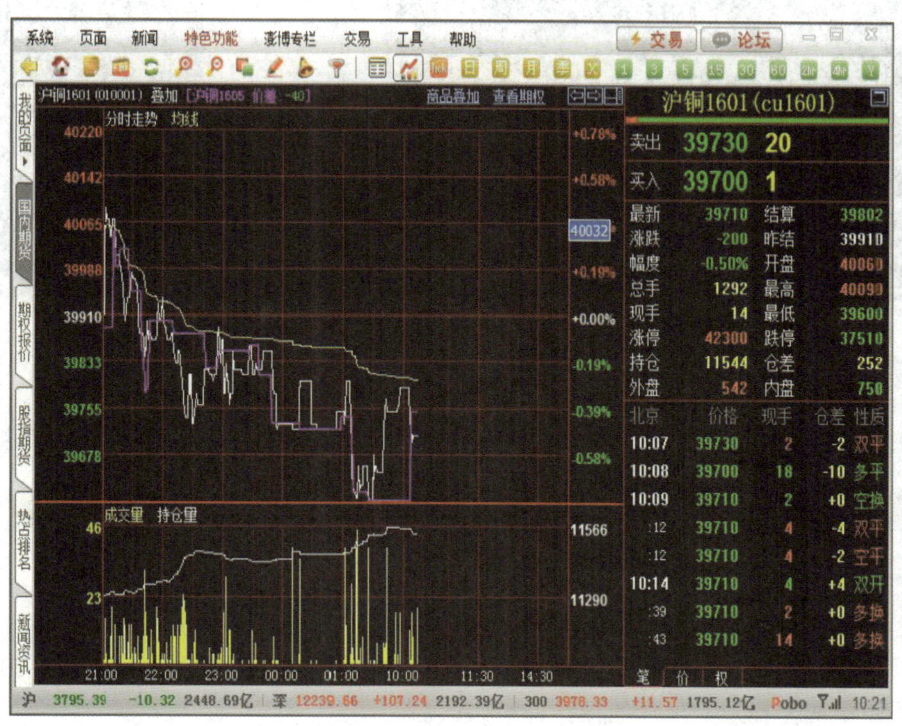

图 4－6－17　叠加后的效果

4.7　K 线图界面

在分时图界面按【回车】键即可进入 K 线图界面；按【F8】快捷键可以在 K 线图和分时走势图之间切换。

4.7.1　更换 K 线周期

更换 K 线周期的方式有以下三种：

(1) 在 K 线图界面上，点击右上角的“周期”，选择需要的周期进行变更，如图 4-7-1 所示。

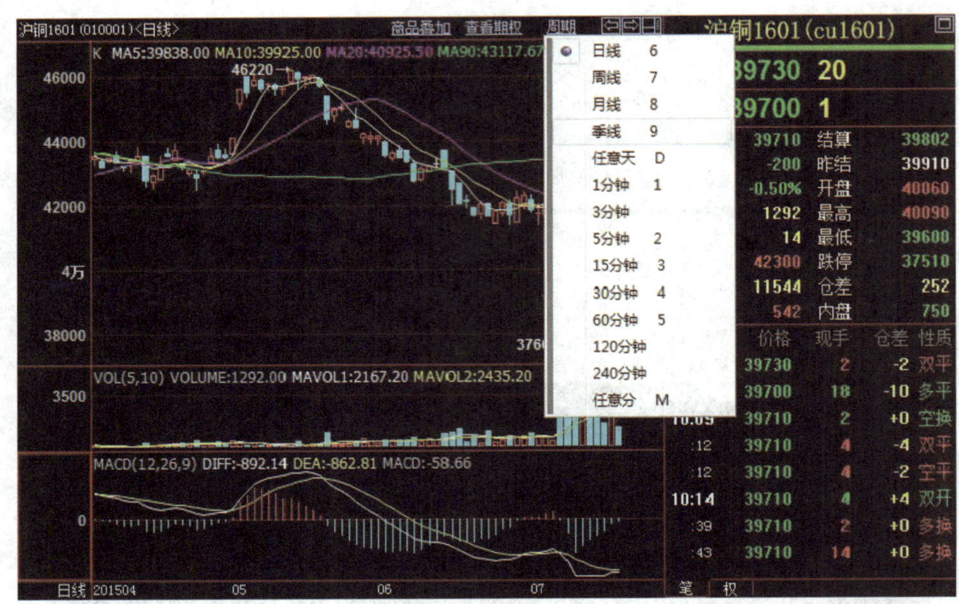

图 4-7-1　选择周期

(2) 在 K 线图界面上按【F8】键可以在不同的周期之间进行切换，如图 4-7-2 所示。

图 4-7-2　切换周期

4.7.2　坐标

K 线图中的坐标及对坐标的操作说明如下：

(1) 主图坐标有两种：数值坐标和百分比坐标。在 K 线图空白处点击鼠标右键，在弹出的下拉菜单中选择“技术分析”→“主图坐标”进行调整，如图 4-7-3 所示。

(2) 坐标反转：在 K 线图界面点击鼠标右键，在弹出的下拉菜单中选择“技术分析”，再选择“坐标反转”可以将 K 线图上下颠倒显示。默认情况下只是将主图翻转，也可以选择副图一起翻转；或者同时按下键盘上的【Ctrl+R】键来实现。

以沪铜 1601 为例，正常显示如图 4-7-4 所示，主副图一起翻转显示如图 4-7-5 所示，仅主图翻转显示如图 4-7-6 所示。

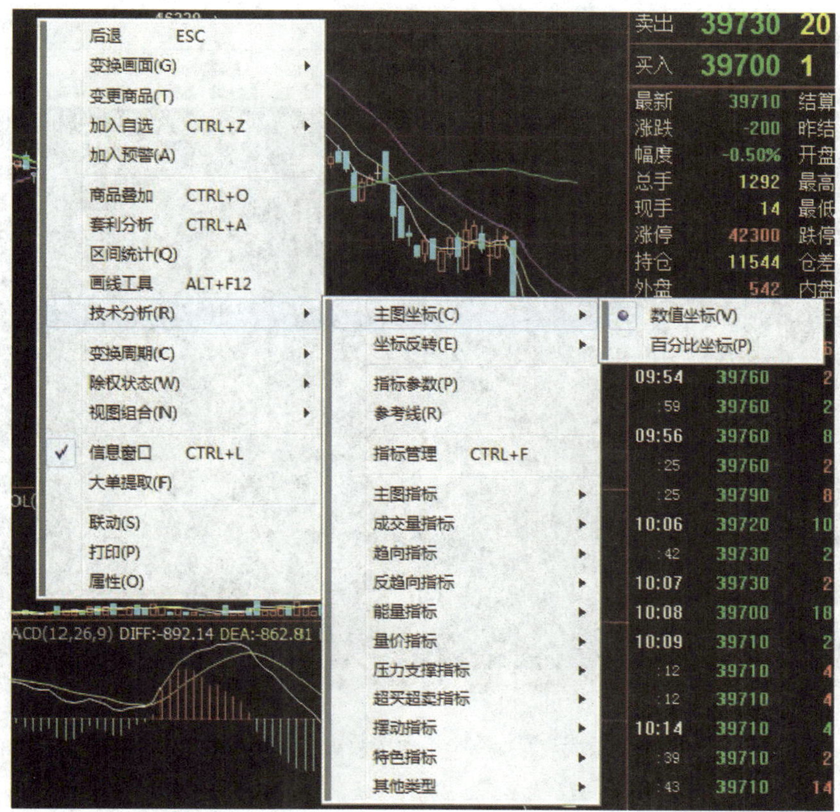

图 4－7－3　调整主图坐标

图 4－7－4　正常显示

图 4－7－5　主副图一起翻转显示

图 4－7－6　主图翻转显示

4.7.3　商品叠加

在 K 线图中，与分时走势图类似，可以将多个合约的 K 线叠加在一张图上。具体商品 K 线叠加步骤如下：

(1) 点击菜单栏中的“特色功能”→“商品叠加”，如图 4－7－7 所示。

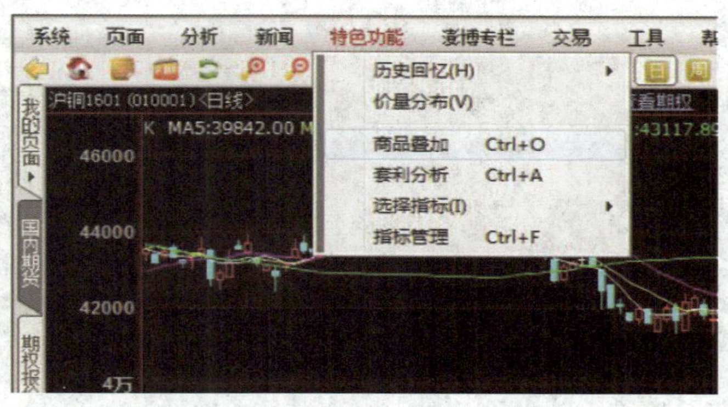

图 4－7－7　选择“商品叠加”

(2) 在“选择商品”对话框中选择要叠加的合约(如图 4－7－8 所示)，点击【确定】按钮可看到叠加后的效果(如图 4－7－9 所示)。

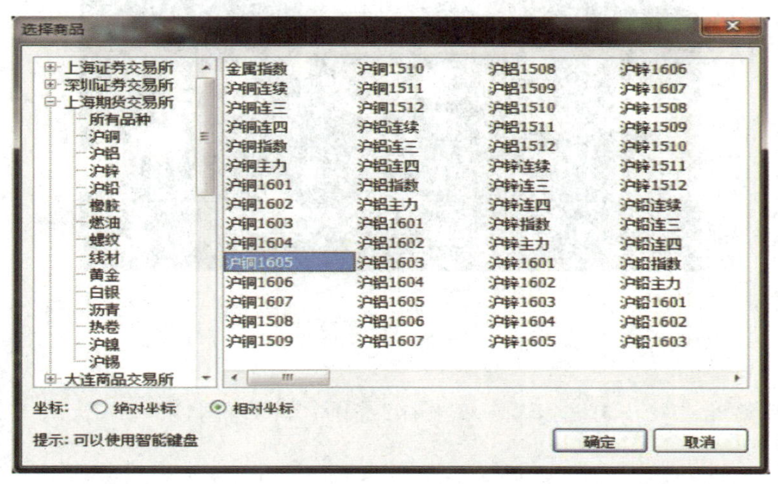

图 4－7－8　“选择商品”对话框

删除叠加合约 K 线有三种方式：① 选中该商品的 K 线，按键盘上的【Delete】键；② 选中要删除的商品 K 线，点击鼠标右键，在弹出的下拉菜单中选择“删除指标”(如图 4－7－10 所示)；③ 直接按键盘右上角的【Esc】键。

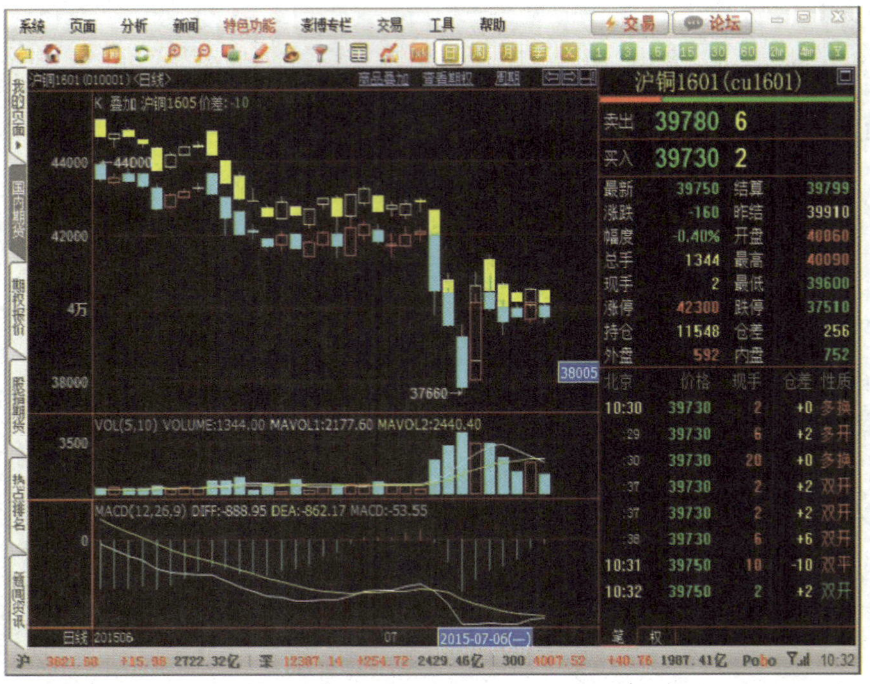

图 4-7-9　叠加后的效果

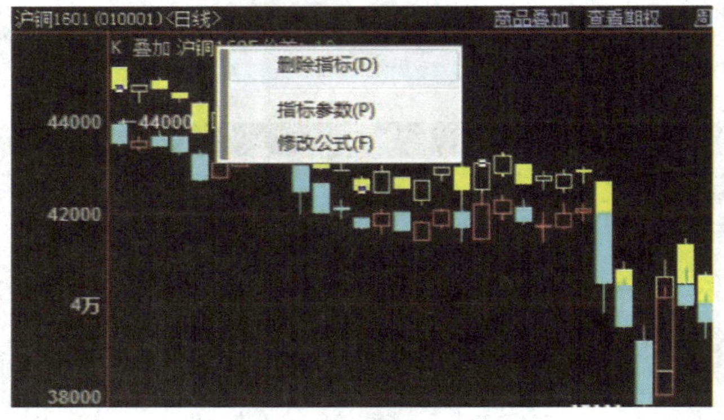

图 4-7-10　删除指标

备注：

① 商品价格相差较小可选择“绝对坐标”叠加；商品价格相差较大时可选择“相对坐标”叠加。

② 过多的合约叠加会使颜色会出现重复，本软件的限制上限是八个合约以不同的颜色叠加。

4.7.4　套利分析

套利分析主要是以两个品种的价差(差价套利)或者倍数(比价套利)变化为依据来进行分析，一般情况下货币单位相同时多用“差价套利”，交易的货币单位不同时多用“比价套利”(如沪铜对伦铜)；也有特殊情况，当货币单位相同时亦可进行“比价套利”(如沪铜对沪锌)。

具体操作步骤如下：

(1) 点击菜单栏中的“特色功能”→“套利分析”，或者同时按下键盘上的【Ctrl】键和【A】键。

(2) 在“选择商品”对话框中选择套利的商品、数据项(开/高/低/收)、类型(差价/比价/差价及比价)，点击【确定】按钮进行套利，如图 4-7-11 所示。

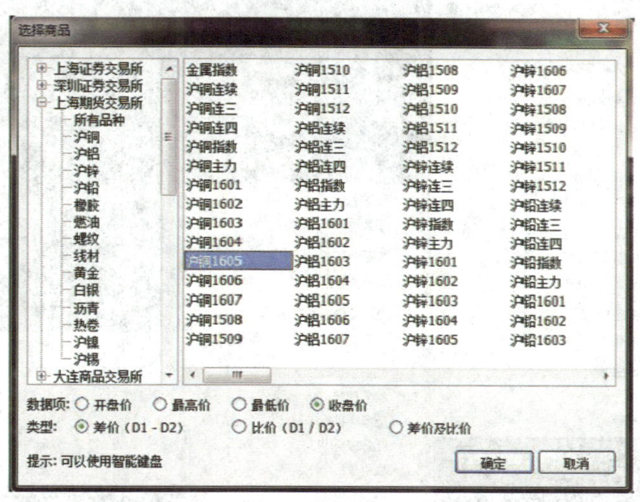

图 4-7-11　套利

图 4-7-12 是以大豆合约跨期套利为例进行的“差价套利”分析。

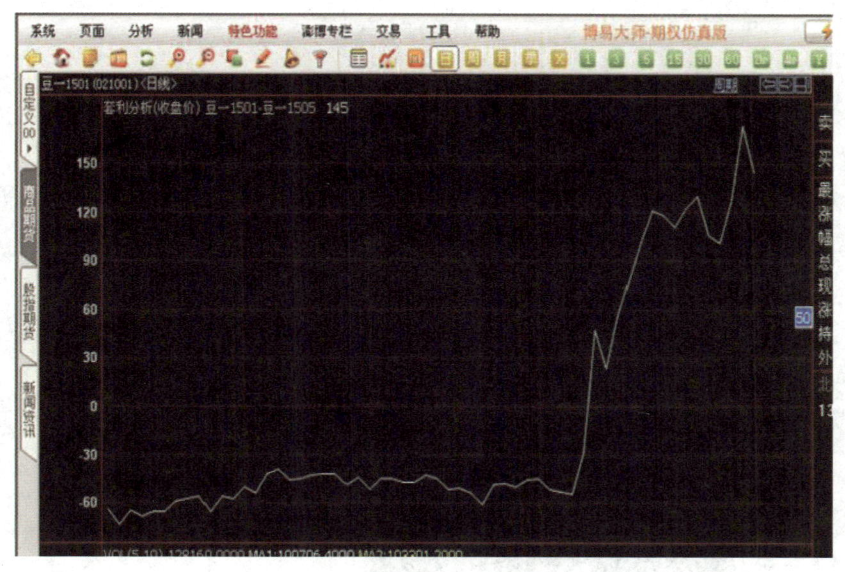

图 4-7-12　“差价套利”分析

4.7.5　指标

博易云引入了全新的指标系统，函数更丰富，功能更强大。

1. 调用指标的方式

（1）在K线图界面，点击菜单栏中的“特色功能”，在下拉菜单中选择“选择指标”，如图4-7-13所示。

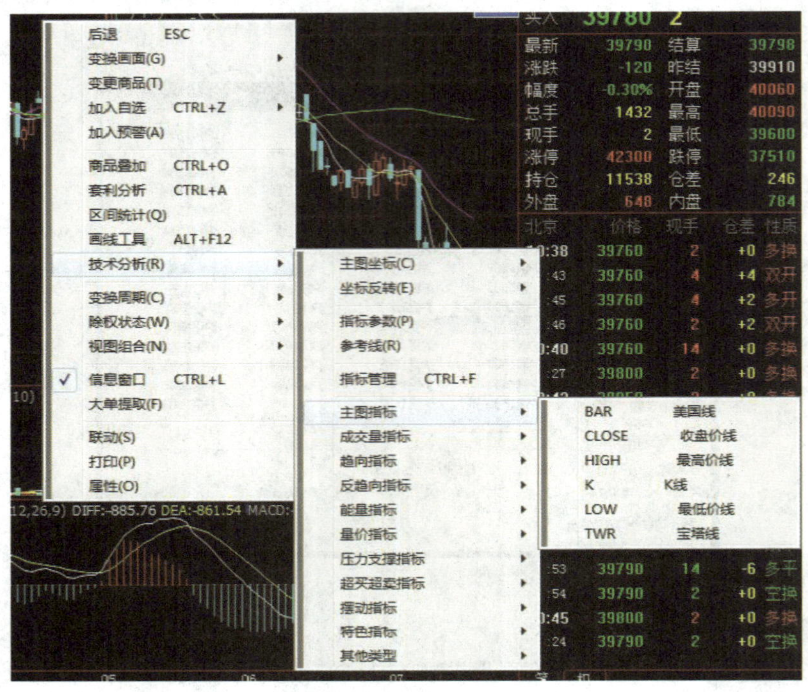

图4-7-13　在“特色功能”下拉菜单中选择“选择指标”

（2）智能键盘：即直接在键盘上输入指标代码，如KDJ就输入“kdj”，会在右下角有显示，如图4-7-14所示。

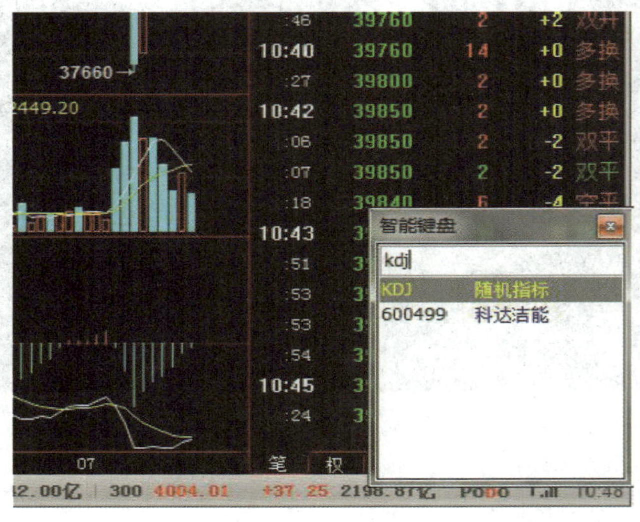

图4-7-14　直接输入指标代码

2. 删除调用的指标

单击需删除的指标即选中该指标，选中后该指标线上会出现很多白色的小方块，此时按下键盘上的【Delete】键即可删除该指标线，或选中指标后点击鼠标右键，在弹出的对话框中选择“删除指标”，如图 4-7-15 所示。

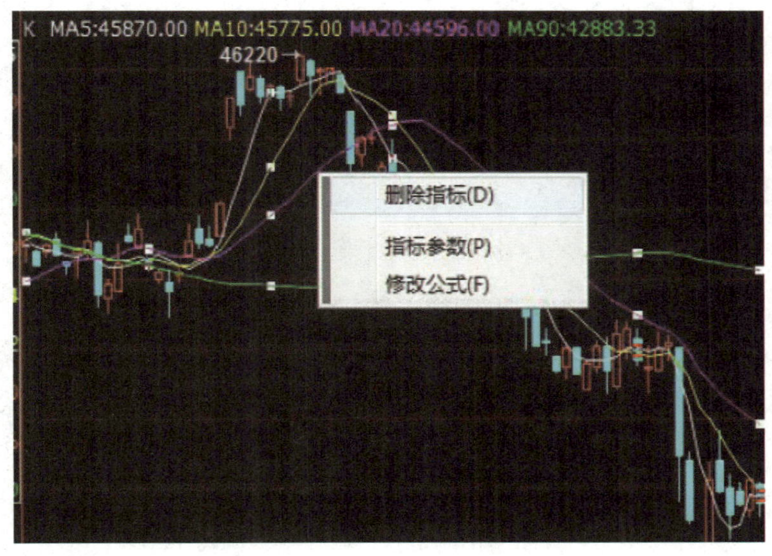

图 4-7-15　删除指标

备注：

① 主副图指标的删除方式相同。

② 系统指标和自定义指标的删除方式相同。

3. 指标管理

(1) 新建指标：点击菜单栏中的“特色功能”，在下拉菜单中选择“指标管理”，如图 4-7-16 所示。

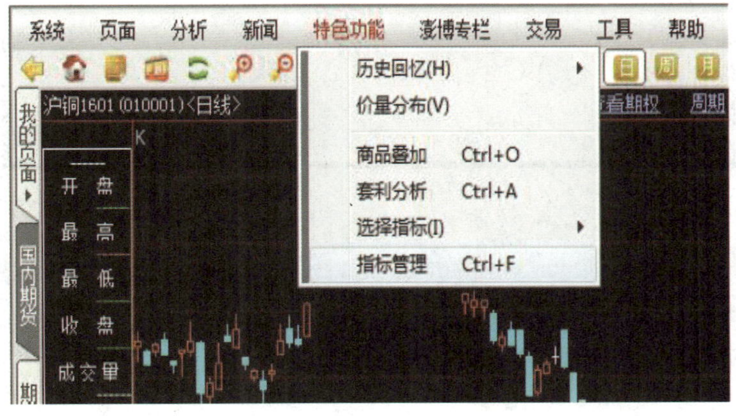

图 4-7-16　在“特色功能”下拉菜单中选择“指标管理”

（2）在“指标管理”对话框中点击左上角的“新增公式”，如图 4－7－17 所示。

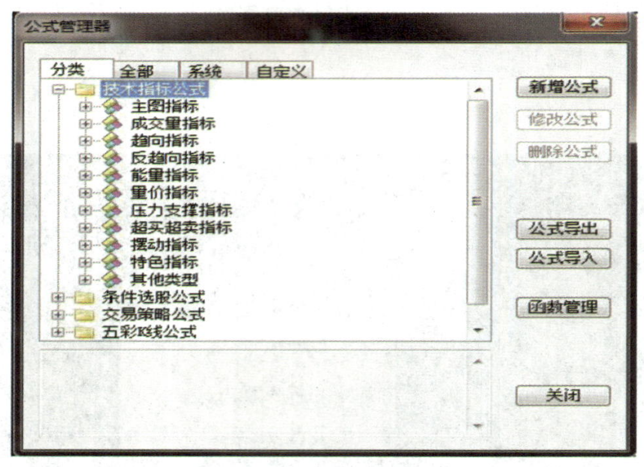

图 4－7－17　新增公式

（3）在“指标管理”对话框中对指标进行编辑，编写完成后点击“测试公式”，如编写无误，则会显示“编译通过”，点击右上角的【确定】按钮，完成指标编写，如图 4－7－18 所示。

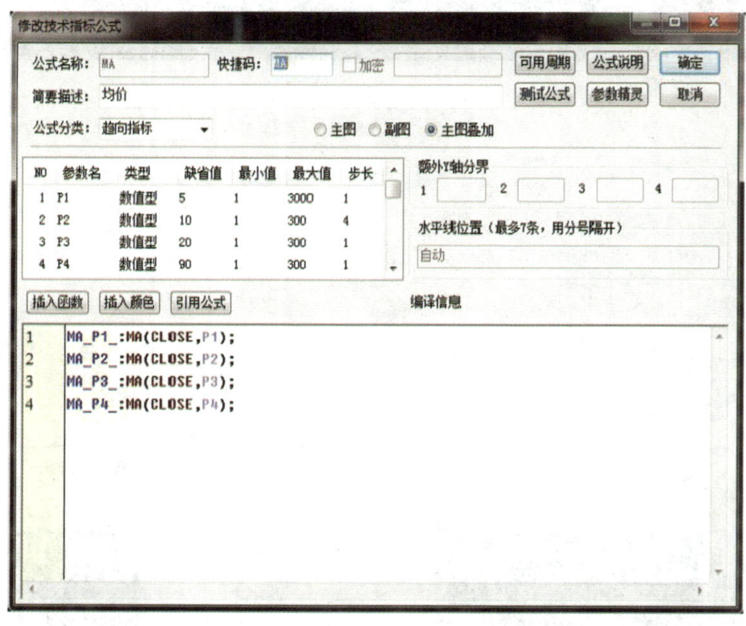

图 4－7－18　指标编写

备注：

① 新建指标的名称不能与已有指标名称重复。

② 指标属性：副图含义为该指标将作为副图显示，主图叠加含义为该指标会叠加在 K 线上显示。

③ 插入函数时，在函数对话框中点击左下角的【查找】按钮，可通过输入关键字对所需函数进行查找。当有多个相关函数时，点击左下角的【查找下一个】按钮即可查看其他相关

函数。

4. 修改指标

修改指标有以下两种方式：

(1) 点击菜单栏中的“特色功能”→“指标管理”，在“公式管理器”对话框中选中需修改的指标，点击右侧的【修改公式】按钮(如图 4-7-19 所示)，打开“修改技术指标公式”对话框，在该对话框中修改指标，修改完成后点击【测试公式】按钮，显示“编译通过”后点击【确定】完成修改(参考图 4-7-19)。

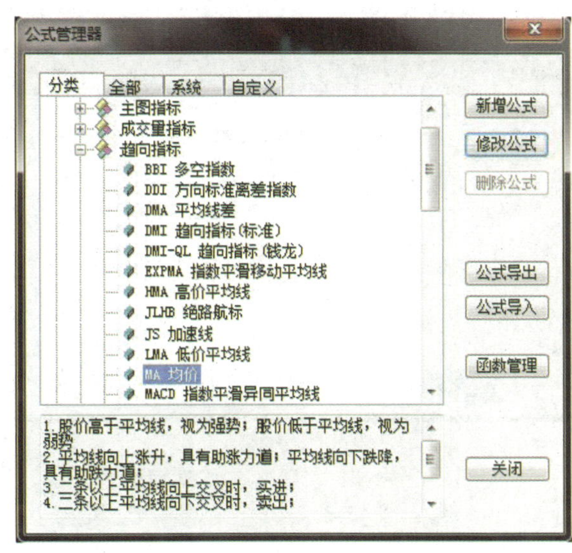

图 4-7-19　修改指标方法一

(2) 单击需修改的指标即选中该指标，选中后该指标线上会出现白色的小方块，此时点击鼠标右键，在弹出的菜单中选择“修改公式”(如图 4-7-20 所示)，进入“修改技术指标公式”对话框进行修改。

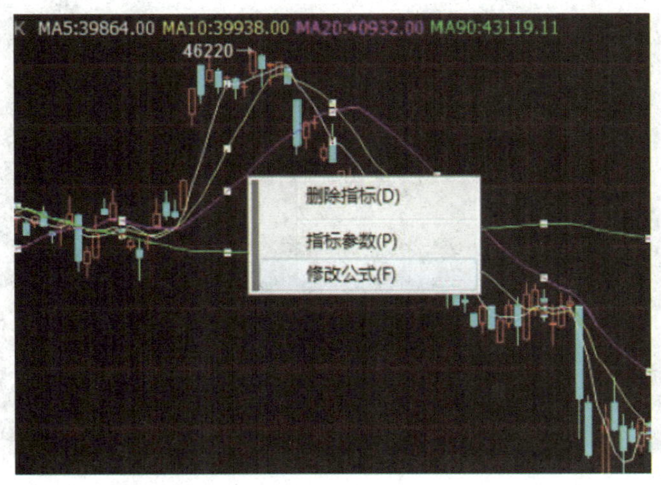

图 4-7-20　修改指标方法二

5. 修改指标参数

对于有参数的指标可以对参数进行修改，具体方法如下：

(1) 进入“修改技术指标公式”对话框进行修改，操作步骤参考图 4-7-19 修改指标部分。

(2) 单击需修改的指标即选中该指标，选中后该指标线上会出现白色小方块，此时点击鼠标右键，在弹出的菜单中选择“指标参数”，进入“调整参数”对话框(如图 4-7-21 所示)。可在输入框中输入需修改的参数值，修改完成后点击【确定】按钮。如需恢复默认参数，可点击左下角的【缺省设置】按钮，再点击【确定】按钮。

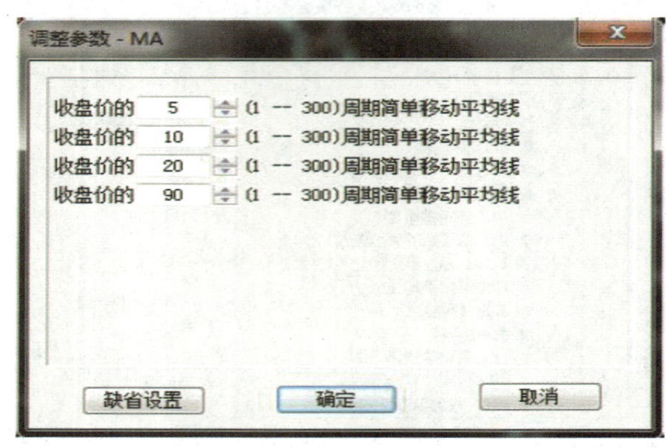

图 4-7-21 “调整参数”对话框

4.7.6 区间统计

在 K 线图中可以进行区间统计，具体操作方法如下：

(1) 在 K 线图上按住鼠标左键进行拖动，会出现一个方框，松开左键会出现“区间放大”、“区间统计”的选项，如图 4-7-22 所示。

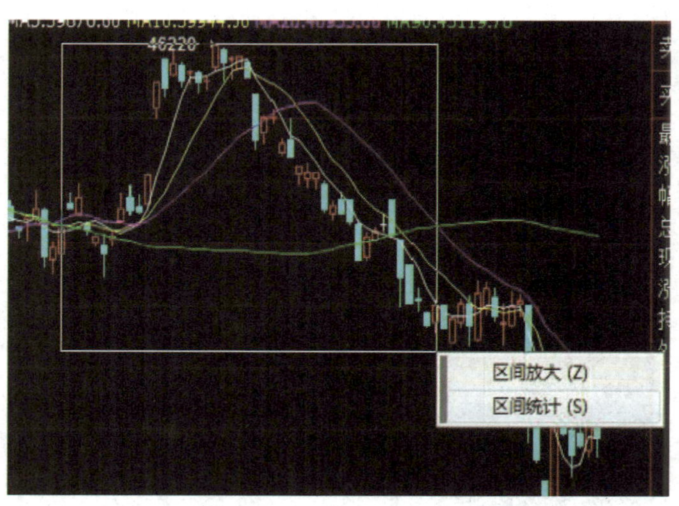

图 4-7-22 “区间放大”、“区间统计”选项

(2) 点击“区间统计”，统计结果显示如图 4-7-23 所示，在该对话框中可以对“起始时间”和“结束时间”进行调整，相应的统计数据也会随之变化。

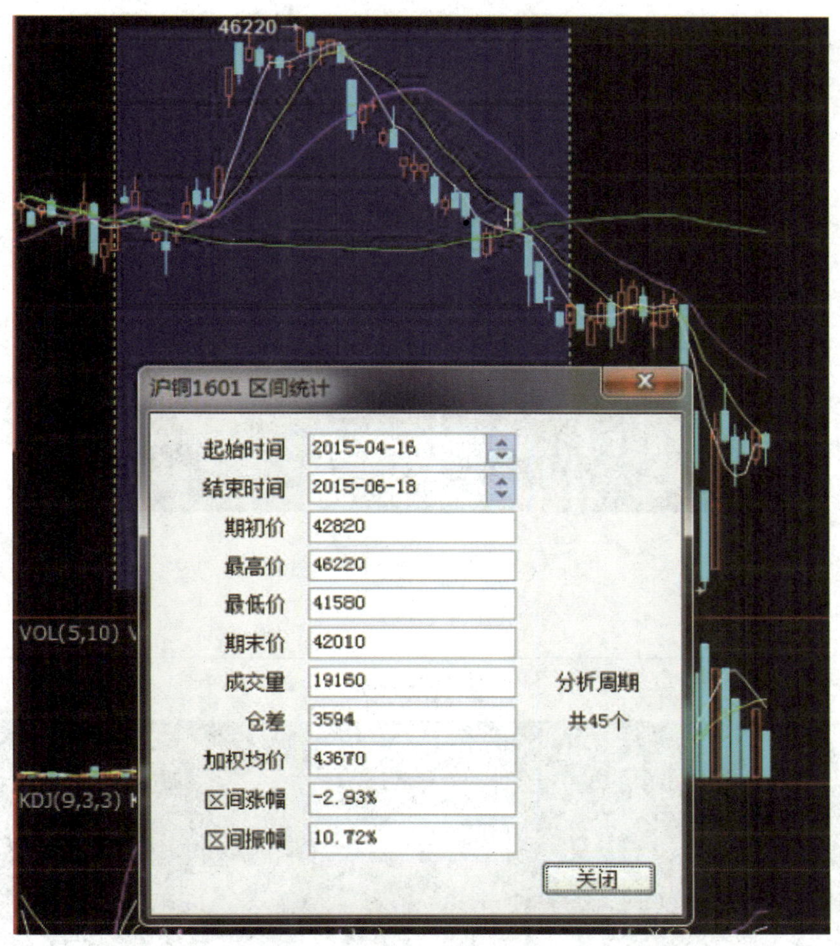

图 4-7-23　统计结果显示

4.8　补充说明

4.8.1　显示/隐藏信息窗口

在分时图或 K 线图上点击按钮即可显示或隐藏信息窗口，如图 4-8-1 所示。

4.8.2　显示风格切换

博易大师中有黑色经典和白色经典两种显示风格，点击工具栏中的【显示风格】图标可进行切换，如图 4-8-2、图 4-8-3 所示。

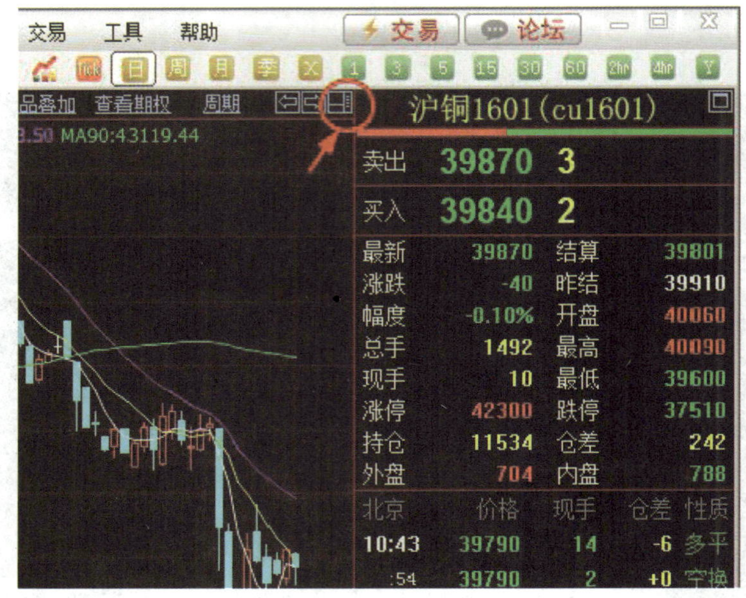

图 4-8-1　显示或隐藏信息窗口

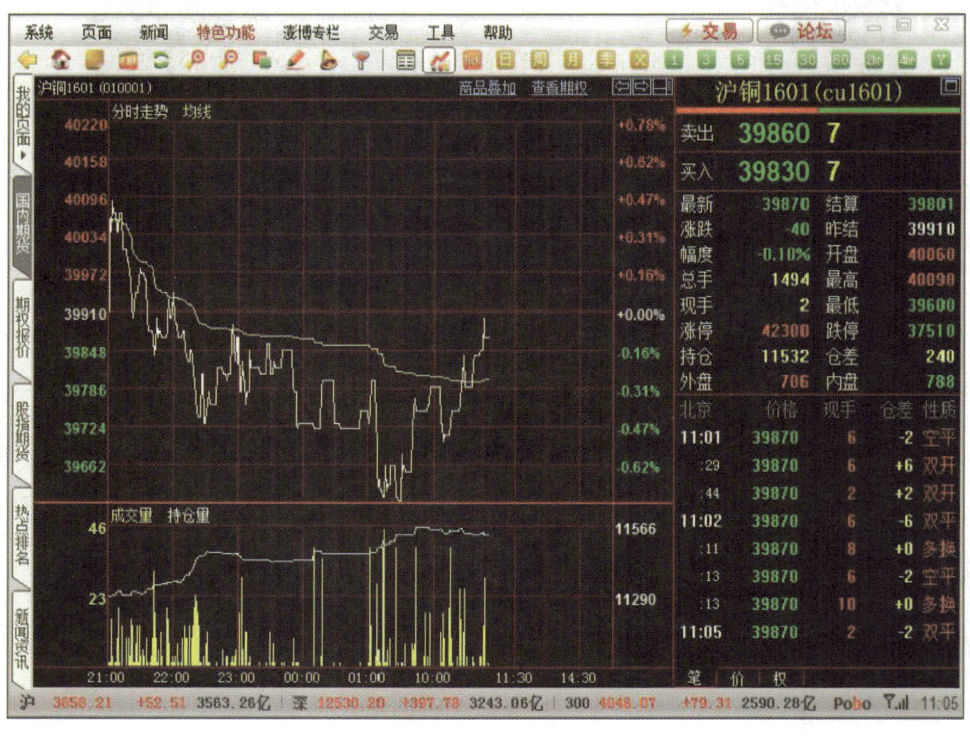

图 4-8-2　黑色经典显示风格

图 4-8-3　白色经典显示风格

4.8.3　颜色字体

点击菜单栏中的“工具”→“颜色字体”(如图 4-8-4 所示)，会调出“视觉效果设置”对话框，在上半部分图片中点击所需修改的内容，或点击下半部分相应的选项，再点击颜色(或字体)设置框，进行相应的修改，如图 4-8-5、图 4-8-6 所示)。

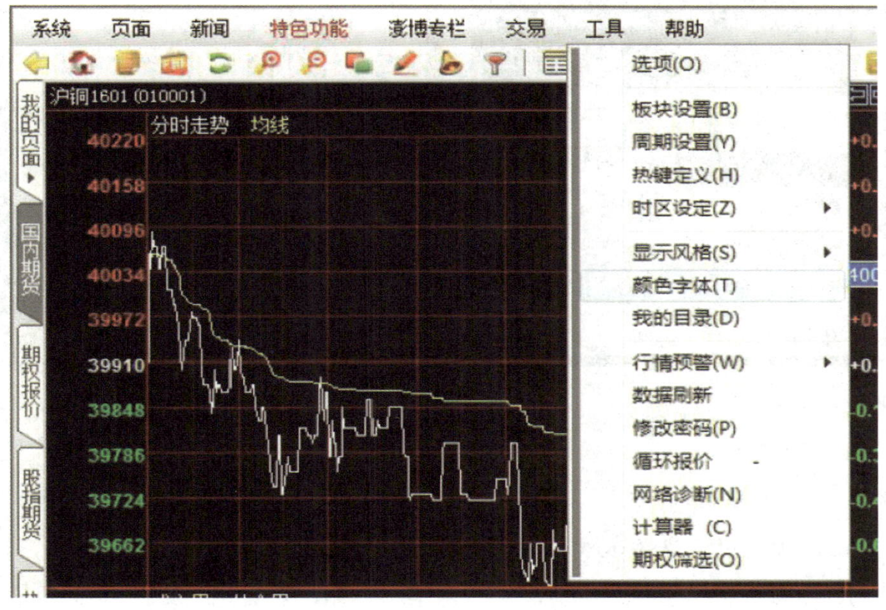

图 4-8-4　选择“颜色字体”

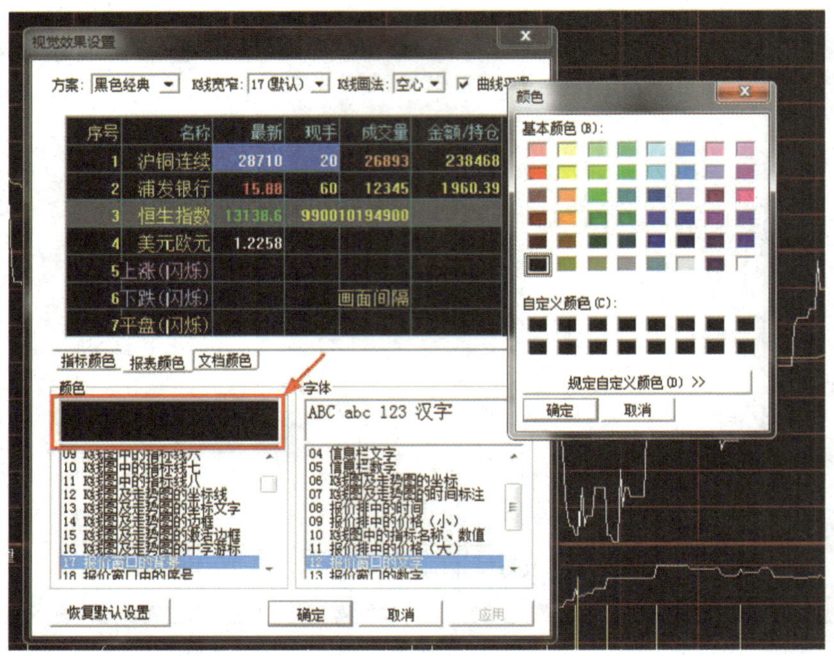

图 4-8-5　修改颜色(或字体)方法一

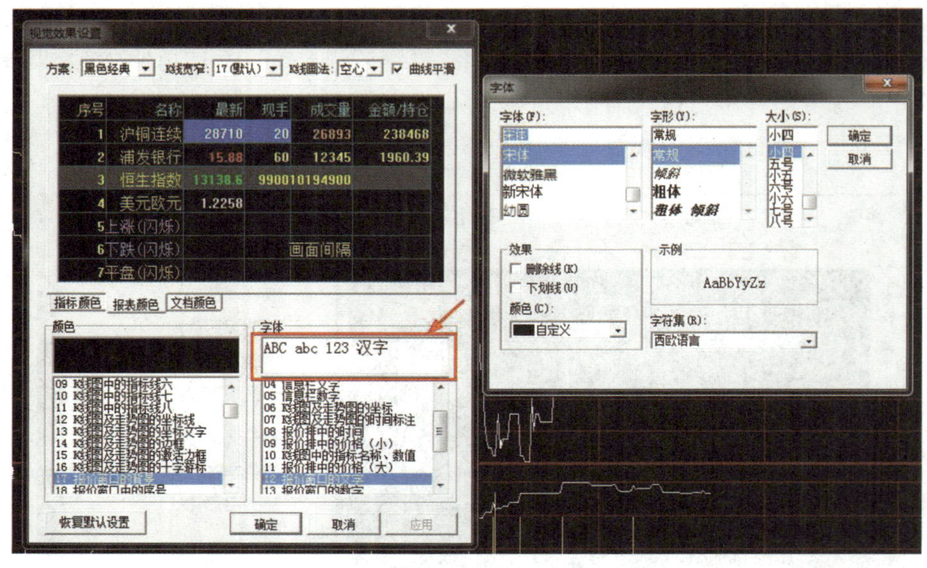

图 4-8-6　修改颜色(或字体)方法二

4.8.4　预警

博易大师的预警设置具体步骤如下：

(1) 点击博易大师工具栏中的预警设置图标🔔，会弹出“预警系统”对话框，如图 4-8-7 所示。

(2) 点击右下角的“设置”按钮，调出“预警设置”对话框，如图 4-8-8 所示。

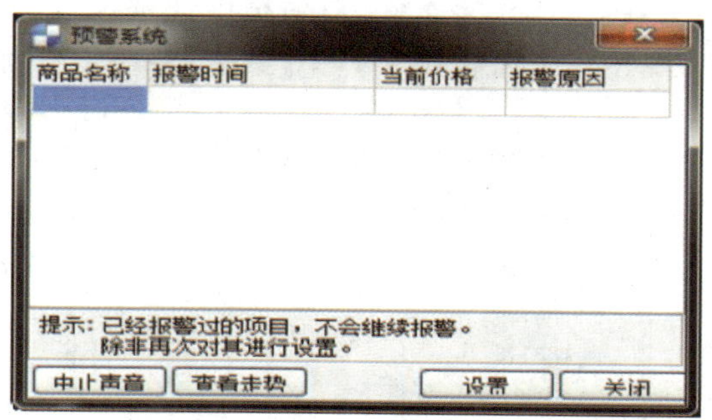

图 4-8-7　“预警系统”对话框

图 4-8-8　“预警设置”对话框

(3) 点击“预警设置”对话框左下角的【添加】按钮，调出“选择商品”对话框，如图 4-8-9 所示，选择需设置预警的合约。

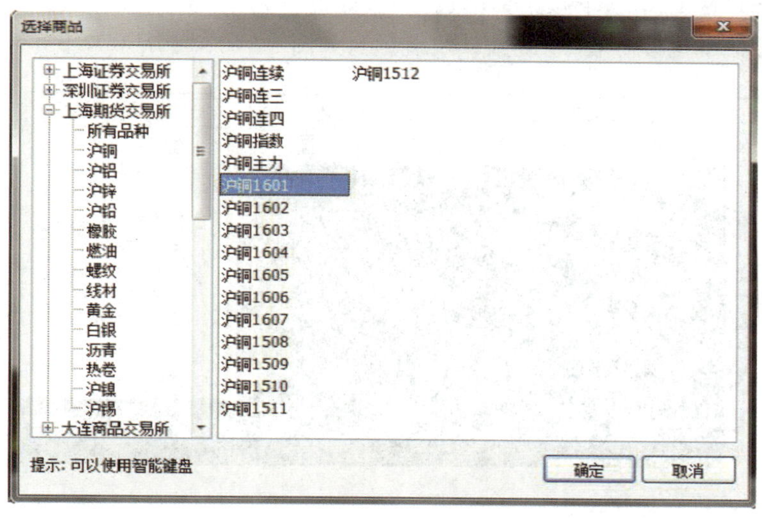

图 4-8-9　“选择商品”对话框

(4) 点击【确定】按钮，在“修改预警条件”对话框中勾选和设置相应的预警条件，选择需要的预警提示音(如图 4－8－10 所示)后，点击【确定】按钮完成预警设置。

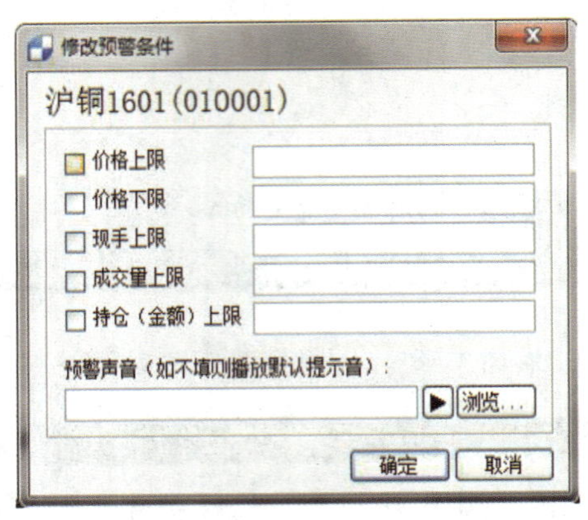

图 4－8－10 “修改预警条件”对话框

(5) 修改和删除预警。

① 点击工具栏中的预警设置图标。

② 在“预警系统”对话框中点击“设置”按钮(参考图 4－8－7)。

③ 在“预警设置”对话框的列表中选中商品，点击【修改】或【删除】按钮(参考图 4－8－8)。

备注：

① 可对同一商品设置多个预警条件。

② 当设置了多个预警条件时，其中某一个条件达到即会报警。

③ 已经报警过的项目不会继续报警，除非再次对其进行设置。

4.8.5 快捷键

博易大师中设置了许多快捷键，了解和使用这些快捷键可以使操作更加方便和快速。点击菜单栏中的“帮助”，在下拉菜单中选择“快捷键”(如图 4－8－11 所示)，在弹出的“快捷键说明”对话框中可以查看“系统默认快捷键”(如图 4－8－12 所示)。

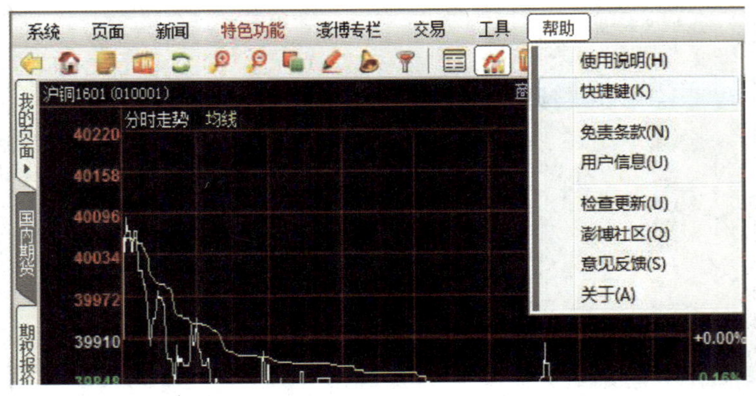

图 4－8－11 “帮助”下拉菜单

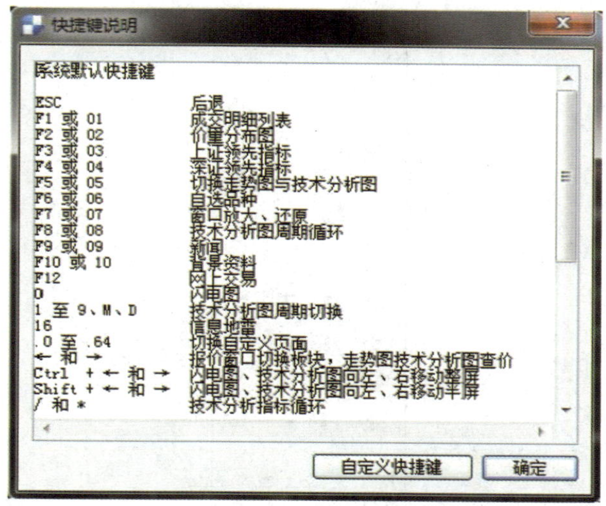

图 4-8-12　系统默认快捷键

点击“快捷键说明”对话框右下角的【自定义快捷键】按钮可对快捷键进行自定义设置，如图 4-8-13 所示。

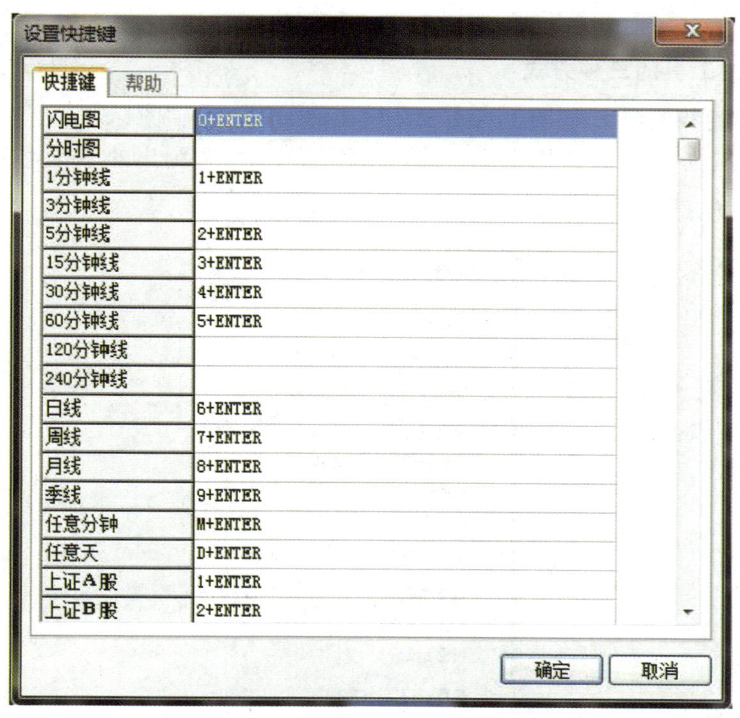

图 4-8-13　设置快捷键

4.8.6　画线工具

画线工具(如图 4-8-14 所示)在原来的基础上增加了 10 种新画线，并增加了隐藏/显示功能，支持实时预览以及自定义画线颜色/线型/粗细设置等功能。

图 4-8-14 画线工具

1. 调出画线工具的三种方式

(1) 在分时走势图或 K 线图上点击工具栏中的“画线工具”图标。

(2) 在分时走势图或 K 线图上空白处点击鼠标右键，在弹出的下拉菜单中选择“画线工具”，如图 4-8-15 所示。

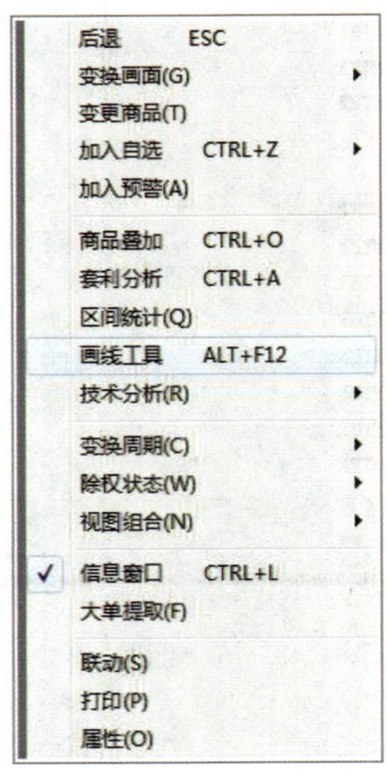

图 4-8-15 选择“画线工具”

(3) 在键盘上同时按下【Alt】键和【F12】键(Alt＋F12)。

2. 画线工具在原来的基础上增加的 10 种画线

(1) 射线：用两点确定。

(2) 通道线：先用两点确定一条直线作为基线，再取第三点确定过此点的平行线，同时在基线的另一边画一条平行线，两条平行线到基线的距离要相等。

(3) 箭头线段：画法基本与线段画法相同，以箭头作为终点。箭头是以终点为顶点、以线段为角平分线的 60 度角，角的边长为 10 像素。

(4) 三角形：用三点确定。

(5) 波浪尺：先用两点确定第一浪，以第三点为起点，显示一浪的相应黄金比例，比例为 0、0.382、0.618、1、1.382、1.618、2、2.382、2.618。可以同时显示第一、二点的价格，二浪回撤幅度，以及波浪尺上每个点的百分比及价格。

(6) 多圆弧：用两点确定，分别为圆心和半径(基准半径)，画一个半圆。再以相同圆心，在基准半径的 0.2、0.25、0.5、0.75、0.8 处画同心半圆。如果第二点的位置在第一点下方，则画下半圆，反之画上半圆。

(7) 斐波那契扩展：用三点确定。第一点是起点，第二点和第一点包含的 K 线数(只含 1 个点所在的 K 线)为数列第一项，第三点和第一点包含的 K 线数(只含 1 个点所在的 K 线)为数列第二项，以此画斐氏线。后面的点必须在前面的点的右边。

(8) 量度目标：用两点确定，先画两条实线水平线段。再沿着起点向终点的方向，画两根等距离的虚线，并在一开始的两条水平线段左侧显示价格，在两条虚线左侧显示百分比和价格。

(9) 椭圆：用两点确定一个矩形，画这个矩形的内心椭圆。

(10) 测距工具：用两点确定。在两点之间画一根线段，线段下方显示距离、涨跌、幅度。其中，距离是指两点间包含的 K 线数(不算起点)，涨跌、幅度是指以第二点为终点时和第一点间的涨跌和幅度。

3. 画线管理

(1) 显示画线名称、状态、端点、代码、名称、页面。

(2) 列表可以按照画线名称、状态、代码、名称、页面排序。

(3) 可以在画线管理中修改画线状态以及删除画线。

(4) 端点的文字规则为“起点价格，时间；第二点价格，时间；终点价格、时间”。如果用一点确定的画线，则只有起点；如果用两点确定的画线，只有起点和终点。时间的显示规则为 8 位数字，和画线所在周期的 K 线时间规则一致。在副图中画线时，以上规则中的“价格”改为“数值”。

(5) 当端点字段文字显示不下时，鼠标停留在该字段超过 1000 ms 后，出现气泡显示全部文字(即原型中黄色背景部分，实际以 UI 设计为准)。

(6) 页面的文字规则为画线所在周期以及所在的主图副图，分时图上的画线表示为“分时图”。

(7) 副图上的画线记录该副图的窗口位置，即副图一、副图二等。当有画线的副图更改指标时，画线将自动删除，并且即时重新改回到该指标，也不再显示原来的画线。

（8）比例设置。

① 比例设置中可以设置黄金分割线和百分比线的显示比例，如图 4-8-16 所示。

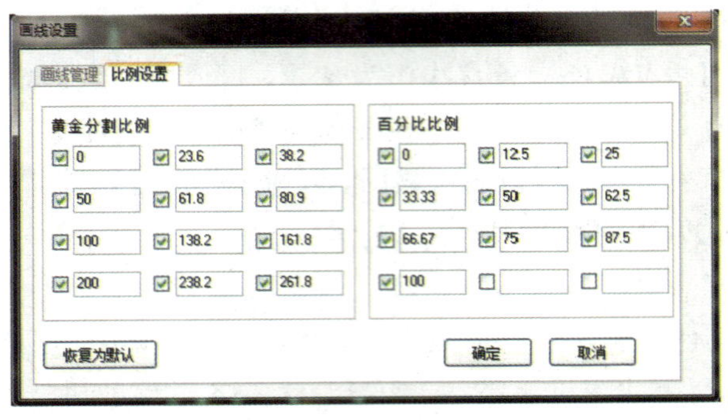

图 4-8-16　设置黄金分割线比例和百分比比例

② 点击“恢复为默认”，可以恢复到默认状态。

③ 可以选择所要显示的比例以及修改比例。修改完毕后点击【确定】按钮，所有黄金分割线、百分比线都将生效。

④ 点击“画线属性”，弹出“自画线属性”对话框。端点设置的交互按钮功能如图 4-8-17 所示，并且无论有几个端点，对话框大小固定。

⑤ 画线风格可以改变所选画线的颜色、粗细、线型，如图 4-8-18 所示。

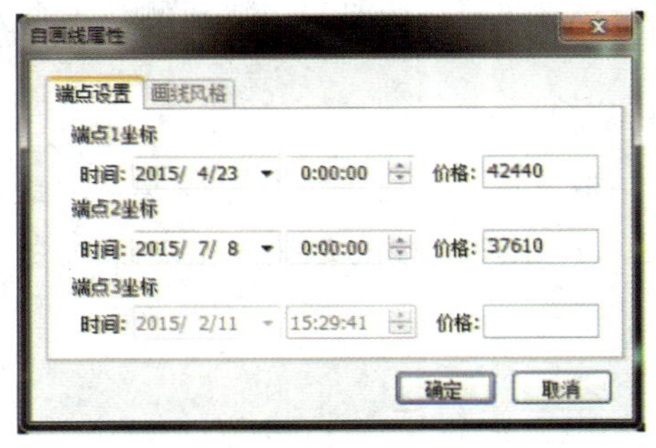

图 4-8-17　“自画线属性”对话框

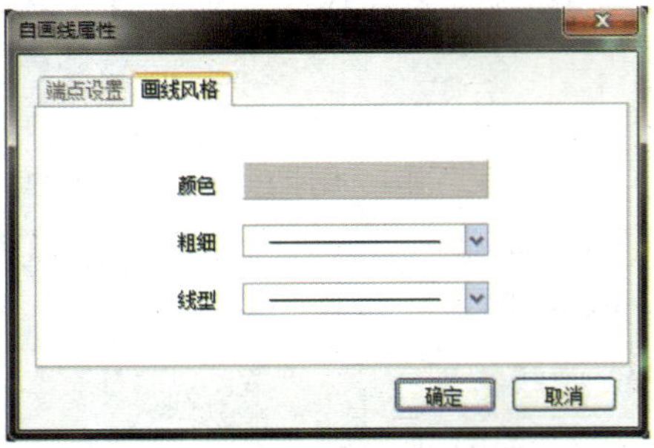

图 4-8-18　设置画线风格

⑥ K 线图的菜单“分析—画线工具”不再有子菜单，点击后弹出“画线工具板”。

4. 分时图、副图画线

（1）分时图画线仅在当日有效，在下一交易日初始化时会自动删除。

（2）当在分时图画线后，会弹出提示框“分时图画线仅在当日有效”，附有勾选框“不再提示”，默认不勾选，如勾选，则下一次在分时图画线后不再提示。

第 5 章　文华财经行情交易软件使用说明

5.1　基本操作

5.1.1　下单操作

1. 调出交易界面

以期货账户为例，在软件右上方菜单中点击“账户”→“期货账户”→“下单主窗口”，调出交易界面，在左侧菜单中选择“三键下单”/“传统下单”，三键下单界面如图 5-1-1 所示。

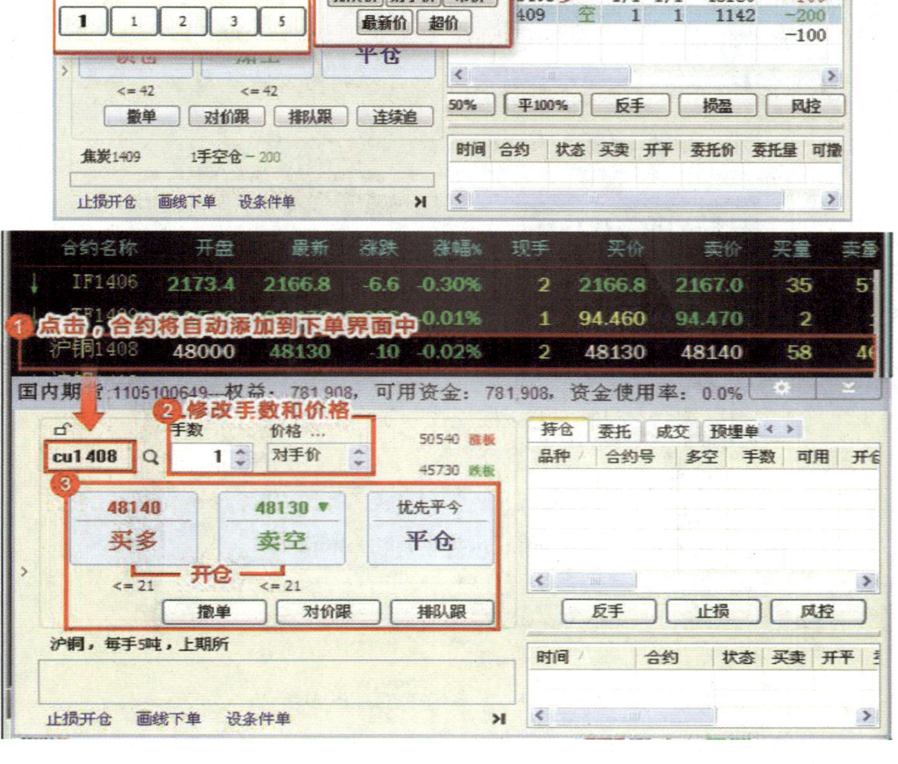

图 5-1-1　三键下单

2. 三键下单介绍

传统下单界面完成一次下单需要点多个按钮，不仅浪费时间，还容易出错。而三键下单能简化思考步骤，由电脑帮用户作出判断，开仓时只需要选择买多还是卖空，出场时点平仓即可，如图 5-1-2 所示。

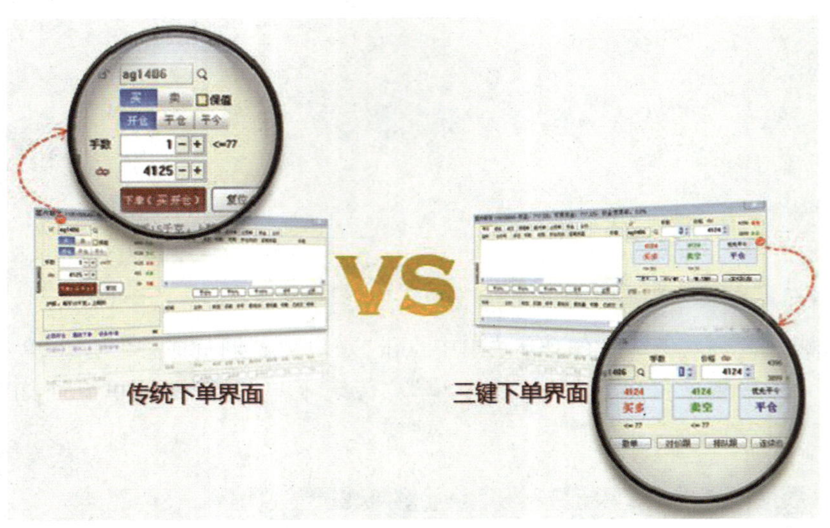

图 5-1-2　传统下单界面与三键下单界面

(1) 操作方法：如图 5-1-3①～③所示步骤使用三键下单。

注：点击【平仓】按钮后，软件根据持仓方向自动判断发买平或卖平委托。

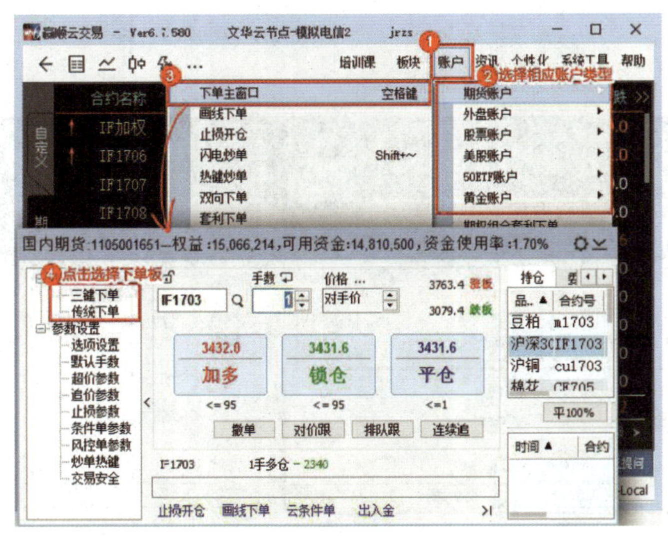

图 5-1-3　三键下单操作步骤

(2) 三键下单界面使用小技巧：

① 三键下单界面中涨跌板价格、最大可开仓手数是可以直接抓取到委托单中的，图 5-1-4 的红框中展示了如何抓取数据。

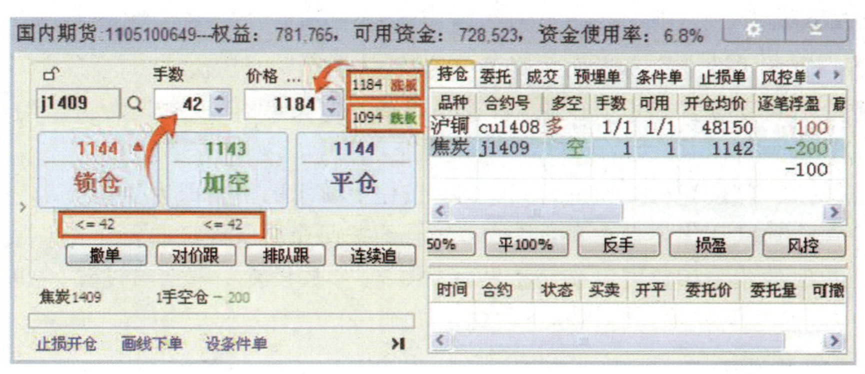

图 5-1-4　抓取数据

② 如图 5-1-5 红框中所示，点击“手数”框、“价格...”框，可以弹出更多的选项。

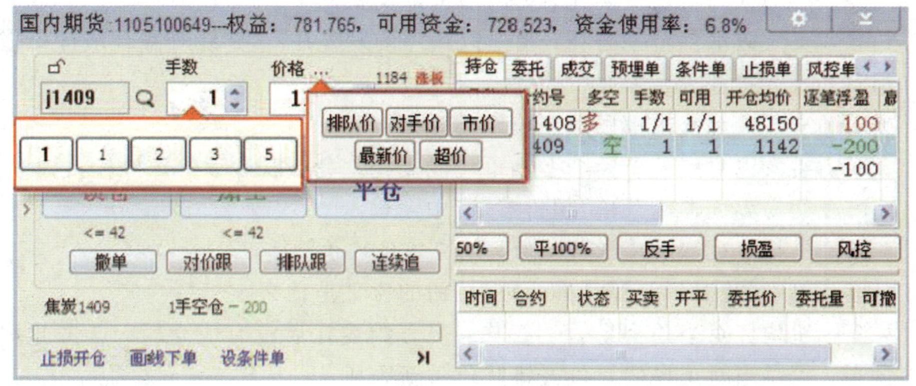

图 5-1-5　点击“手数”框、“价格...”框

③ 如图 5-1-6(a)所示，在锁定状态下，点击其他合约的图表、报价、持仓栏等，不会改变交易界面的合约。在未锁定状态下则会改变交易界面合约，如力 5-1-6(b)所示。

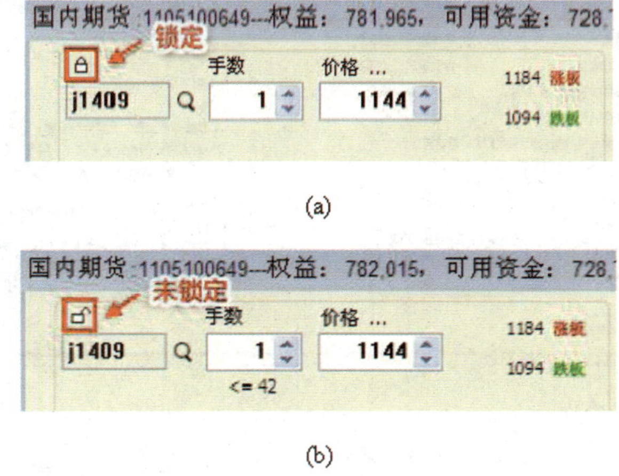

(a)

(b)

图 5-1-6　锁定状态和未锁定状态

3. 注意事项

(1) 下单默认手数在交易界面左侧菜单的“默认手数”中设置。

(2) 开仓时自动设置好止损止盈：在交易界面左侧菜单的“止损参数”中，勾选“开仓自动止损止盈”选项。

(3) 点击【买多】【卖空】按钮进行开仓时，按钮上显示的价格即为委托价。

(4) 上海合约默认优先平今仓，其他市场合约按照交易所规定的先开先平原则平仓。

(5) 下单时的相关参数可以在交易界面左侧的“参数设置”→“选项设置”中进行查看及设置。

4. 常见问题解答

(1) 每个下单价格的含义是什么？

答：排队价：买入以买价发委托，卖出以卖价发委托。

对手价：买入以卖价发委托，卖出以买价发委托。

市价：买入以涨停价发委托，卖出以跌停价发委托。(交易所撮合最优价成交，因此和市场价下单效果是一样的)。

最新价：买入和卖出都以最新价发委托。

超价：买入以对手价＋N 个变动价位发委托，卖出以对手价－N 个变动价位发委托。N 可在交易界面左侧菜单“超价参数”中设置。

注：当超价价格超过涨跌停板价格时，以涨跌停板价格委托。

(2) 三键下单中的【对价跟】和【排队跟】按钮的含义是什么？

答：两个按钮均针对当前交易合约操作，当合约委托后没有成交时，点击此按钮，会撤掉当前挂单，再以当时市场的对价或排队价重新委托。

注：当前合约有多个挂单时，【撤单】、【对价跟】、【排队跟】三个按钮均无效(因为软件不知道您要对哪个挂单操作)。

(3) 如下图 5－1－7 所示，交易界面左侧“选项设置”中各个项目都是什么意思？

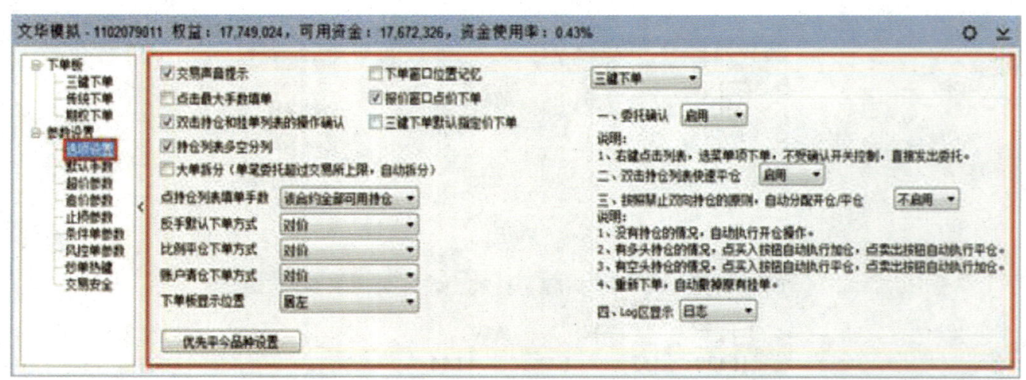

图 5－1－7　“选项设置”

① “交易声音提示”：勾选后，在委托发出和成交时都会有声音提醒；不勾选，则没有声音提醒。

② “点击最大手数填单”：勾选后，点击买多、卖空下面的“最大可开仓手数”，可以直

接将该手数填写到手数框中如图 5－1－8 所示。

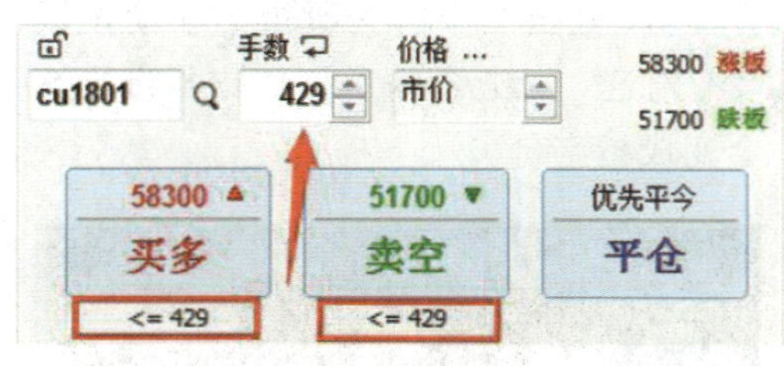

图 5－1－8　最大手数填单

③“双击持仓和挂单列表的操作确认”：在启动了“双击持仓列表快速平仓”的前提下，如果勾选了此项，双击“持仓”或“挂单”列表会弹出委托确认框，点击【确认】后再发平仓/撤单委托(如图 5－1－9 所示)；如果不勾选，双击持仓将直接发出平仓委托，双击挂单列表将直接撤单。

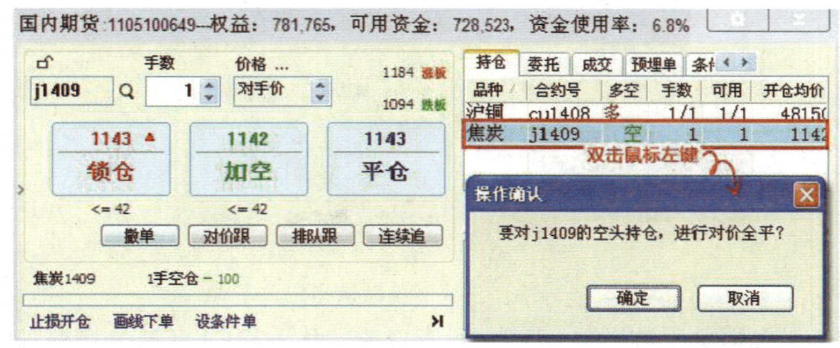

图 5－1－9　双击持仓和挂单列表的操作确认

④“持仓列表多空分列”：勾选后，持仓列表先显示多头合约，再显示空头合约。

⑤“大单拆分”：单笔委托超过交易所上限时，系统将自动拆分成交易所上限手数。

⑥“下单窗口位置记忆”：勾选后，移动下单窗口到某个位置后隐藏下单窗口，再次呼出下单窗口时，下单窗口会显示在隐藏前的位置；不勾选，下单窗口呼出时默认显示在电脑的左下角。

⑦“报价窗口点价下单”：勾选后，点击报价列表的买卖价位置，会弹出小下单(如图 5－1－10 所示)，点击【买开仓】、【卖开仓】按钮，以委托当时的买价、卖价发委托；不勾选，则点击不会有任何反应。

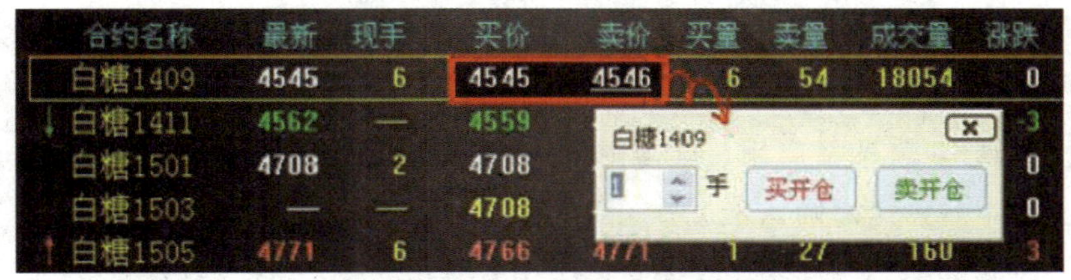

图 5－1－10　小下单

⑧“三键下单默认指定价下单”：勾选后，点击报价列表或盘口的“买入”/“卖出”/“最

新”，点击的价格会被抓到三键下单界面的价格框处(如图 5－1－11 中红框所示)，并且不与合约价格联动。如果需要联动，点击图中箭头所指的联动按钮，那么下单界面的价格会与合约的最新价联动；如果不勾选，点击合约后，交易合约的价格框默认显示对手价，点击价格框或者微调按钮才会变成指定价。

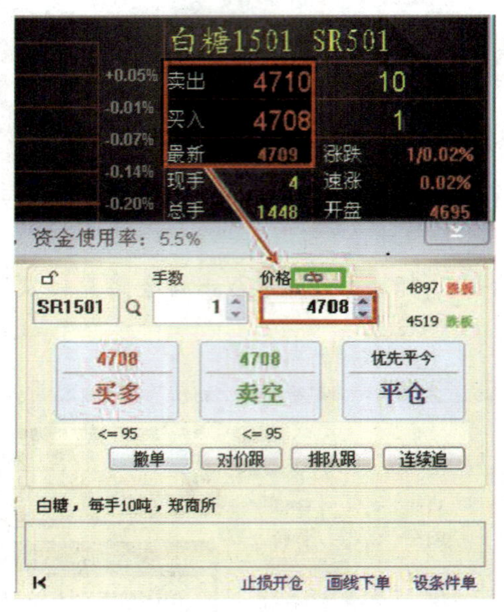

图 5－1－11　三键下单默认指定价下单

⑨“点持仓列表填单手数”：① 若选择“该合约默认手数”，点击持仓列表的合约，交易界面的下单手数位置将显示设置的默认下单手数。② 若选择“该合约全部可用持仓”，点击持仓列表合约，交易界面的下单手数位置将显示全部的可用持仓。

⑩“反手默认下单方式”：点击下单主窗口的【反手】按钮，或者在持仓列表点击鼠标右键在下拉菜单中选择“反手”，在进行平仓和反向开仓时都将使用所选价格方式发委托。

⑪“比例平仓下单方式”：点击下单主窗口的【平 33%】、【平 50%】、【平 100%】按钮，在平仓时将使用所选的价格方式发委托。

⑫“账户清仓下单方式”：在持仓列表中单击鼠标右键，选择“撤平仓单＋账户清仓”，在平仓时将使用所选的价格方式发委托。

⑬“下单板显示位置”选择“右侧”，三键下单和传统下单的下单板将居右显示(如图 5－1－12 所示)；选择“左侧”，下单板将居左显示。

⑭“优先平今品种设置”：勾选状态下，上期所合约平仓顺序为默认的优先平仓。取消勾选后，上期所合约优先平老仓。

⑮“委托确认”：若选择启用，点击图 5－1－13 红框位置，会弹出委托确认框；不启用，则直接委托，不会弹出确认框。

⑯“双击持仓列表快速平仓”：勾选状态下，双击持仓列表可以对所选持仓发平仓委托；不勾选，双击持仓列表，则不会有任何效果。

⑰“按照禁止双向持仓的原则，自动分配开仓/平仓”：请参考图 5－1－14 灰框处解释说明。

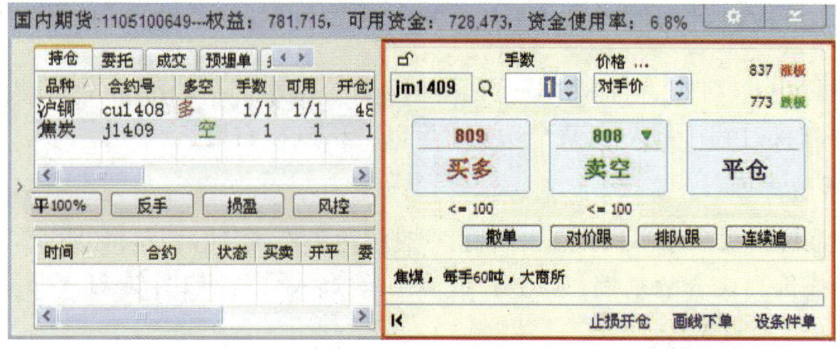

图 5-1-12　下单板居右显示举例

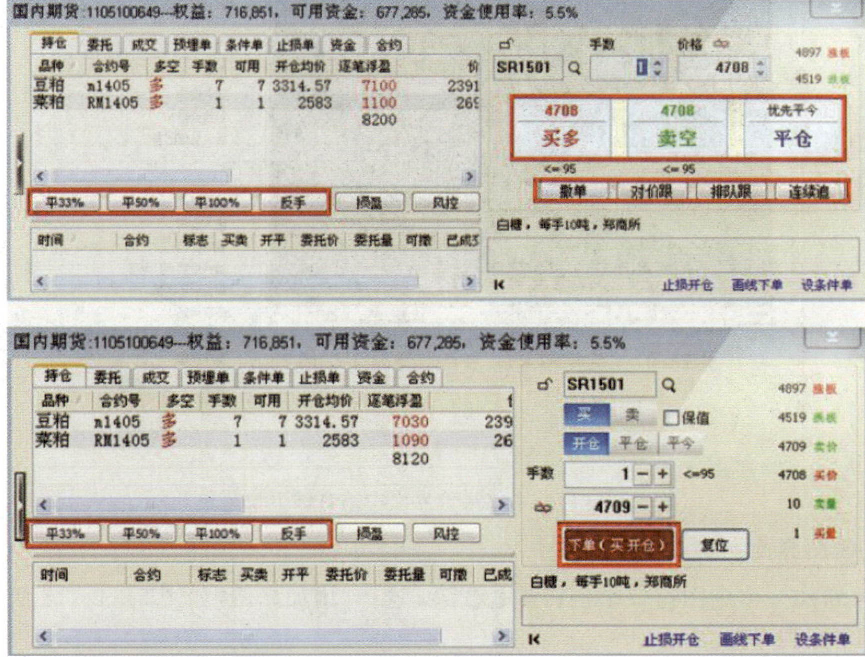

图 5-1-13　委托确认

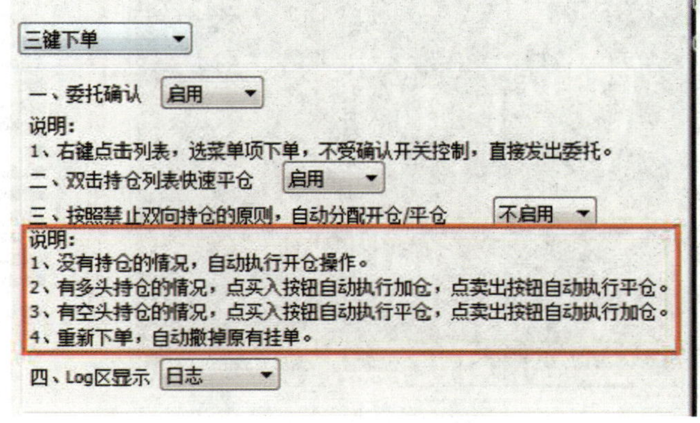

图 5-1-14　“按照禁止双向持仓的原则，自动分配开仓/平介”选项说明

5.1.2　点鼠标右键找功能

在软件设计中，软件工程师为每个界面所能做的操作都精心准备了右键菜单，所以如果用户在使用软件过程中找不到某个功能，可以尝试鼠标右键。

1. 系统报价界面

(1) 修改报价抬头顺序举例：点击右键，选择“抬头格式(域)调整”如图 5-1-15 所示。

(2) 更换报价列表合约举例：点击右键，选择“选入合约”如图 5-1-15 所示。

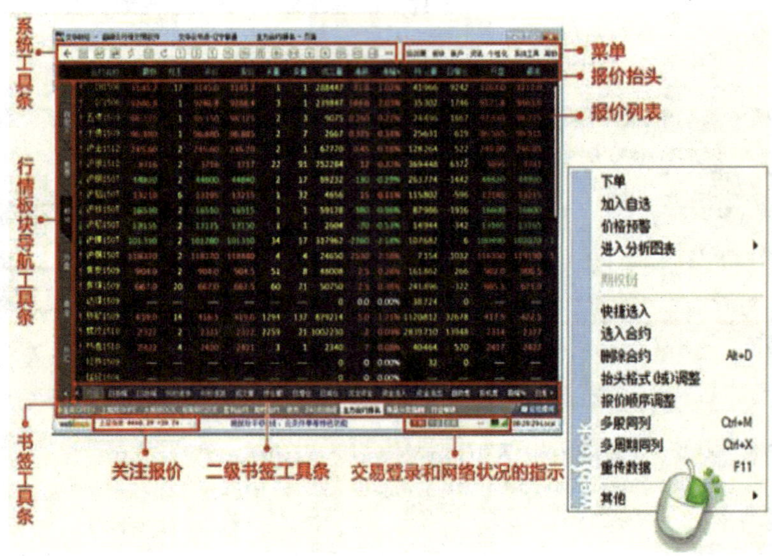

图 5-1-15　系统报价界面中的右键下拉菜单

2. K 线图界面

(1) 再增加一个副图窗口举例：点击右键，选择“增加副图”如图 5-1-16 所示。

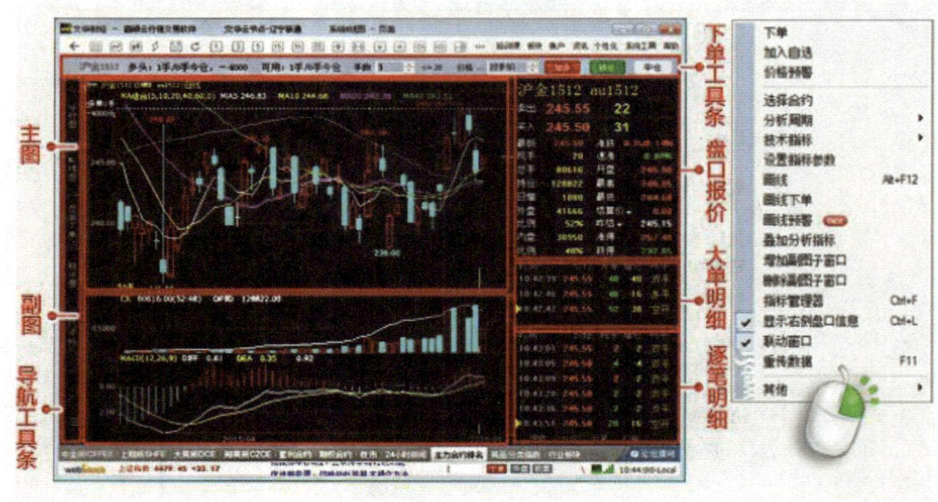

图 5-1-16　K 线图界面中的右键下拉菜单

（2）切换主图/副图指标举例：点击右键，选择“技术指标”如图 5－1－16 所示。

3. 分时图界面

（1）同时显示其他合约的分时图举例：点击右键，选择“叠加参考合约”，如图 5－1－17 所示。

（2）看多天的连续分时图举例：点击右键，选择“历史回忆”，如图 5－1－17 所示。

（3）修改分时图的上下坐标范围举例：点击右键，选择“设置坐标范围”，如图 5－1－17 所示。

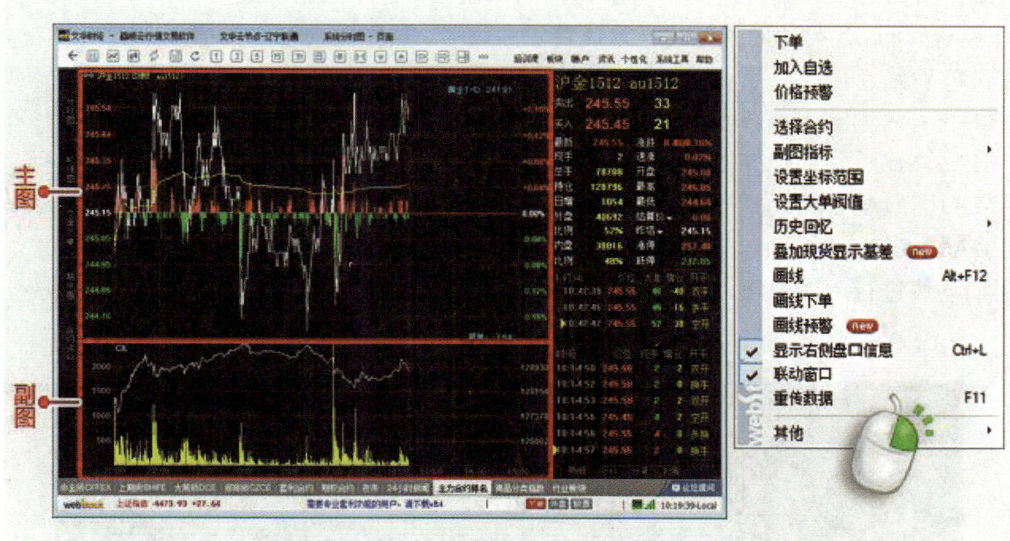

图 5－1－17　分时图界面中的右键下拉菜单

4. 交易界面

（1）对某个持仓设置止损举例：点击右键，选择“设置止损单”，如图 5－1－18 所示。

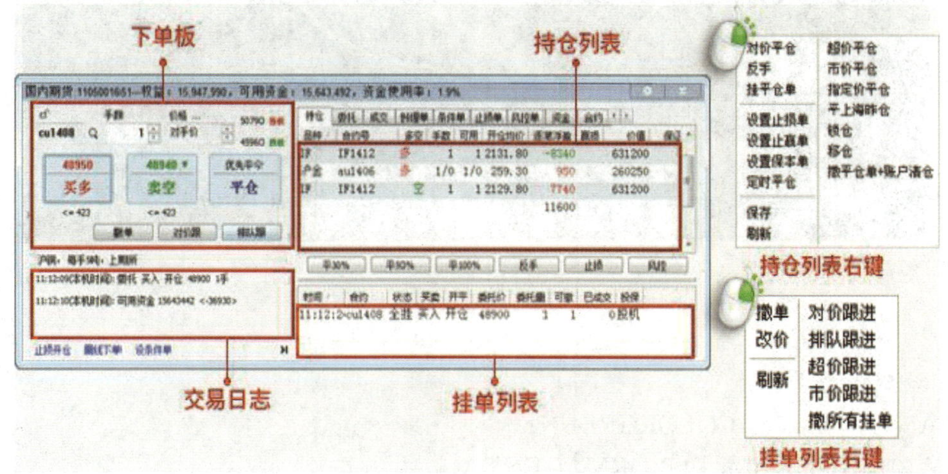

图 5－1－18　交易界面中的右键下拉菜单

(2) 平所有持仓举例：点击右键，选择"撤平仓单+账户清仓"，如图 5-1-18 所示。

(3) 对挂单撤单重发委托举例：点击右键，选择"对价跟进"，如图 5-1-18 所示。

(4) 撤掉所有挂单举例：点击右键，选择"撤所有挂单"，如图 5-1-18 所示。

5.1.3 编制醒目的指标

1. 使用不同的指标线形

在做分析时经常需要很多的指标线同时显示，但最关键的指标线可能只有一两条，时时在众多指标线中找到关键线很考验用户的双眼。软件中的指标线可以绘制出很多形式，"文华财经"可以将关键的指标线显示成特殊的线形，这样在众多的指标线中就可以很方便地找到它了。

1) 同时控制颜色和线型

MA5:MA(C, 5), SETSTYLECOLOR(LINETHICK1, COLORGREEN);

MA10:MA(C, 10), SETSTYLECOLOR(LINETHICK1, COLORMAGENTA);

MA30:MA(C, 30), SETSTYLECOLOR(LINETHICK3, COLORYELLOW); //对30 周期均线进行中度加粗，效果如图 5-1-19 所示。//("//"内为说明文字，下同。)

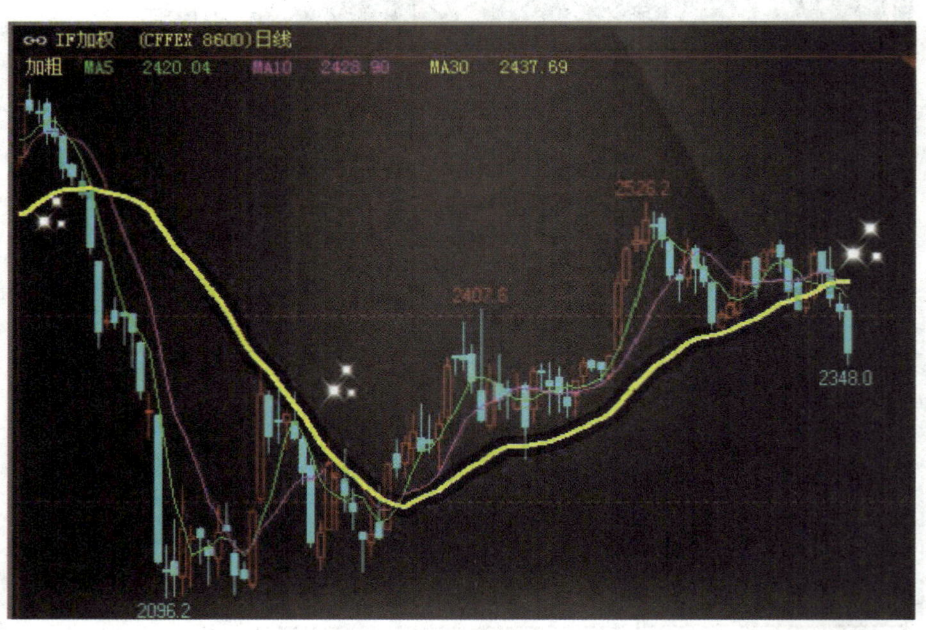

图 5-1-19　同时控制颜色和线型

2) 绘制小圆点线

MA5:MA(C, 5), COLORGREEN;

MA10:MA(C, 10), COLORMAGENTA;

MA30:MA(C, 30), CIRCLEDOT; //将 30 周期均线绘制成小圆点，效果如图 5-1-20 所示。//

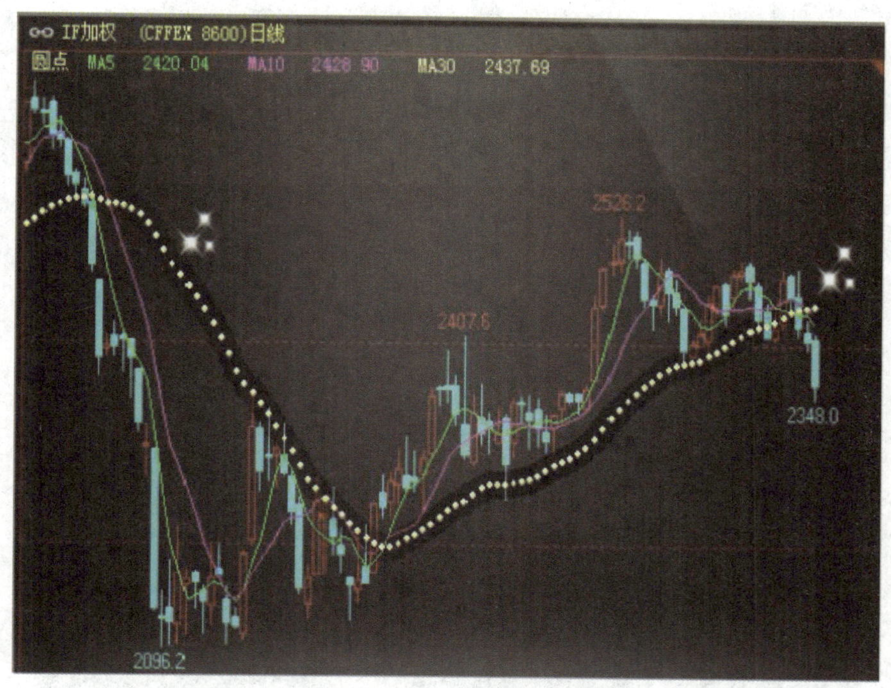

图 5-1-20　绘制小圆点线

3）绘制虚线

MA5:MA(C, 5), COLORGREEN;

MA10:MA(C, 10), COLORMAGENTA;

MA30:MA(C, 30), DOT; //将 30 周期均线绘制成虚线，效果如图 5-1-21 所示。//

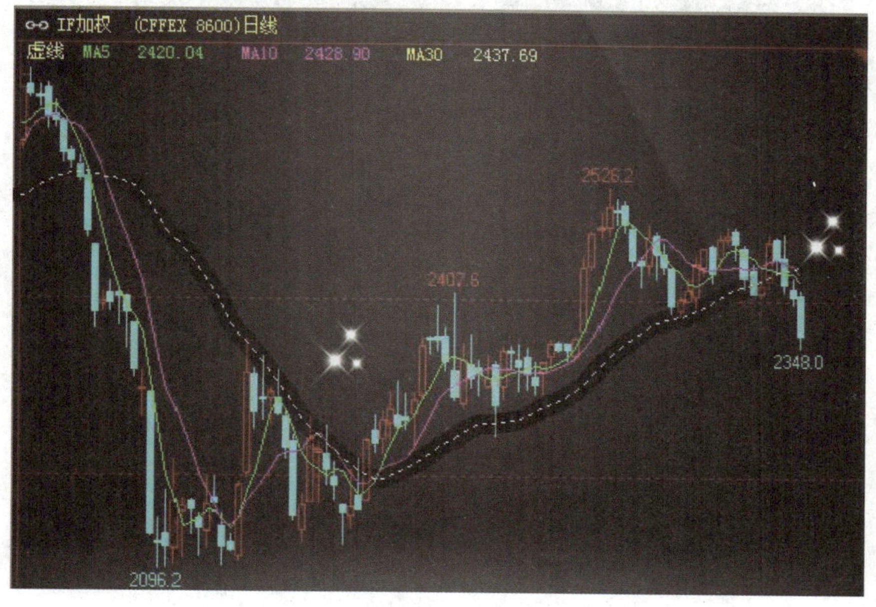

图 5-1-21　绘制虚线

4）绘制变色线

MA1：MA(C，30)，NODRAW；

DRAWCOLORLINE(C>=MA1，MA1，COLORRED，COLORGREEN)；//价格大于等于 30 周期均线时，30 周期均线为红色，否则为绿色，效果如图 5-1-22 所示。//

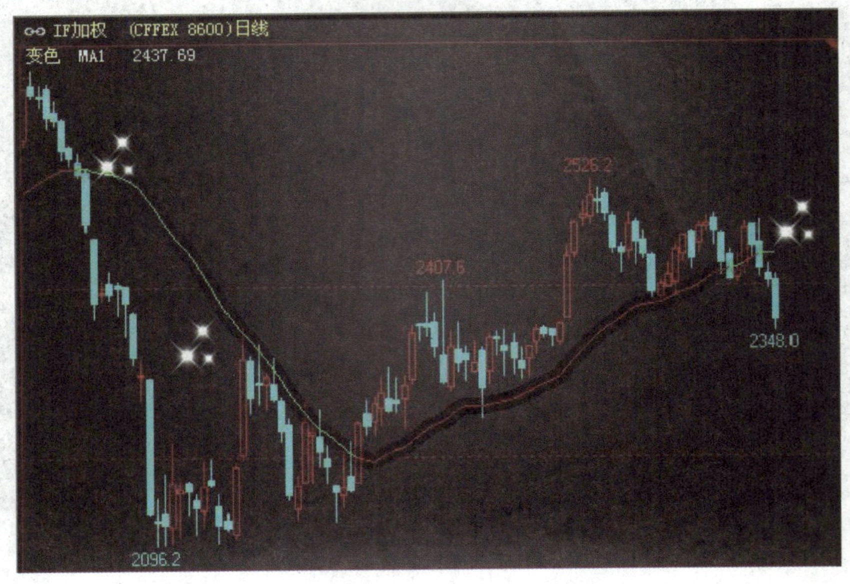

图 5-1-22　绘制变色线

5）只显示指标数值，不绘制指标线

(1) H20：HHV(H，20)，NODRAW；//取 20 周期高点作为看盘参考，只显示数值，不画线，效果如图 5-1-23 所示。//

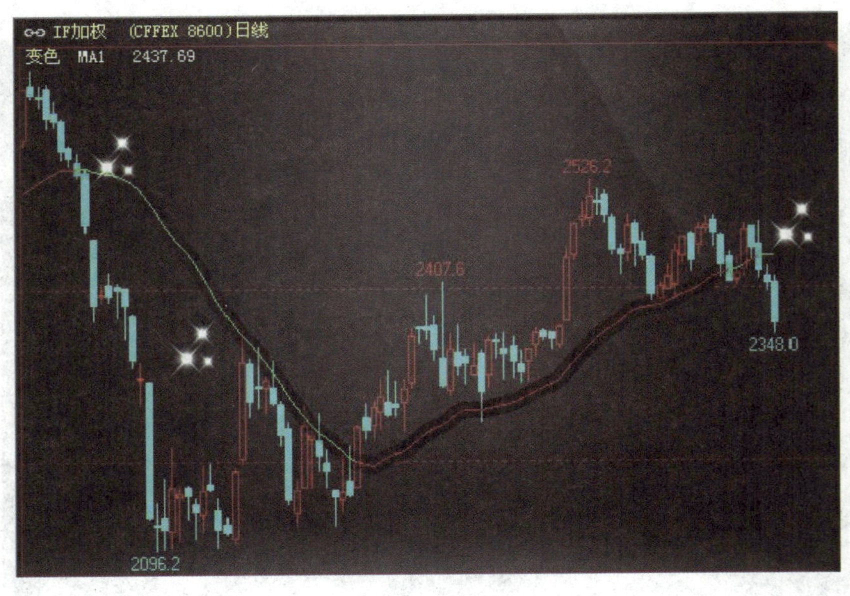

图 5-1-23　只显示指标数值，不绘制指标线

(2) L20:LLV(L, 20), NODRAW; //取 20 周期低点作为看盘参考，只显示数值，不画线，效果如图 5-1-23 所示。//

2. 用颜色丰富图表

常见的 K 线颜色是用开盘价收盘价比较大小决定的，但有的用户不希望上升趋势中的阴线(绿色)和下降趋势中的阳线(红色)颜色影响我们对趋势的判断。在软件中可以通过指标编写，完全按照用户的需求显示 K 线颜色。不仅仅是 K 线颜色可以绘制，还可以绘制带颜色指标带，让图表色彩更丰富，更有利于用户进行行情分析。

1) 绘制变色 K 线

MA30:MA(C, 30); STICKLINE(C>=MA30, C, O, COLORRED, 0); //价格大于等于 30 周期均线时，画 K 线为阳线(柱体部分)，效果如图 5-1-24①处所示。//

STICKLINE(C<MA30, C, O, COLORGREEN, 0); //价格小于 30 周期均线时，画 K 线为阴线(柱体部分)，效果如图 5-1-24②处所示。//

DRAWLINE(C>=MA30, L, C>=MA30, H, COLORRED); //价格大于等于 30 周期均线时，画 K 线为阳线(上下影线部分)，效果如图 5-1-24③处所示。//

DRAWLINE(C<MA30, L, C<MA30, H, COLORGREEN); //价格小于等于 30 周期均线时，画 K 线为阴线(上下影线部分)，效果如图 5-1-24④处所示。//

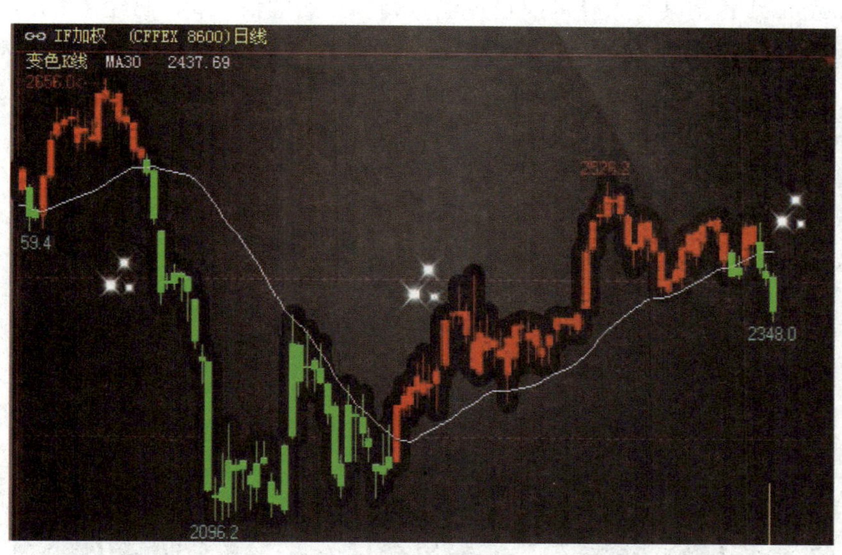

图 5-1-24　绘制变色 K 线

2) 用颜色填充指定区域

MA5:MA(C, 5), COLORGREEN;

MA10:MA(C, 10), COLORMAGENTA;

MA30:MA(C, 30), COLORYELLOW; //将 30 周期均线绘制成黄色，效果如图 5-1-25 所示。//

FILLRGN(C>MA30&&MA5>MA10, MA5, MA10, COLORRED); //价格在 30 周期均线之上，且 5 周期线大于 10 周期线时用红色填充，效果如图 5-1-25 所示。//

FILLRGN(C<MA30&&MA5<MA10, MA5, MA10, COLORGREEN); //价格在

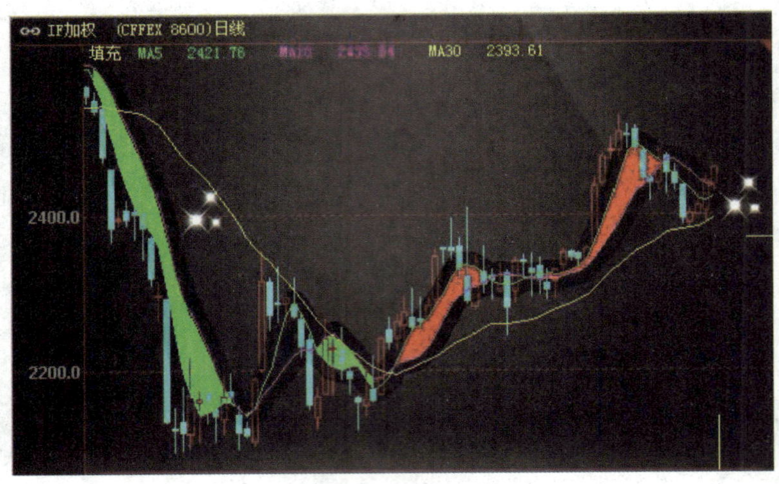

图 5-1-25 将指定区域用颜色填充

30 周期均线之下，且 5 周期线小于 10 周期线时用绿色填充，效果如图 5-1-25 所示。//

3. 使用注释、图标、声音使图表更生动

当指标或 K 线达到某种条件的时候可能是趋势开始的信号，我们经常需要在这样的位置标注作为提醒，但在指标线非常接近目标值时很容易看错，并且手动在图上标注也非常麻烦。为了解决这个问题，文华财经软件提供了相应的指标，可以在满足用户设定的条件时自动在图上标注或声音提醒，让电脑帮用户标注并提醒用户，即准确、又方便。

1) 在符合条件的位置标注文字

KTEXT(ABS(C－O)＞MA(ABS(C－O), 20)＊3, 0, H, 1, COLORYELLOW, '突破!')；//在长 K 线上标注黄色文字“突破!”，效果如图 5-1-26 所示。//

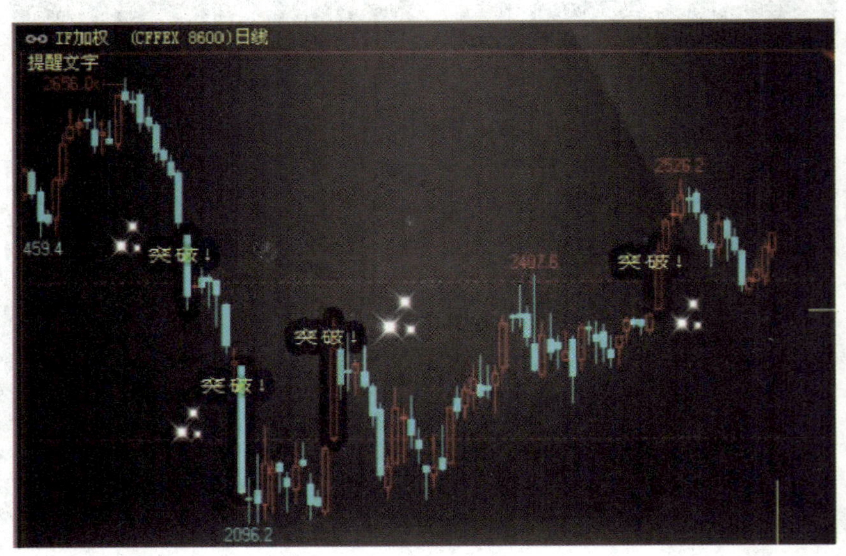

图 5-1-26 标注文字“突破!”

2）在符合条件的位置标注图标

MA5:MA(C，5)，COLORGREEN；

MA10:MA(C，10)，COLORMAGENTA；

MA30:MA（C，30），CIRCLEDOT；//将 30 周期均线绘制成小圆点，效果如图 5－1－27 所示。//

DRAWICON(C>MA30&&CROSS(MA5，MA10)，L，'ICO1')；//30 周期均线之上，且 5 周期均线上穿 10 周期均线的时候标注“笑脸”，效果如图 5－1－27 所示。//

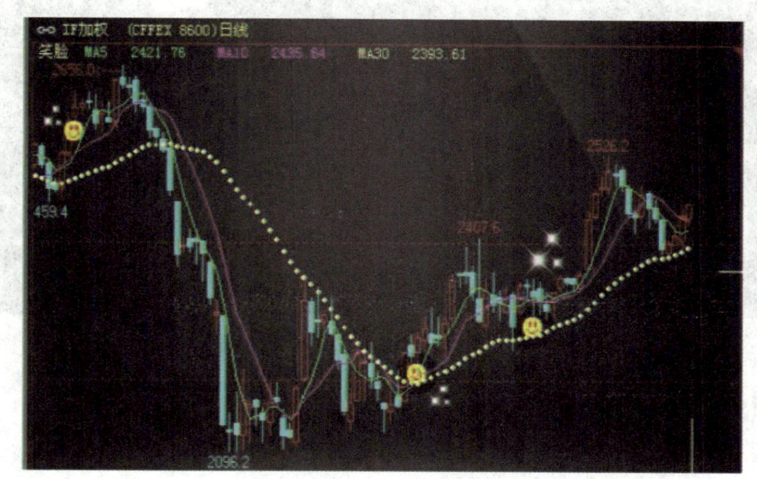

图 5－1－27　标注图标“笑脸”

可选择的图标见图 5－1－28 所示。

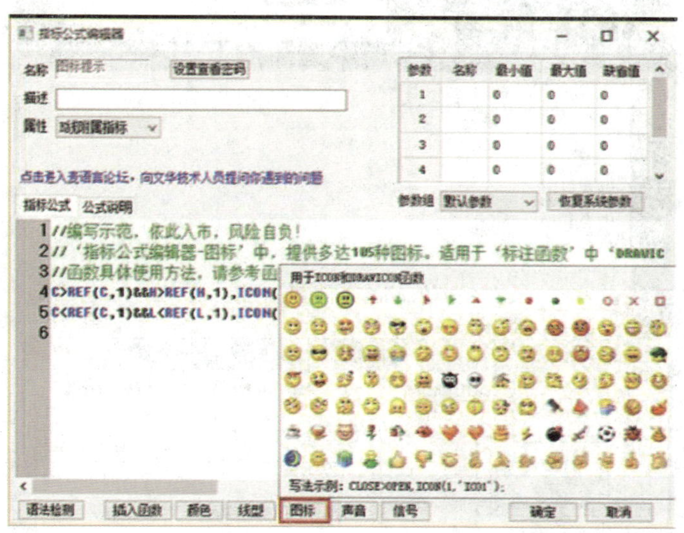

图 5－1－28　可选择的图标

3）在符合条件时，发出声音警报

MA5:MA(C，5)，COLORGREEN；

MA10:MA(C，10)，COLORMAGENTA；

MA30:MA(C, 30), COLORRED;

PLAYSOUND(C>MA30&&CROSS(MA5, MA10), 'B'); //价格在 30 周期均线之上，并且 5 周期均线上穿 10 周期均线时发出声音报警，效果如图 5-1-29 所示。//

注：下图中黄圈处为满足条件位置，当盘中满足条件的时候，会发出声音报警。

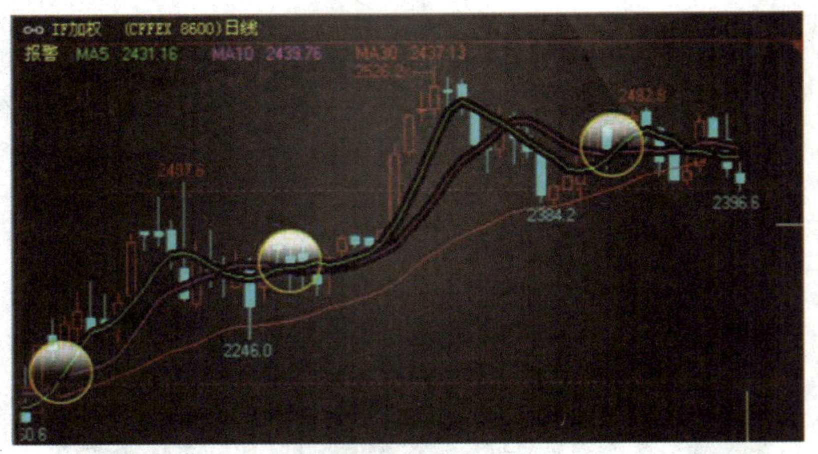

图 5-1-29　在符合条件时，发出声音警报

4. 编制指标的操作方法

如图 5-1-30 中①～⑤所示流程建立和加载指标。

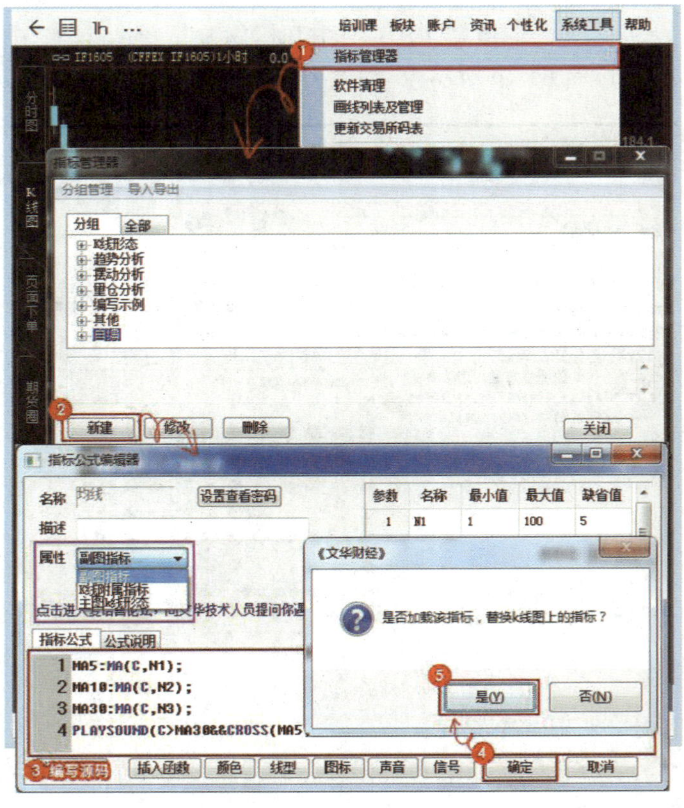

图 5-1-30　建立和加载指标流程

注：如果在图紫框中选择“副图指标”，指标加载后将显示在副图上；选择“主图附加指标”，指标加载后作为 K 线的附加指标将显示在主图上；选择“主图 K 线形态”，指标加载后将代替 K 线显示在主图上。

5.1.4　界面个性化

使用一款行情交易软件，一般是从它的界面开始着手，用好软件的个性化设置，打造属于自己的软件界面。

1. 自定义系统工具条

软件上方“系统工具条”中的按钮支持自定义设置，不需要的按钮可以删除，需要的按钮也可以增加，如图 5－1－31 所示。点击黑框位置，在弹出的菜单中勾选或取消勾选按钮项，达到增加或删除的效果。

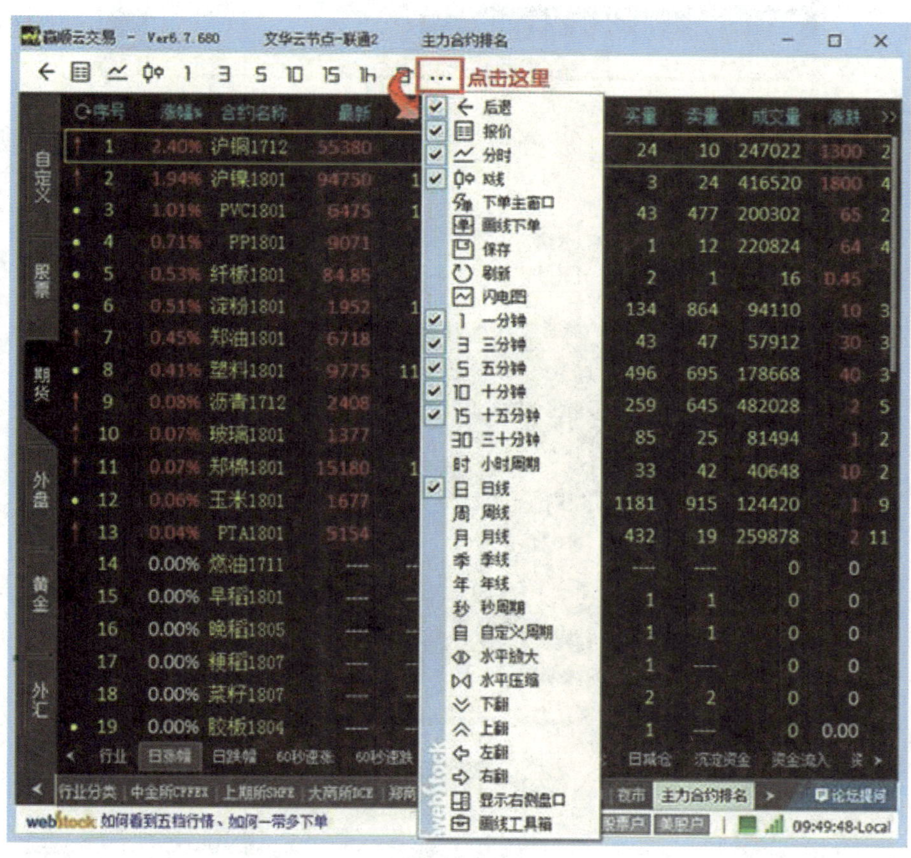

图 5－1－31　自定义系统工具条

2. 选项设置

“个性化”中的“个性化设置”是软件功能设置的集结地，如图 5－1－32 所示。在这里可以找到针对报价、K 线图、分时图、颜色、字体的大部分设置项目，所以要设置成自己的风格就请到这里规划一下吧！

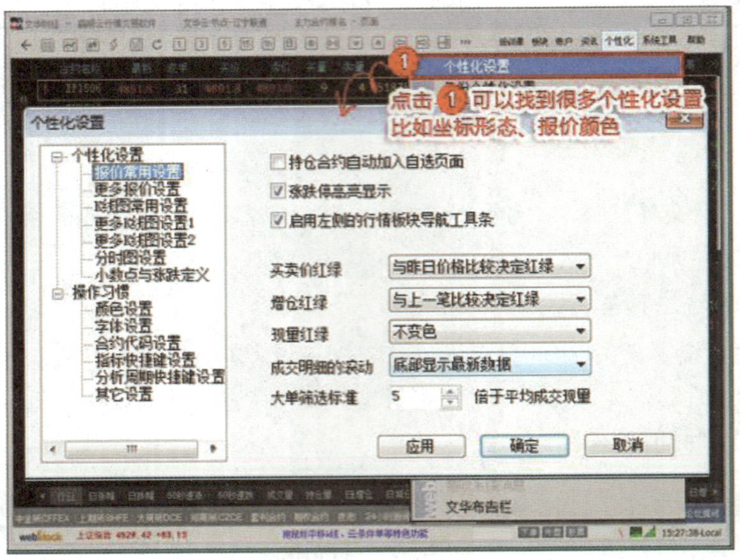

图 5-1-32 “个性化设置”对话框

3. 书签

软件下方的“书签”，像我们平时看书所用的书签一样，能快速切换到想要查看的页面。下图 5-1-33 所示的“大商所 DCE”就是一个书签。

图 5-1-33 “书签”工具条

如下图 5-1-33 所示，我们还可以打造属于自己的个性化“书签”，以便更加方便快捷地打开属于我们的页面，建立“书签”的界面如图 5-1-34 所示。

删除、插入、移动、改名“书签”的界面如图 5-1-35 所示。

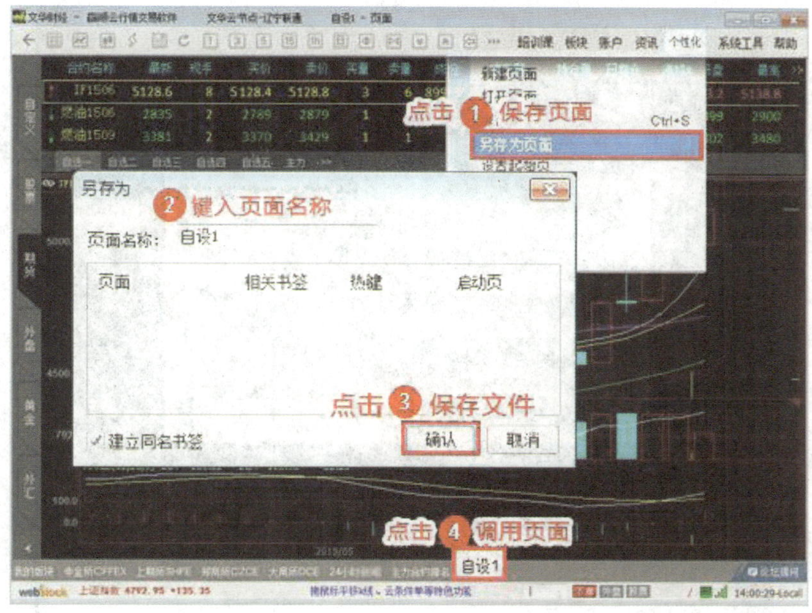

图 5-1-34　建立"书签"

图 5-1-35　删除、插入、移动、改名"书签"

4. 我的指标区

在盘中，趋势和震荡行情经常交替出现，在不同行情下用户使用的分析指标也不尽相同。但是，难道在行情转换时每次用户都需要修改一次指标吗？有了"我的指标区"，这一切都变得简单，其设置界面如图 5-1-36 所示。

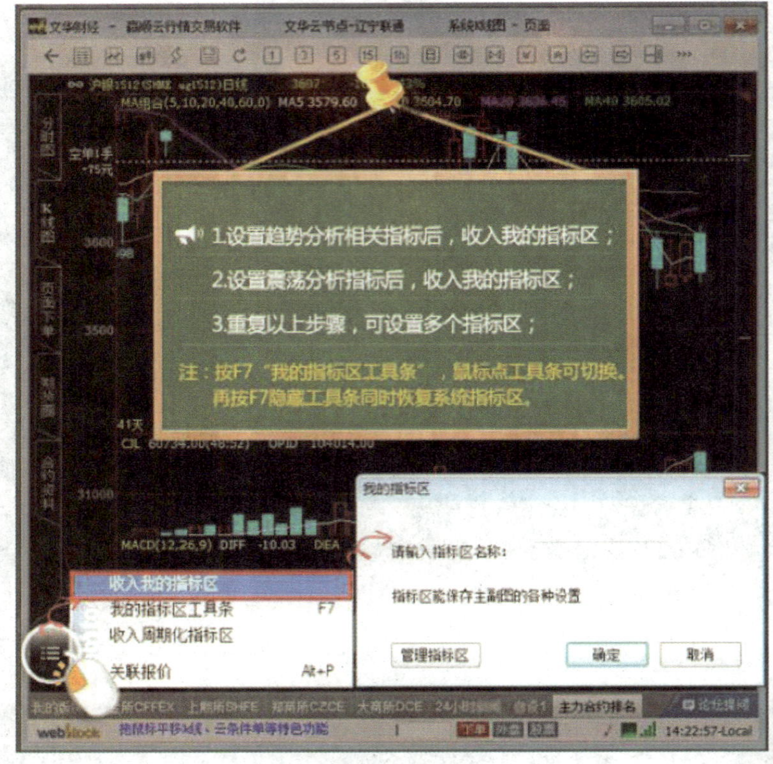

图 5-1-36 设置“我的指标区”

5. 交易界面设置

交易界面中提供很多交易参数设置，如止损参数、条件单参数、超价参数、追价参数等，用好参数设置，就可以打造更便捷、高效的下单工具，具体设置界面如图 5-1-37 所示。

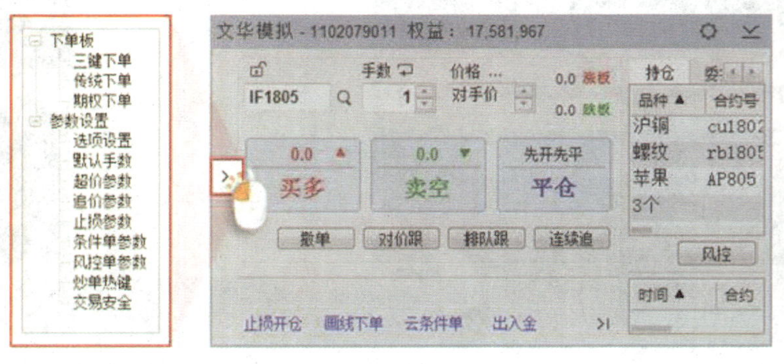

图 5-1-37 交易界面设置

6. 备份个性化设置

1）本地备份个性化设置

设置步骤：点击“个性化”→“备份个性化设置”→“导出”。

2）云备份个性化设置

注册文华云账号后可以上传包括页面、书签、指标区、止损单、条件单、风控单等的个性化设置，用不同客户端登录云账号均可下载之前云端存储的个性化设置。具体步骤如图 5-1-38 中①～④所示。

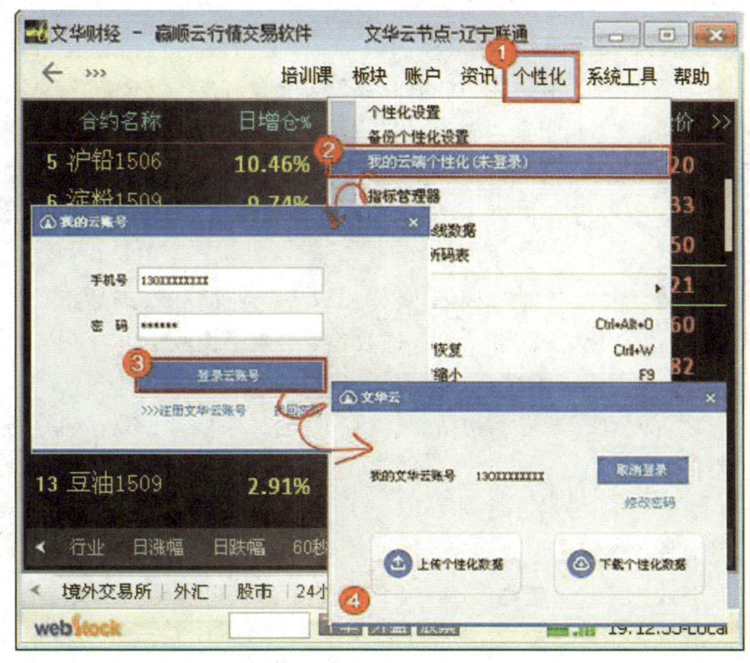

图 5-1-38　云备份个性化设置步骤

注：

① 备份个性化数据时，新软件会覆盖备份时勾选的全部选项，之前的设置不会保留。备份时没有勾选的选项，会按照之前的设置保留。

例如：软件原有页面 x，导入含有页面 a、b、c 的个性化设置后，软件里只会显示页面 a、b、c，页面 x 不会保留。

② 不登录交易账号，相关参数也会上传。按照账号备份的设置，在新软件上下载会根据登录的交易账号显示内容，其他的设置会按照最后一次上传的内容显示。按照账号备份的选项有：预备单，风控单，选项与参数(含下单页面)，默认下单手数、止损参数、超价参数。

③ 指标公式的备份位置："系统工具"→"指标管理器"→"导入导出"→"云备份指标公式"。

5.2　功能特色

5.2.1　数据

1. 文华商品指数—国内期货市场的大盘指数

投资者对某一种交易品种价格的变化容易了解，但对于多种相关品种或某一类品种价格变化，要逐一了解，既不容易也不胜其烦。如果不了解市场环境，投资者很难把握交易的大方向。而指数可以反映某一类品种的整体走势，为投资者的交易提供既直接又有效的参考信息。

1）文华指数介绍

文华商品指数（wenhua CCI）能够跟踪国内33种上市商品价格综合表现，较全面地涵盖了目前市场上的期货品种。指数由"文华商品"总指数和"有色金属"、"建材"、"化工"、"煤炭"、"谷物"、"饲料"、"油脂"、"软商品"、"黑链"、"油脂链"、"玉米链"、"铁合金"等十二大分类指数，以及33个品种的分支指数构成。指数的实时价格数据，在文华财经行情信息系统中实时发布，给投资者提供一个国内大宗商品价格即时走势的有效参考。

2）文华指数构成

（1）文华商品指数：包含33个品种，具体见以下工业品和农产品指数的说明。

（2）工业品指数：铜、铝、锌、铅、镍、螺纹钢、玻璃、橡胶、塑料、PVC、PTA、甲醇、聚丙烯、焦煤、焦炭、动力煤、铁矿石、沥青、热卷、锰硅、硅铁。

（3）农产品指数：大豆、玉米、豆粕、菜粕、豆油、棕榈油、菜子油、棉花、白糖、鸡蛋、玉米淀粉、苹果。

（4）有色板块指数：铜、铝、锌、铅、镍。

（5）建材板块指数：螺纹钢、玻璃。

（6）化工板块指数：橡胶、塑料、PVC、PTA、甲醇、聚丙烯、沥青。

（7）煤炭板块指数：焦煤、焦炭、动力煤。

（8）谷物板块指数：大豆、玉米。

（9）饲料板块指数：豆粕、菜粕、玉米。

（10）油脂板块指数：豆油、棕榈油、菜子油。

（11）软商品板块指数：棉花、白糖。

（12）黑链板块指数：焦炭、焦煤、铁矿、螺纹、热卷。

（13）油脂链板块指数：大豆、豆油、豆粕、菜子油、菜粕、棕榈油。

（14）玉米链板块指数：玉米、淀粉。

（15）铁合金板块指数：锰硅、硅铁。

3）指数编制原理

（1）各品种的指数（如橡胶指数）是加权计算的，以各月份的持仓量为权重。计算的结果是价格，单位为人民币元。

（2）文华商品指数，以及各行业指数（如有色板块指数），是算数平均计算的。首先对所包含的所有品种进行指数标尺化，然后进行算数平均，计算的结果是标尺化的点数。

（3）标尺的单位为点，最小变动点数为0.01。标尺以1994年9月12日为基准日（现存最早的上市期货品种大豆的开盘日期），基准指数为100点。

案例一：文华商品指数为用户交易提供参考信息

图5-2-1为沪锌1分钟K线图，在11点左右处在盘整状态，此时无法预知后市如何。

图5-2-2为叠加了有色指数K线的沪锌1分钟K线图，如果能同时观察有色指数会发现沪锌在盘整状态时指数已出现下跌趋势，若当时持有多单，就应该小心了。果然，从后面的K线走势可以看出沪锌随着大盘出现下跌趋势。所以说，如果没有指数，很难做到

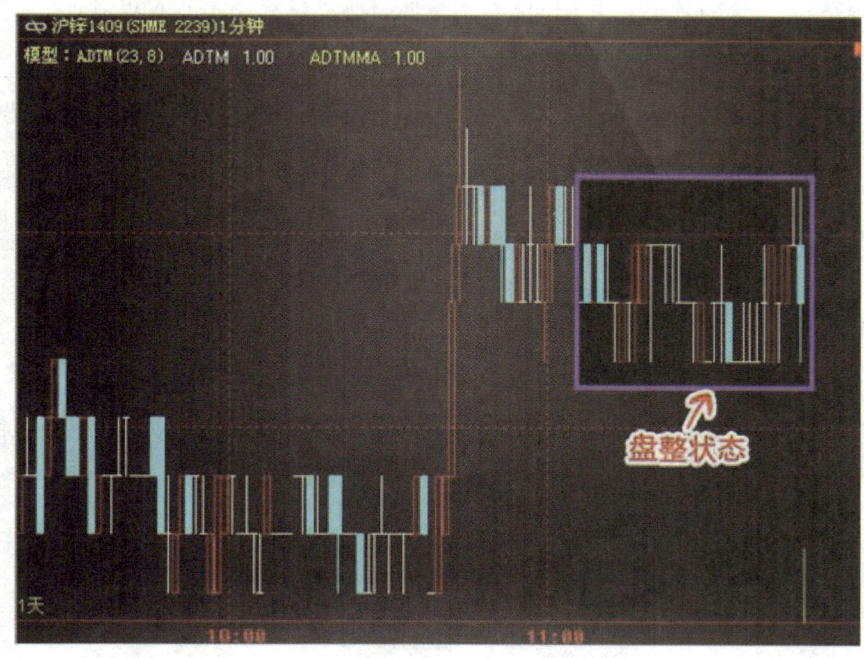

图 5-2-1　沪锌 1 分钟 K 线图

在把握市场大环境的前提下结合具体品种进行交易。

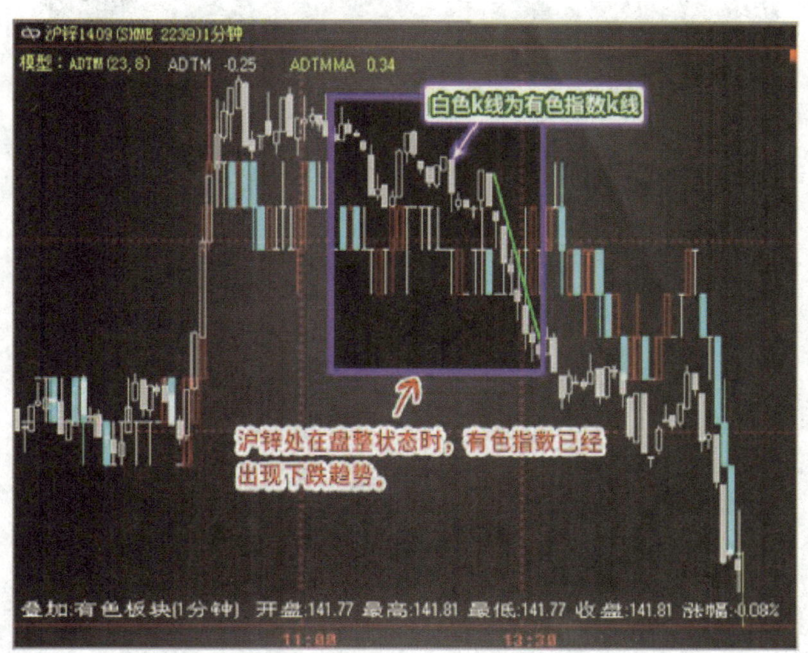

图 5-2-2　叠加有色指数 K 线的沪锌 1 分钟 K 线图

案例二：文华商品指数为程序化模型提供连续测试数据

图 5-2-3 为一年左右的股指合约 K 线图，检测模型在合约的长期效果时，无法避免合约的交割-挂牌期的跳空(跳空会影响指标值的连续性)和不活跃期(用户一般不会选择这

个时期进行交易），检测效果会失真，显然用具体合约测试模型不具有可靠性。

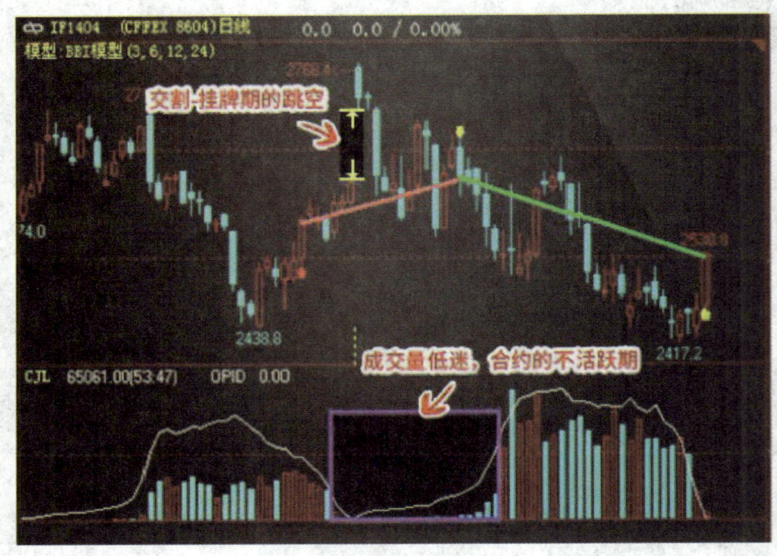

图 5－2－3　股指合约 K 线图

图 5－2－4 为 IF 加权(指数)合约，指数以各月分持仓量为权重加权计算，走势会非常接近于主力合约，且具有很好的数据连续性，模型检验结果更具有参考价值。

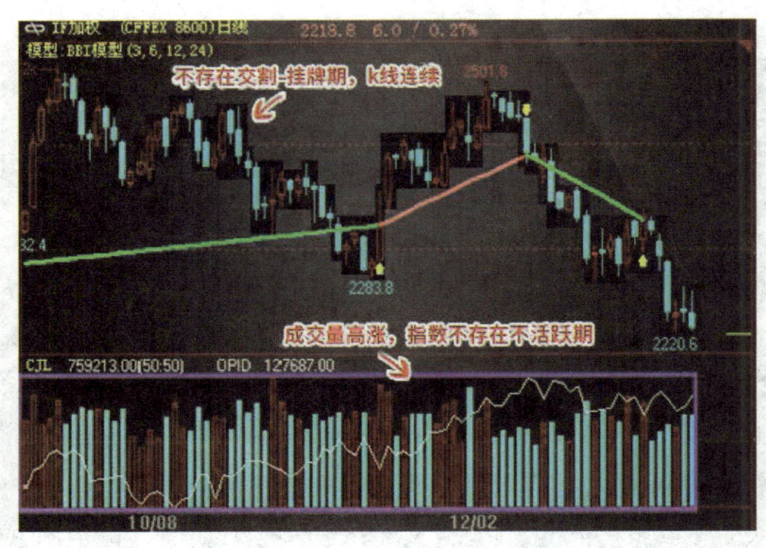

图 5－2－4　IF 加权(指数)合约 K 线图

4) *指数调用方法*

方法一：点击软件下方书签中的“商品分类指数”，如图 5－2－5“方法一”所示。

方法二：在软件报价上点击鼠标右键，点击“选择合约”，在弹出窗口中左侧找到“亚洲指数”、“大连商品”、“郑州商品”、“上海金属”、“上海橡胶”市场，在中间栏目中选择对应指数，点击【选入】按钮，即可显示需要的指数如图 5－2－5“方法二”所示。

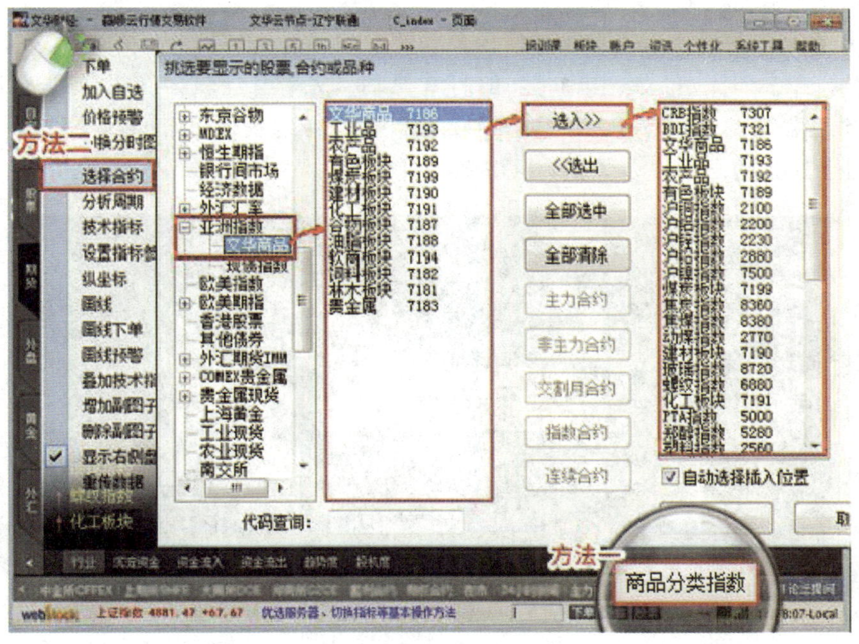

图 5-2-5　指数调用方法

2. 特色抬头解读市场

常见的报价列表只有价格、持仓量、成交量等原始数据，文华财经软件利用这些原始数据做出更有利于投资者交易的特色抬头指标，能准确揭示合约在市场的活跃程度和主力资金动向，为投资者选择合约和技术分析提供参考依据。

1）投机度

活跃的合约往往存在更多交易机会，投资者通常用成交量的大小来判断合约活跃程度，但成交量大的合约持仓量往往也会很大，很难单纯通过成交量值判断合约的活跃性。文华财经软件中增加了“投机度”抬头，如图 5-2-6 所示，可以用最快最简单的方法找到最活跃的合约。

	合约名称	最新	买价	卖价	买量	卖量	成交量	投机度	涨跌	涨幅
1	IF1401	2237.2	2237.0	2237.2	7	36	471852	4.79	-3.0	-0.13
2	胶板1405	121.25	121.20	121.25	46	9	153332	2.6[illegible]	1.85	1.55
3	菜粕1405	2589	2588	2589	698	411	2342636	[illegible]	[illegible]	[illegible].33
4	焦炭1405	1412	1412	1413	235	670	[illegible]19414	1.89	-8	-0.56
5	纤板1405	66.15	66.15	66.20	8[illegible]	[illegible]	[illegible]	1.78	-1.10	-1.64
6	沪金1406	247.25	247.20	247.25	29	29	226790	1.33	0.90	0.37
7	玻璃1405	1234	1234	1235	640	329	395602	1.29	-34	-2.68
8	橡胶1405	17035	17035	17040	28	19	304182	1.27	-450	-2.57
9	鸡蛋1405	3850	3849	3850	50	69	66820	1.15	-140	-3.51
10	动煤1405	552.2	552.0	552.2	35	8	63516	1.05	-1.0	-0.18

最活跃合约

成交量最大合约

图 5-2-6　“投机度”抬头

2）60 秒速涨、现涨

投资者通常会在报价列表中通过发现异动的合约寻找交易机会，抬头中只有涨幅反应当天的行情涨跌，但无法反映出短时间的行情异动。文华财经软件在报价列表中新增“60 秒速涨”和“现涨”抬头，如图 5-2-7 所示。可以很容易地发现短时间内上涨/下跌幅度大的合约，对予这样的合约更多关注，抓住交易机会。

图 5-2-7　“60 秒速涨”和“现涨”抬头

3）沉淀资金

沉淀资金可以反映市场资金构成，体现投资者对品种的投资热情。从图 5-2-8 中可以看出价格和持仓量并不高的股指合约占据了市场的一大部分资金，因此股指价格的变化对市场的影响不容小觑。

图 5-2-8　“沉淀资金”抬头

4）资金流向

期货价格每上涨一个百分点，可能是一千万资金推动的，也可能是一亿资金推动的，这两种情形对投资者而言有完全不同的指导意义。“资金流向”抬头可以反应合约的资金流入流出值大小，如图 5-2-9 所示，再配合观察投机度指标，如果投机度值也非常大，很可能是大资金在换手进场了。

	合约名称	资金流向	投机度	涨幅%	60秒速涨	现涨	持仓量	成交量	现手
1	IF1404	6.4亿	0.87	-0.10%	0.00%	0.0	85695	74330	7
2	橡胶1409	1.6亿	0.62	-1.45%	0.03%	0	313756	193564	2
3	豆粕1409	7798万	0.30	-0.65%	-0.03%	0	1510200	451978	2
4	沪铜1407	7182万	0.94	-0.47%	0.02%	-10	306546	287700	2
5	豆油1409	7018万	[illegible]	[illegible]	[illegible]	0	778922	299150	4
6	铁矿1409	6540万	[illegible]	[illegible]	[illegible]	-1	557184	152528	22
7	菜粕1409	6802万	0.60	-0.40%	0.04%	0	789722	471986	2
8	白糖1409	6166万	0.43	0.37%	-0.04%	0	645200	279378	142
9	鸡蛋1409	5888万	0.41	0.45%	-0.06%	0	136458	57096	42
10	胶板1405	5659万	0.69	-0.10%	-0.10%	0.00	123322	85436	4

按照资金流向排序
分析大资金动向

图 5-2-9　“资金流向”抬头

5）趋势度

K 线实体越长，则力量越强，反之则力量越弱，趋势度抬头可以反映 K 线实体与上下影线间的比例。上涨力量越强该值不断接近“1”，下跌力量越强该值不断接近“−1”，力量越弱越接近“0”。再配合涨跌幅，可以更精准地判断力量大小，投资者在报价列表上就可以轻松找出哪些合约更有交易机会，如图 5-2-10 所示。

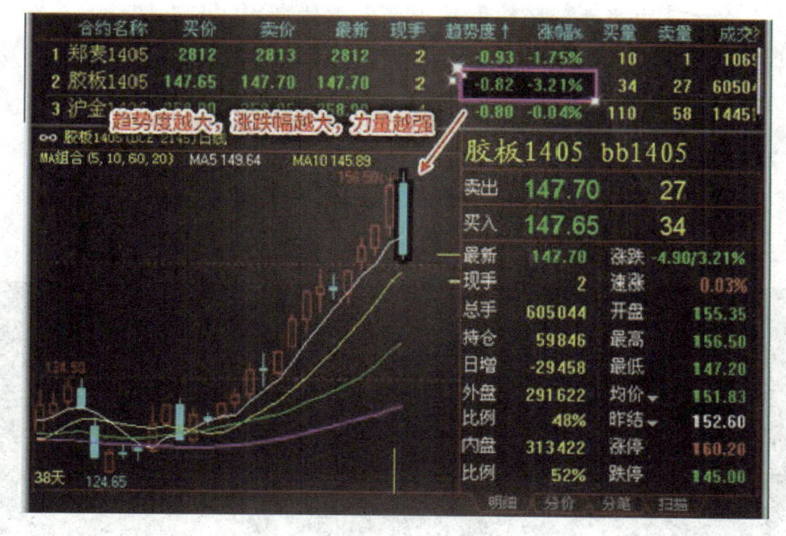

图 5-2-10　“趋势度”抬头

6）公式原理

（1）一般公式原理：

$$沉淀资金 = 持仓量 \times 最新价 \times 单位手数 \times 保证金比例$$

$$资金流向 = ((持仓量 \times 最新价 - (持仓量 - 日增仓) \times 昨收) \times 单位手数 \times 保证金比例$$

$$投机度 = \frac{成交量}{持仓量}$$

$$60秒速涨 = \frac{最新价 - 前1分钟最新价}{前1分钟最新价}$$

$$现涨 = 最新价 - 前一笔最新价$$

$$趋势度 = \frac{最新价 - 开盘价}{最高价 - 最低价}$$

(2) 其他特色抬头原理：

$$流入比例 = \frac{资金流向}{沉淀资金}$$

$$振幅 = \frac{最高价 - 最低价}{昨结算}$$

$$结涨 = 结算价 - 昨结算$$

$$日增仓\ \% = \frac{日增仓}{持仓量} \times 100\%$$

7) 调用方法

在报价列表单击鼠标右键，在弹出的下拉菜单中点击“抬头格式(域)”进行调整。

8) 注意事项

点击抬头名称(如：资金流向)可以对抬头内容进行排序。

3. 五档行情看清市场

期货中盘口默认显示一档买卖，就是说投资者只能看到市场上最近的报价和量，无法得知在买一卖一价之后的深度市场数据和市场上整体情况。而市场行为包含一切信息，一切信息都会以价格形势反映在图表中，如果能了解市场状态，对投资者的交易决策会有很大帮助，而五档行情可以让投资者看清市场。

案例一：五档行情看清市场

图 5-2-11 为普通的盘口，只能看到最近一档的买量和卖量为 339∶274，显示多空双方都比较活跃，但后劲如何投资者无法得知。

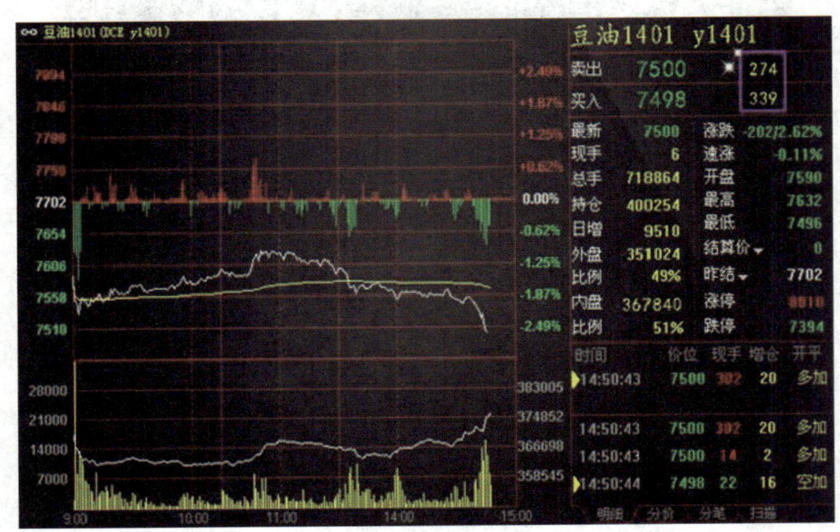

图 5-2-11　普通盘口

图 5-2-12 为同一时间的五档盘口截图：可以看到卖二—卖五的量远远大于买二—买五的量，说明市场看空的力量更大。在看买卖方总量对比 1880∶10357，空方占据了主导方向，短时间内价格很难出现反弹。通过五档数据，让我们深度地了解了市场状态，为

我们的交易提供了更多的参考信息。

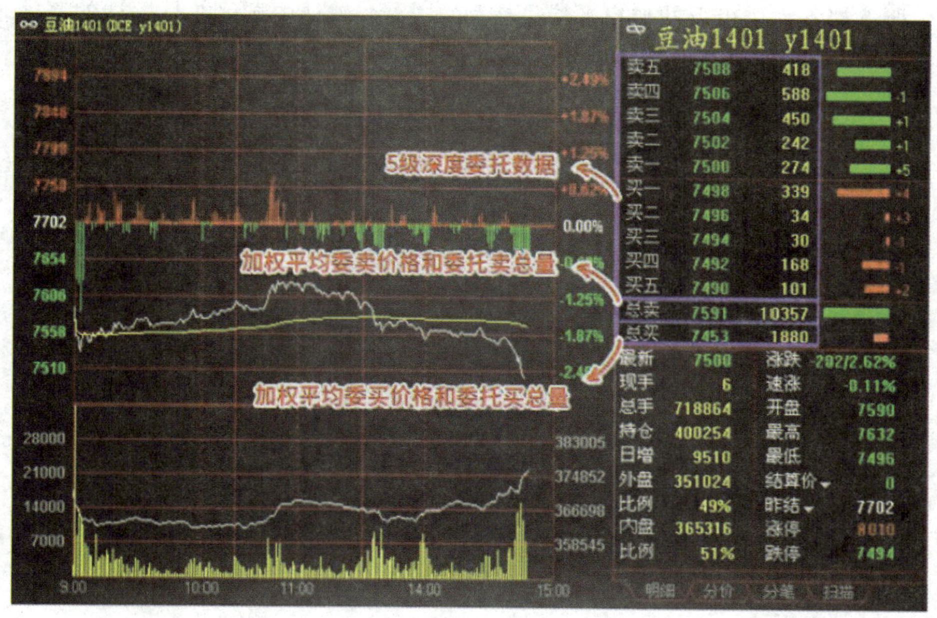

图 5-2-12　五档盘口截图

注：买卖量右侧的绿条为量的比例，+-数字为各价位委托手数的增减。

案例二：L2 数据让投资者发现大单

在普通的盘口上，投资者只能看到买一/卖一价的总量，这个量有可能是一个人的行为，也可能是多个人的行为，无法预测是否有大单存在。

L2 数据可以显示出买一/卖一量的前 10 笔挂单组成，如下图 5-2-13 所示：卖一量为 1256 手，这 1256 手由多笔挂单组成，其中的第一笔 1000 手为一人所挂，大单空向行为显现，再配合持仓量增减可以确定大单进/出场。

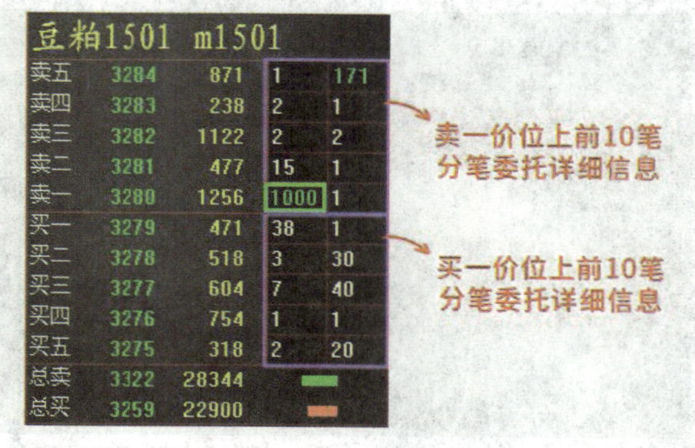

图 5-2-13　L2 数据

1）调用方法

大商所的所有五档和 L2 数据发布，中金所的所有五档数据发布，都为收费项目。如需购买请点击软件菜单的“帮助”→“网购付费”功能，进行购买。付费后投资者会获得一个带有授权的行情账号，用此账号登录软件，将自动显示五档/L2 数据。

2）注意事项

中金所五档不提供市场的加权平均价格和总委量，软件中显示的是五档的算术平均价格和五档加和的量，如图 5-2-14 所示。

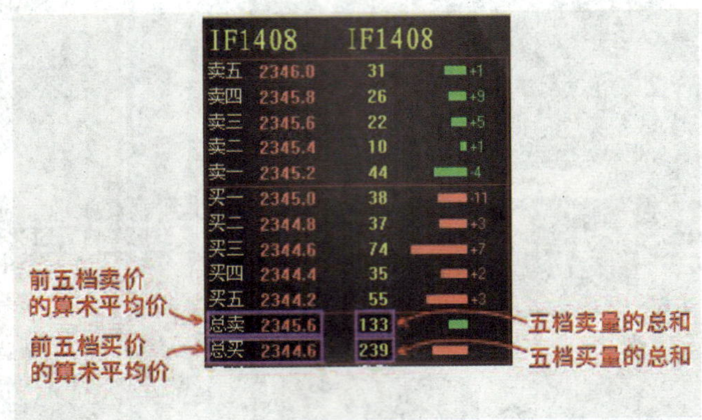

图 5-2-14 中金所五档

5.2.2 图表

1. 特色分时图

案例一：红绿柱揭示多空能量对比

常见的分时图上只有分时线、成交量、持仓量、均价线等常见价量指标，没有体现多空双方力量的指标。如下图 5-2-15 所示，股指开盘后价格下探，之后有了小幅的回调，此时无法预测后市，如果能知道当时的多空力量对比情况，对投资者的交易决策有很大的帮助。

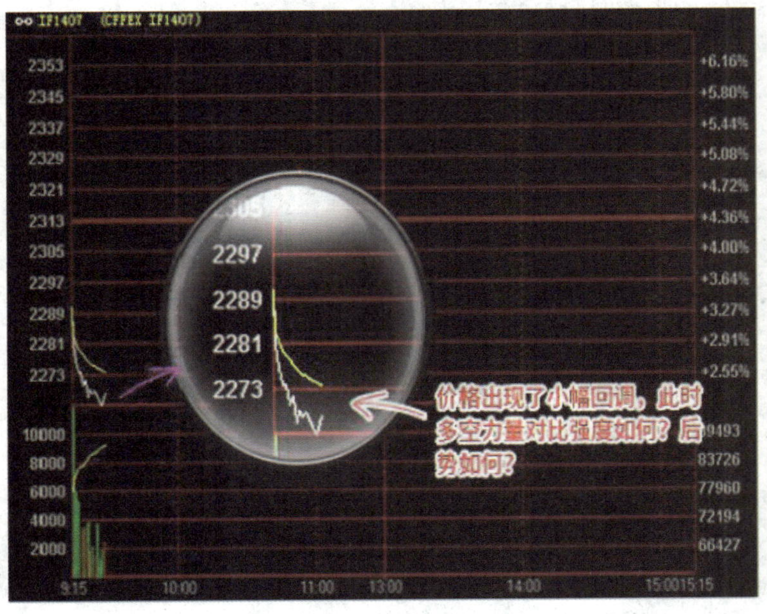

图 5-2-15 常见的分时图

软件分时图中增加了反应多空能量对比强度的指标，红柱代表多头强，绿柱代表空头强，柱的长短代表能量的大小。如下图 5－2－16 所示，价格出现回调时如果能同时观察能量柱，会发现绿柱在逐步缩短，空方力量在减弱，如果当时持有空仓，就要小心了。随后能量柱由绿转红，多方力量增强，价格出现了微幅上涨。多空能量柱让我们在分时图上又多了一个参考指标。

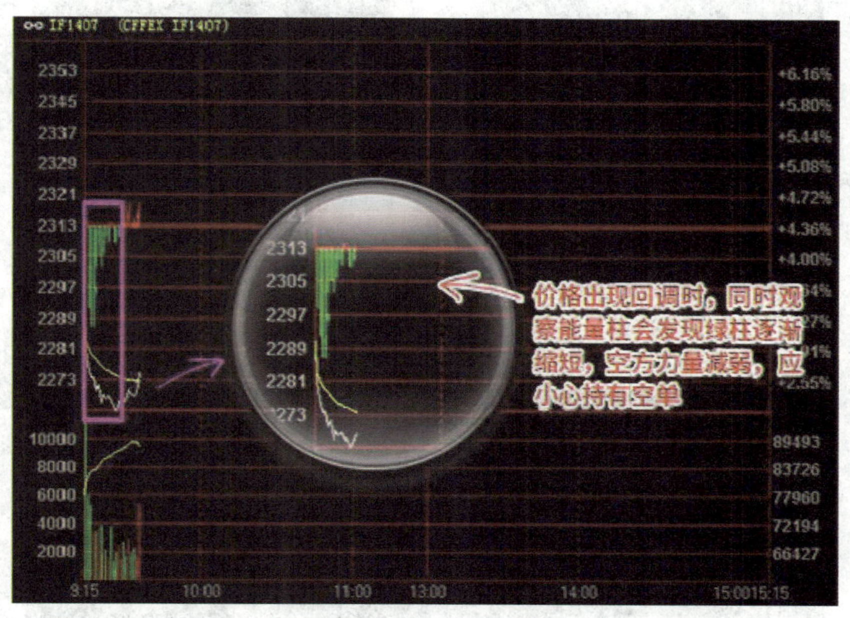

图 5－2－16　多空能量柱

1）计算方法

$$\text{多空能量大小}=\frac{\text{当前价格}-\text{前第 5 分钟价格}}{\text{前第 5 分钟价格}}$$

开盘 1～5 分钟均与开盘价比较，正数为红色，负数为绿色。

2）调用方法

打开软件上方“个性化”菜单下的“个性化设置”，在左侧找到“分时图设置”，勾选“显示多空能量红绿柱”。

案例二：叠加其他合约分时走势，价差变化一目了然

关联合约的价格走势会存在一定的变化关系，所以我们在交易的时候，对其相关联合约的价格走势也要实时注意，但这样需要频繁在两个合约间切换观察比对，非常麻烦。如图 5－2－17 所示的为在沪深 300 与 IF 合约上的分时图，投资者在交易时经常需要在两个合约间来回切换。

如果能将两个合约的分时线放在一张图上显示，就会更直观、方便，给投资者省去了很多麻烦。下图 5－2－18 为 IF 叠加了沪深 300 合约分时图，价差变化一目了然。当 IF 与沪深 300 价格超过合理价差时，可以对 IF 做出相应的买入/卖出委托。

调用方法为在分时图上点击鼠标右键，在弹出的下拉菜单中点击“叠加参考合约”。

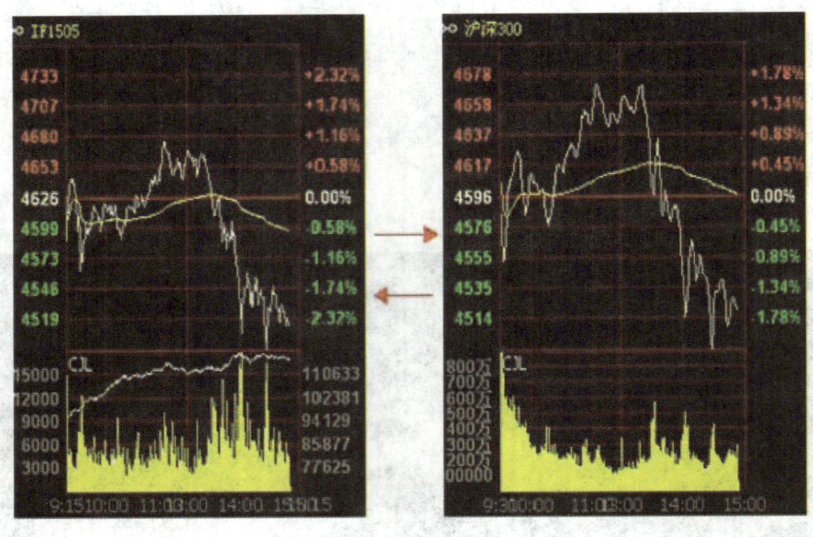

图 5-2-17　沪深 300 和 IF 合约分时图分别显示

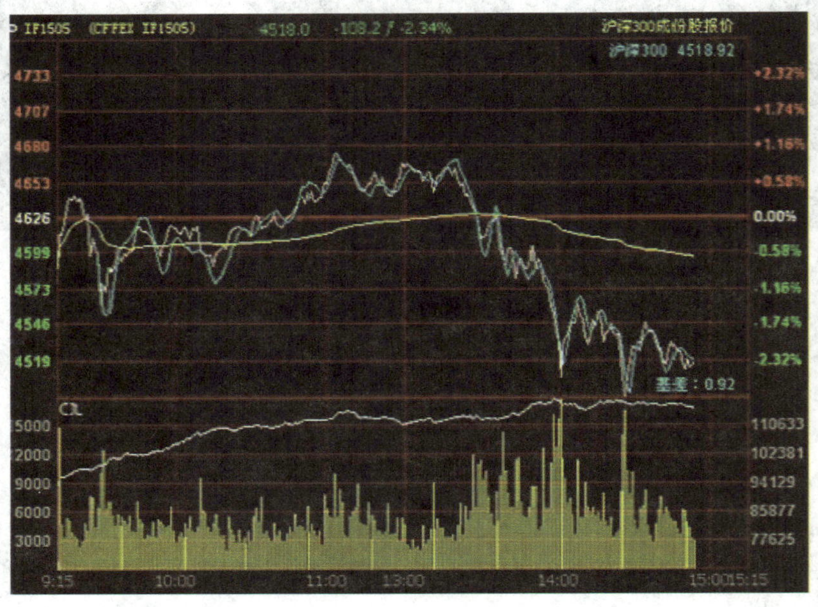

图 5-2-18　沪深 300 和 IF 合约叠加显示

2. 消除跳空，显示连续图表

由于新旧合约更迭，在新合约上市时会出现大幅度跳空缺口，使得图表断档不连续，这样的图表无法使用画线、指标等常规方法进行分析；以指标为基础的程序化也可能因为跳空影响而出现错误的信号，导致错误的指导。

跳空现象不仅出现在新合约上市阶段，由于受到境外夜盘影响，也经常出现在每天的开盘时间，在开盘的关键时刻影响投资者对行情的判断。

案例一：

图 5-2-19 为 IF1305 日 K 线图，合约在交割—挂牌(2011.5.20—2012.3.19)期间存

在很大跳空，均线大幅度偏离 K 线趋势，均线指标失去了分析指导作用。

图 5-2-19　IF 1305 日 K 线图出现跳空

图 5-2-20 为 IF1305 日 K 线消除跳空后的效果。在交割—挂牌的无数据期间补充了 IF 加权指数日线数据(白色 K 线部分)，消除跳空后图表更连续，指标更平滑，投资者即可按惯用的方法做分析了。

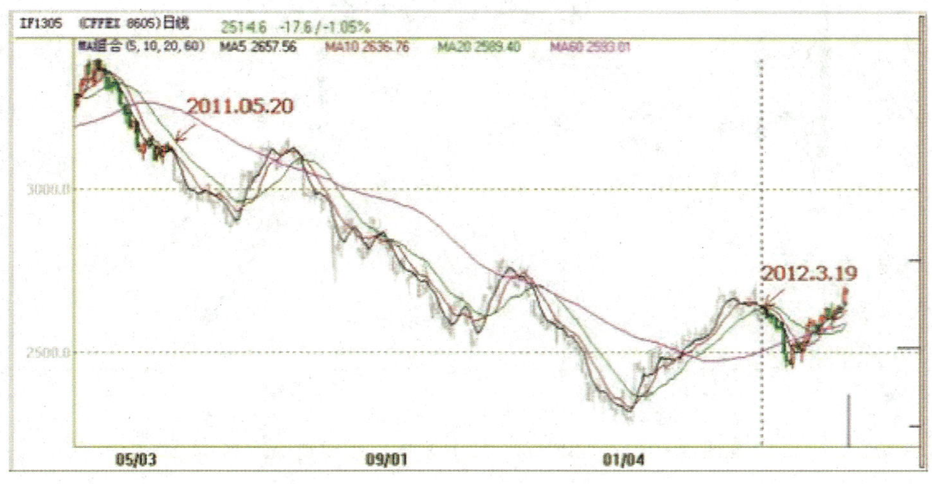

图 5-2-20　IF 1305 日 K 线图消除跳空

案例二：

图 5-2-21 为 IF1305 的 1 分钟 K 线图，在 2013.4.24 日开盘价和前一天的收盘价间存在很大跳空，均线受前一天 K 线数据影响，对开盘的做空趋势反应迟钝。

图 5-2-22 为消除跳空后的 IF1305 1 分钟 K 线图，消除跳空后均线与前一天趋势保持一致，均线交叉形态彻底形成，做空指令显现，消除跳空后投资者可以得到更多的信息和机会。

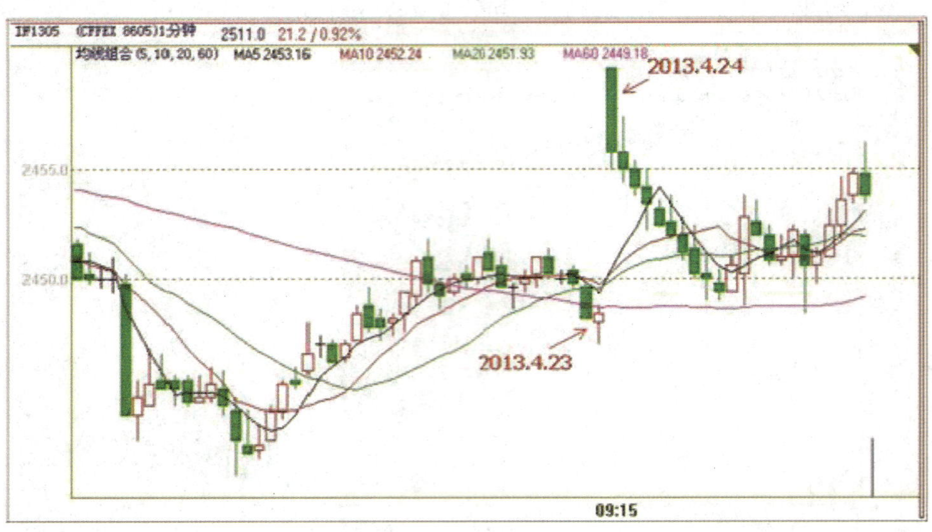

图 5-2-21　IF 1305 的 1 分钟 K 线图出现跳空

图 5-2-22　IF 1305 的 1 分钟 K 线图消除跳空

1）消除跳空原理

原理 1：折算历史 K 线数据。用前一天最后一根 K 线的收盘价——新一天第一根 K 线的开盘价，计算出跳空缺口的差距，在 K 线图中消除该差距。

原理 2：插入一段仿真 K 线。在合约交割至挂牌期间插入文华品种指数的数据。

2）注意事项

（1）日线以下周期采用折算历史 K 线的方式消除跳空。

（2）日线及日线以上周期提供折算历史 K 线和插入仿真 K 线两种方式消除跳空，采用哪种方式可自选。

（3）消除跳空的机制目前还尚未应用到外盘合约。

3）调用方法

在 K 线图界面点击鼠标右键，在弹出的下拉菜单中点击“更多”→“消除跳空”。

3. 分价图

如图 5-2-23 所示，分时图的横坐标是时间，纵坐标是价格和成交量，从分时图中可以分析出每一个时间点的成交量对价格的影响。但如果想除去时间条件了解某个价位上的总成交量，分析市场中对哪个价位争议最大，及某个价位上多空双方的对比情况，分时图就无法实现了。

图 5-2-23　分时图

想要除去时间看清真正的价量关系，我们需要一个以成交量为横坐标、价格为纵坐标的图表，图 5-2-24 右侧的分价图正是这样的图表。从分价图中可以很容易找到成交量最大的价位，这样的价位很可能成为日后的一个支撑、压力价位。还可以从图中看价位对应的多空双方的成交量，如图 5-2-24 所示的大部分价位都是空方（绿线）大于多方（红线），合约的价格也在空方的推动下呈现逐步下跌趋势。

1）原理说明

分价图以当日逐笔成交明细数据为基础，统计每个价位上多空双方成交量的大小，以及每个价位的成交量与当日总成交量的比。分价统计图的意义是判断成交主要是集中在哪些价格上，以及多空力量的对比。

如图 5-2-25 所示，分价图共有两种形式，分别是“对比模式”和“非对比模式”。

2）调用方法

如图 5-2-26 所示方式可以调出分价图。

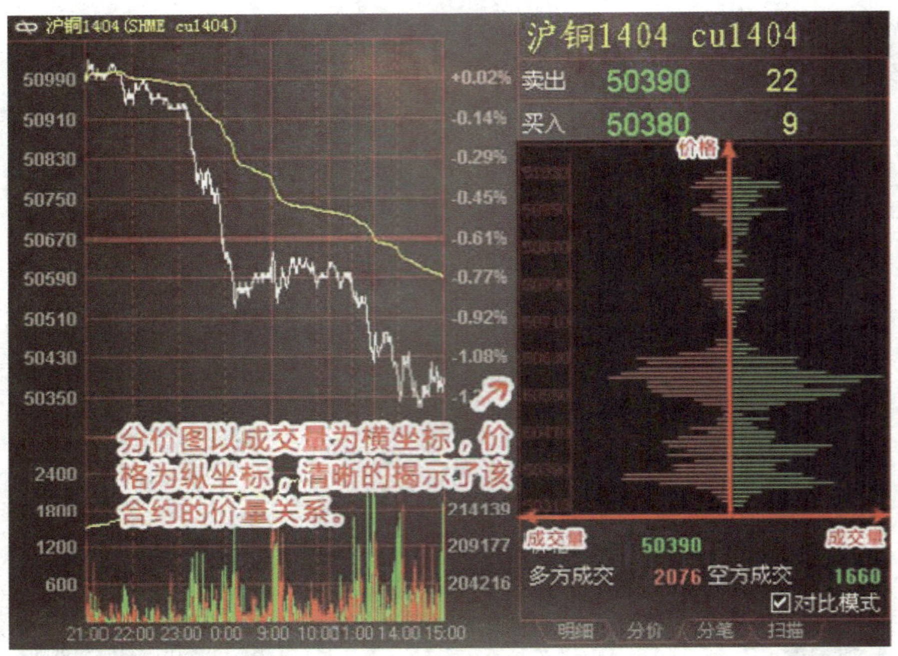

图 5-2-24　分价图

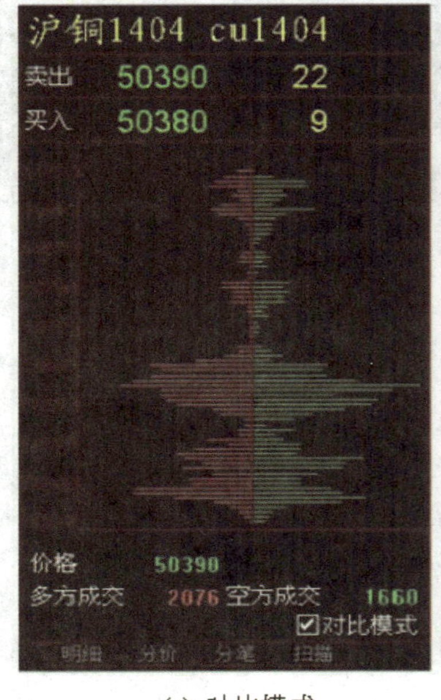

(a) 对比模式

(b) 非对比模式

图 5-2-25　分价图的两种形式

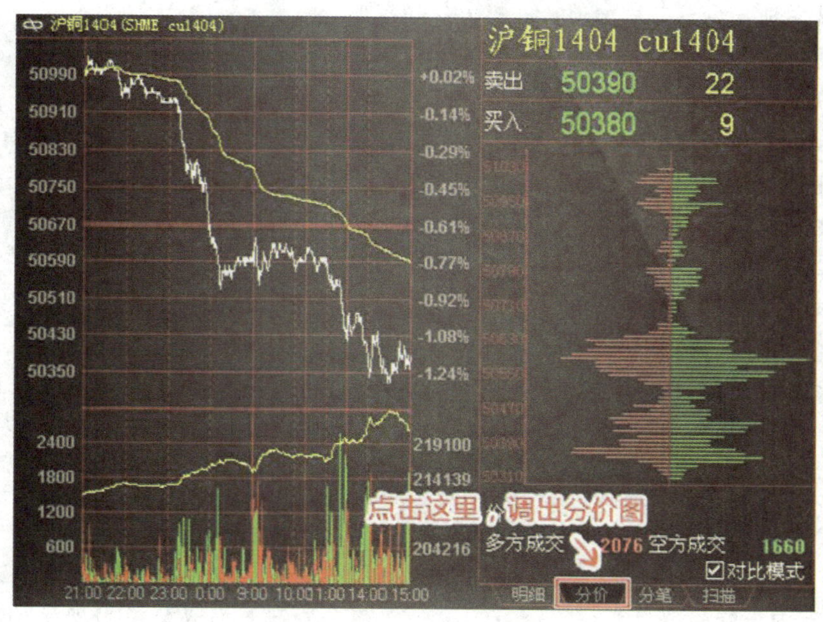

图 5-2-26　分价图调用方法

4. “文华说说”功能简介

投资者在交易过程中可能会对某段走势或某根 K 线有自己的看法想与人分享，或者想听听大家的意见和大家进行交流学习，但常常苦于没有好的沟通方式，只能在各论坛或者群里交流，圈子小，信息量也有限。

文华财经软件增加了 K 线标注功能，可以在某根 K 线上发表看自己的看法，也可以看到他人的看法，并且可以在 K 线上留下自己的交易记录，如图 5-2-27 所示。

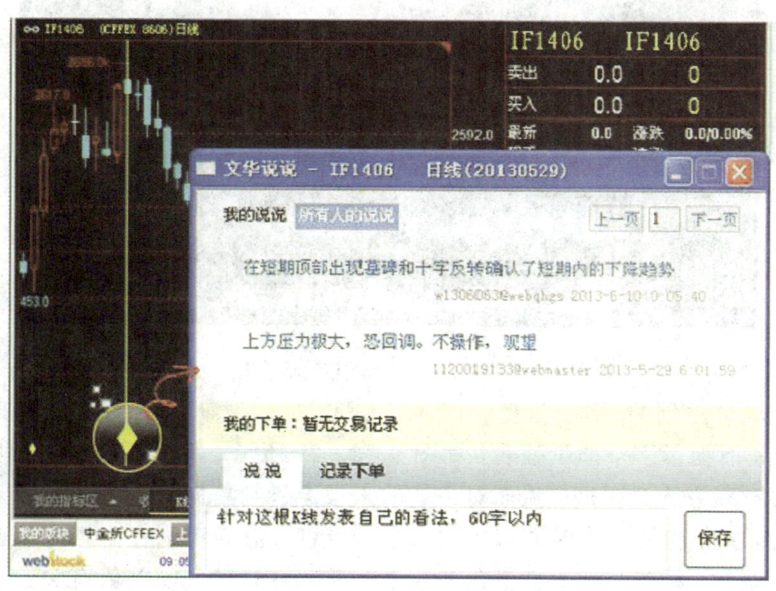

图 5-2-27　“文华说说”功能

1）调用方法

在K线图上点击鼠标右键，在弹出的下拉菜单中点击“更多”→“K线标注”。

2）使用方法

（1）调出“K线标注”功能后，在需要标注的K线位置点击鼠标左键，在弹出的“文华说说”窗口中对选中K线发表看法、填下单记录。

（2）“文华说说”窗口弹出后，有说说记录的K线下面会出现黄点，点击黄点所对应的K线可以查看该根K线的说说。

注意：

① 说说是对应合约和周期的，所以要在发表过的合约和周期上查看。

② 说说是大家都能看到的，你也能看到别人对行情的看法。下单记录是私密的，只看到自己的。

5. 特色指标

1）多空量比指标

目前期货市场中有一种被普遍应用于预测行情走势的方法：看成交多空双方的力量强弱，市场多方力量强价格会上涨；空方力量强价格会下跌。当成交量出现异动时，多空双方力量强弱会明显显示出来，投资者可据此预测价格走势。

但市场上出现明显异动的情况不是天天都有发生，如图5-2-28所示。投资者应该如何找到一个指标来更好地了解多空双方力量强弱呢？

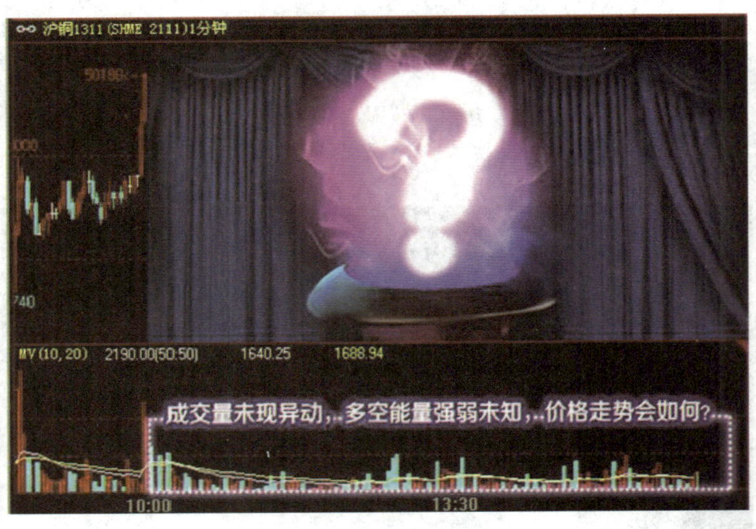

图5-2-28 行情走势不明显

文华财经软件独创的“多空量比(DUALVOL)”指标对期货市场成交量变化具有更高的敏感度，可实时揭示多空能量强弱，如图5-2-29所示。用户可以根据指标中的红、绿柱判断市场多空双方力量强弱，从而对市场的未来走势判断提供更精准的参考价值。

（1）原理。柱高代表主动买量与主动卖量的差值；值为正则在中轴之上画柱，值为负则在中轴之下画柱。柱颜色代表柱颜色与主动买量、主动卖量的差值有关，求SMA(主动买－主动卖，P，1)的返回值，如果值为正则为红色柱，值为负则为绿色柱。(P为指标的参数值，可自己修改。)

图 5-2-29　“多空量比”指标

(2) 调用方法。在 K 线图的副图上单击鼠标右键，在弹出的下拉菜单中点击“技术指标”→“量仓分析指标”→“多空量比”。调用热键为【VOL】。

(3) 相关常见问题解答：

① 主动买量，主动卖量是怎么计算的？

答：最新成交价与卖价相同则该笔成交量为主动买的成交量，最新成交价与买价相同则该笔成交量为主动卖的成交量。

② 如何修改“多空量比”指标参数 p 的值？

答：在多空量比指标上点击鼠标右键，在弹出的下拉菜单中点击“设置指标参数”，选中“DUALVOL”，修改右侧 P 值即可。

2) 持仓异动指标

期货交易讲究顺势而为，也就是说要跟随目前主导行情的力量进行交易；这些力量的异动往往是行情逆转的重要因素；例如：当市场处于上升趋势时，表明长线多头主力占据了控制权，这时多头的减仓行为对上升趋势的打击会远比空头的加仓行为大；因此观察多头、空头增减仓情况可以作为研判后市行情逆转的重要参考因素。

目前常用的 CJL(成交量)指标能够帮助投资者判断成交量和持仓量的总体变化，但它缺乏敏感性，如图 5-2-30 所示，当看到放量投资者再去追行情可能已经错失良机。

文华财经软件独创的“持仓异动(CCL)”指标通过提示“多头增仓”、“多头减仓”、“空头增仓”、“空头减仓”这四个重要的多空动作，明确揭示具有主导作用的多空力量的动向，在传统的仓量指标基础上，为趋势分析提供了更有深度的信息，让交易者能够提前做好准备，而不至被打得措手不及，具体界面如图 5-2-31 所示。

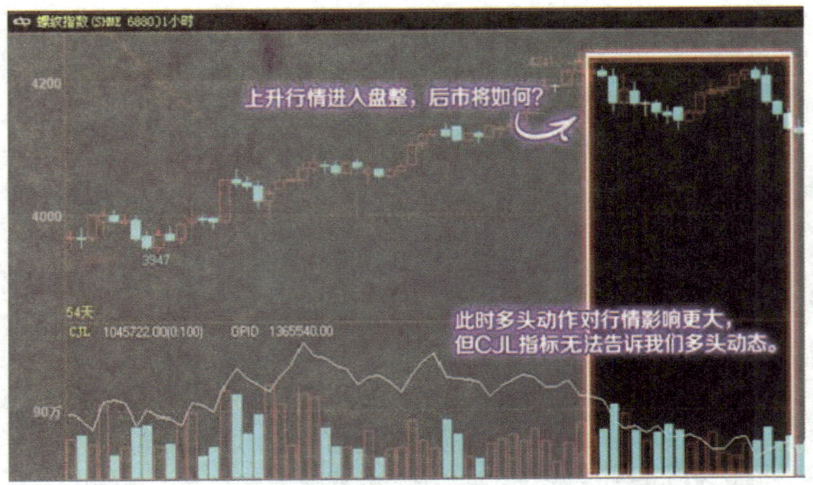

图 5-2-30　CJL 指标

图 5-2-31　“持仓异动”指标

(1) 原理。具体原理见表 5－2－1 所示。

表 5－2－1　“持仓异动”指标原理

标注文字	收盘价与前一周期收盘价比较	持仓量与前一周期持仓比较	柱体颜色及位置
多头增仓	收盘价上涨	持仓量增加	红色，零轴之上
空头减仓	收盘价上涨	持仓量减少	红色，零轴之下
空头增仓	收盘价下跌	持仓量增加	绿色，零轴之上
多头减仓	收盘价下跌	持仓量减少	绿色，零轴之下

其中：柱高代表持仓量增量。

(2) 调用方法。具体调用方法有以下两种：

① 在 K 线图的副图上点击鼠标右键，在弹出的下拉菜单中点击“技术指标”→“量仓分析指标”→“持仓异动”。

② 调用热键：CCL。

5.2.3　交易

1. 画线下单—脱离下单窗口

有不少投资者习惯于看图表下单，但是要下单还需要再调出下单界面，无法在图表上直接精准地完成下单动作；文华财经软件独创的画线下单就是针对这一现象而设计的，通过画线的方式在图表上快速做出反应，即方便又可缓解盯盘的辛苦。

案例一：根据图表形态直接在图表上画线下单

例如图 5－2－32，开盘后价格一直在震荡，此时无法预测后市是突破上涨还是下跌。利用画线下单，可直接在图表上确定突破前期高低点的价位。

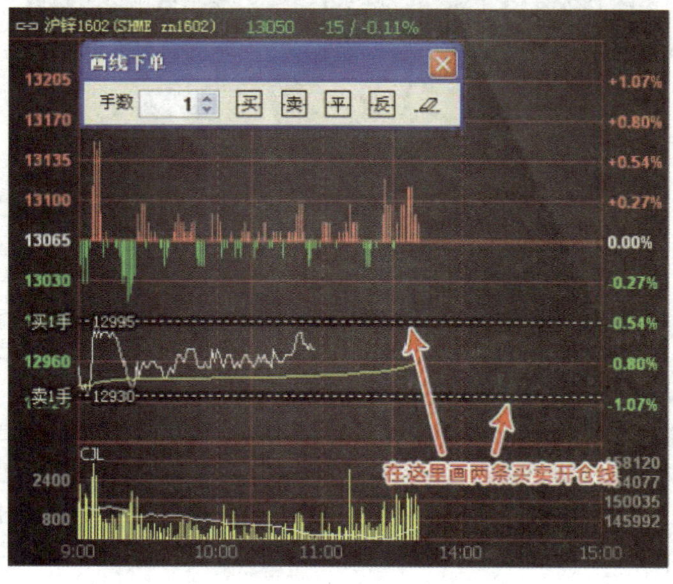

图 5－2－32　画线下单举例一

画线后无论价格突破上沿或下沿，系统都会被触发自动发出下单委托。例如图 5－2－33，行情向上突破画线，买开仓线触发，成功开仓，持有多单 1 手。使用画线下单无需盯盘，直观、精准、瞬间完胜！

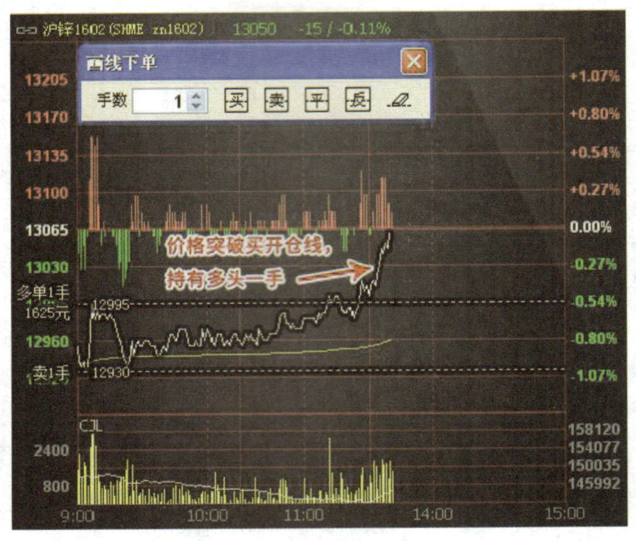

图 5－2－33　画线下单举例二

案例二：画线下单可对突变行情做急速应变

例如图 5－2－34，对于已有的持仓投资者可以提前画好平仓线。

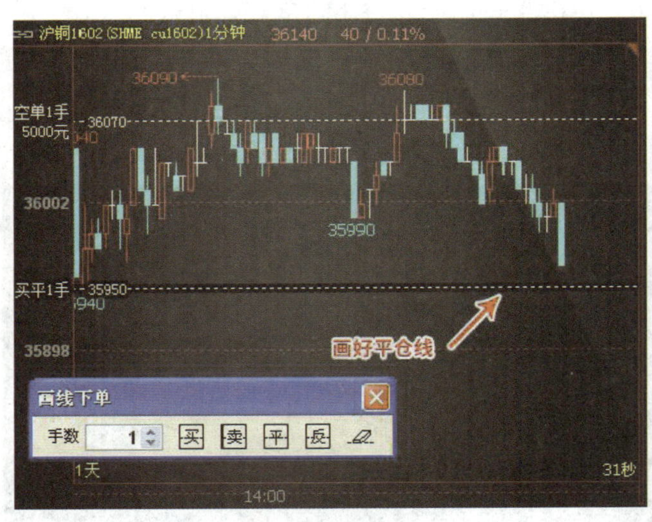

图 5－2－34　画线下单举例三

但是行情有时会发生突变，例如图 5－2－35，行情突然强势下拉，这时根据盘感判断可能有一波极速的下探行情，随即投资者可以快速向下拖动平仓线以跟随图表形态修改平仓价位；画线下单可以在毫秒间完成拖动，帮投资者获得利润最大化，如果使用传统的以价格设置平仓的方式，很可能来不及修改平仓价格而直接被触发下单，从而失去赚取更多利润的机会。

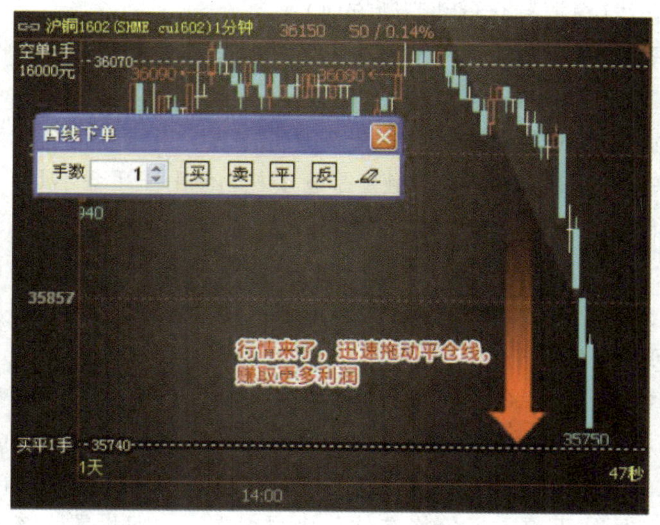

图5-2-35　画线下单举例四

1）调用方法

方法一：在K线图或分时图上点鼠标右键，在弹出的下拉菜单中点击“画线下单”。

方法二：点击软件上方菜单栏中的“账户”→“期货账户”→“画线下单”，即可调出画线下单工具。

方法三：点击软件上方工具条中的【...】按钮，勾选画线下单，工具条上即可调出画线下单。

2）画线下单触发原理

最新价碰触/越过画线时触发画线下单；如果价格跳空（如开盘跳空）直接穿越画线也可触发。

3）使用方法

（1）设置画线。点击【画线下单】按钮，在弹出窗口中（如图5-2-36所示）设置手数后，鼠标移动到图表预画线的位置，单击鼠标左键，画线完成。

注：画“买、卖、平、反”线时勾选“使用默认下单手数”，则在画线时按照下单界面左侧的“默认手数”值作为下单手数。

图5-2-36　画线下单

（2）拖动画线改变价格。当鼠标在画线附近变成“小手”形状时，按住鼠标左键，拖动画线到目标价位，松开鼠标，价格即修改完成。

（3）修改画线下单参数。当鼠标在画线附近变成“小手”形状时，单击鼠标右键，在弹出的下拉菜单中选择【画线属性】即可修改价格、手数和买/卖方向。

4）按钮动作解析

（1）买/卖：画买/卖开仓线。

(2) 平：画平仓线(根据持仓自动判断方向)。

(3) 反：画反手线(平仓成交后反向开仓，如果即有多头又有空头，则不能画反线)。

5) 注意事项

(1) 开仓后可画多条对应的平/反线，先满足先触发，当没有持仓时，平、反线依然保留且有效，当价格达到平反线位置时会触发平仓委托，但由于手数不足，会委托失败。

(2) 画线直接保存在云端，本地断网、断电、交易未登录时画线依然可以触发。

(3) 画“买、卖、平、反”可在交易界面左侧“条件单参数”中设置持续性，可设置当前交易日有效或永久有效。

6) 相关常见问题解答

(1) 画线下单触发后为什么没成交?

答：画线下单是在合约价格满足画线条件后向交易所发送平仓委托的，委托到交易所后最终能否成交要看委托价格是否满足交易所的撮合成交条件，如果满足了就可以成交，不满足即不能成交。画线下单委托价格在软件中可设置，如何设置请参考下面问题(5)和问题(9)。

(2) 画线下单时，为什么成交价和画线价格不一样?

答：画线下单中画线价格是系统确认是否发出委托的依据价格，而委托时，系统会按照投资者设置的委托形式下单，例如设置了对价委托，那么会以市场上当时的对价发出委托；成交价是由交易所撮合成交的结果。

(3) 画“买、卖、平、反”线时不显示默认手数的框了，如何再显示?

答：下单界面左侧“条件单参数”中取消勾选“画线下单使用默认下单手数”，画线时就会再次弹出手数设置框。

(4) “买、卖、平、反”触发后的委托价格如何设置?

答：在下单界面“条件单参数”中的“画线下单委托价”处可以设置触发后的委托价格，如图 5-2-36 所示。

各个选项含义如下：

① “画线价”：买入/卖出都以画线价格委托。

② “对价”：买入以卖价发委托，卖出以买价发委托。

③ “市价”：买入以涨停价发委托，卖出以跌停价发委托。(交易所撮合最优价成交，因此和市场价下单效果是一样的)

④ “最新价”：买入/卖出都以最新价发委托。

⑤ “超价”：买入以对手价＋N 个变动价位发委托，卖出以对手价－N 个变动价位发委托。

可以在交易界面左侧菜单【超价参数】中设置。

注：当超价后的价格超过涨跌停板价格时，会以涨跌停板价格委托。

(5) “买、卖”线开仓后是否可以自动止损?

答：在下单界面“条件单参数”中的“画线下单自动止损”选择启用，如图 5-2-37 所示，买卖线开仓后会有止损功能。止损的默认策略和止损价差参数，可以下单界面左侧的“止损参数”中设置。

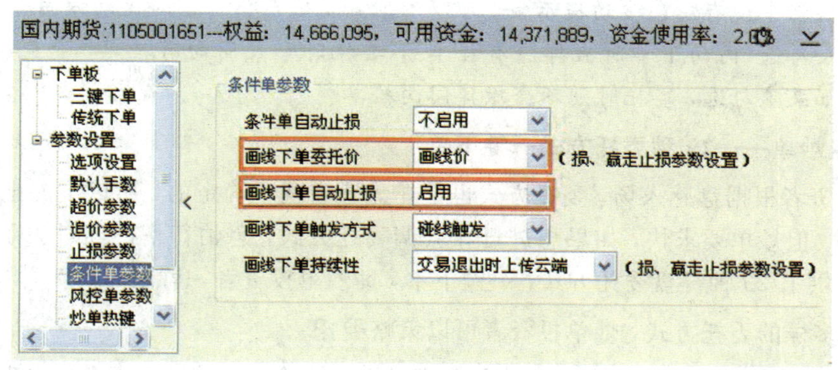

图 5-2-37 “条件单参数”对话框

2. 鼠标炒单

炒单投资者根据盘感入场，委托方式也是在盘感出现后确定的，所以不能把委托方式预先设置好。但炒单要求快，如果想进场再去调委托方式，恐怕行情已经过去了。文华财经软件中提供了“闪电炒单”界面，可以方便地以任意价格进出场，极大方便了喜欢用鼠标下单的炒单投资者。

鼠标炒单将行情中的各档价格和量显示在交易界面中，通过点击价格对应的买卖量，达到以指定价格发送委托的效果。除此外，还提供了方便的撤单和可视功能，如图 5-2-38 所示。

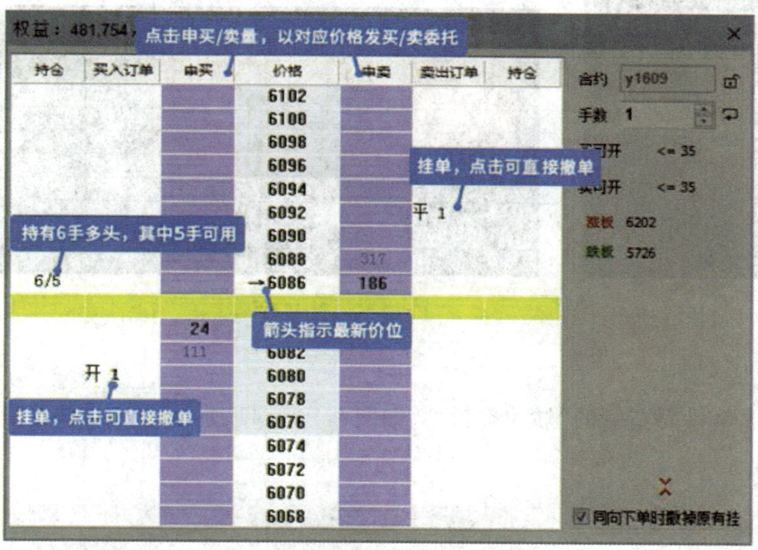

图 5-2-38 “闪电炒单”界面

调出“闪电炒单”的方法为：在软件右上角菜单中点击“账户”→“期货账户”→“闪电炒单”。

注意事项：

(1) 手数为事先设置的默认下单手数。默认下单手数可以在交易界面左侧的“参数设置”中的“默认手数”中设置。

(2) 价格栏中设有灰色滚动提示条，可以清晰直观地看出价格的变动方向。

(3) 如果勾选“同向下单时撤掉原有挂单”，委托时如果同向有挂单，会先撤掉挂单，再发委托。如果不勾选，委托时则不会撤掉同向挂单。

3. 键盘炒单——29 种委托方式一键下单

炒单投资者根据盘感入场，委托方式也是在盘感出现后确定的，所以不能把委托方式预先设置好。但炒单要求快，如果想进场在去调委托方式，恐怕行情已经过去了。文华财经软件中提供了 29 种键盘委托方式，一键下单，助炒单投资者一臂之力。

案例：多样的委托方式，炒单投资者可以策略委托

下图 5-2-39 为股指合约盘口，当投资者计划买入合约时，发现买卖价出现了两个最小变动价位的断档(买价 2620.2，卖价 2620.6)，如果以 2620.2 的价格发买委托，需要排在 170 个买单之后，很可能成交不了，如果以对价 2620.6 买入，虽然成交几率提高，但由于盘口断档投资者的成本也会相对抬高，并且这个断档越大投资者的成本越高。

如果这个时候，投资者以 2620.4 的价格买入，即在挂价基础上加一个最小变动价位，不仅提高了成交几率，成本也要比对价委托低。炒单热键中的“插队买”正是这样一种委托方式，如图 5-2-40 所示。

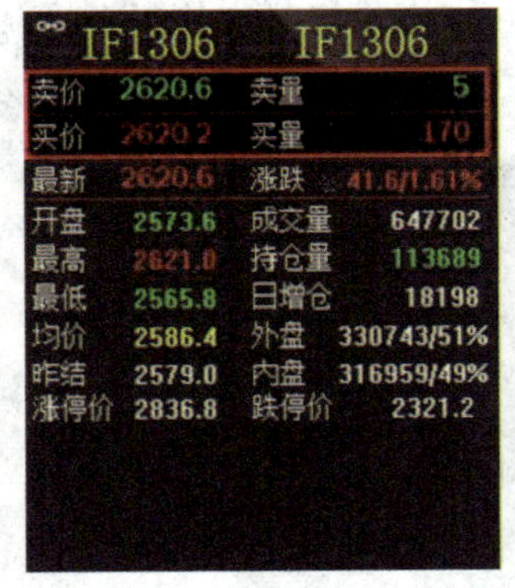

图 5-2-39　股指合约盘口

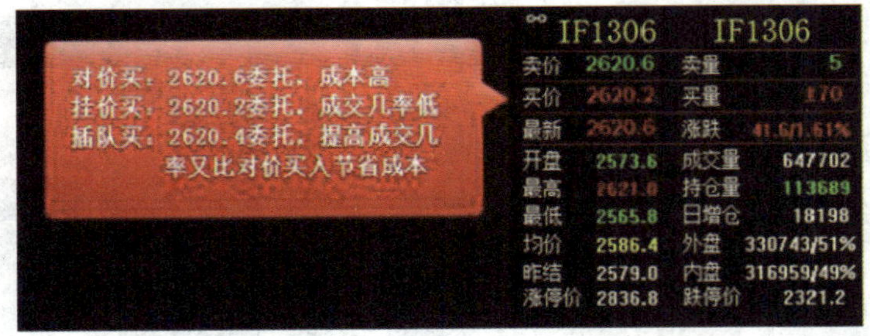

图 5-2-40　“插队买”

1) 使用方法

(1) 点击下单界面左侧的“炒单热键”，如图 5-2-41 所示，点击“快捷键”处可以设置动作的快捷键。

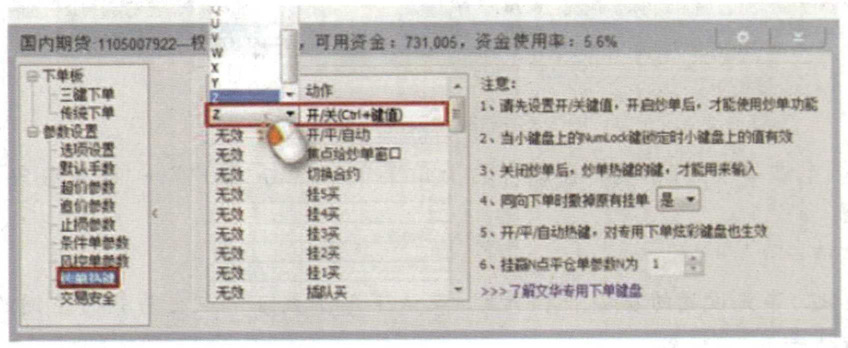

图 5-2-41　设置快捷键

（2）按【Ctrl＋开/关】的快捷键，打开键盘下单界面，如上图 5－2－40 所示应该按【Ctrl＋z】。当在软件右上角出现如图 5－2－42 红框所示界面时，说明炒单热键功能已经成功启动了，在键盘上按设置好的快捷键，可以做出相应操作或委托。

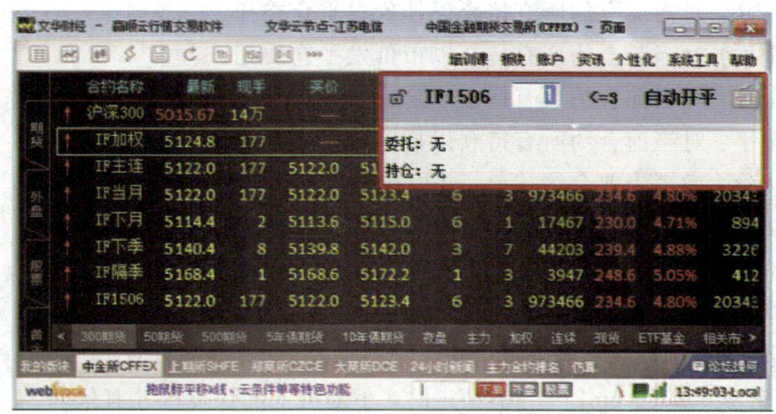

图 5－2－42　启动炒单热键功能

炒单热键动作解析：

① 开/关：启动键盘下单界面。

② 开/平/自动：设置下单时的委托方向。如果选择自动，会根据仓位情况决定开/平方向，如：有多头持仓时点“卖”快捷键，会自动平多，而不是开空。

③ 焦点给炒单窗口：光标定位在炒单窗口的手数位置，按手数增减快捷键可以调整手数。

④ 切换合约：按顺序切换报价列表合约，图表为分时或 K 线图时可以使用【Pgup/Pgdn】键切换合约。

⑤ 挂 1～5 买：以在买价基础上减 0～4 个最小变动的价位的价格发买委托。

⑥ 挂 1～5 卖：以在卖价基础上加 0～4 个最小变动的价位的价格发卖委托。

⑦ 插队买/卖：以在买/卖价基础上加/减一个最小变动价位的价格发买/卖委托。

⑧ 成交价买/卖：以最新价的价格发买/卖委托。

⑨ 对价买/卖：以卖/买的价格发买/卖委托。

⑩ 超价买/卖：在卖/买价的基础上加/减 N 个最小变动单位价格发买/卖委托。

⑪ 涨板买入/卖出：以涨跌停板价格，发买/卖委托。

⑫ 手数＋＋：增加当前合约委托手数，每次以一手递增。

⑬ 手数－－：减少当前合约委托手数，每次以一手递减。

⑭ 填写满仓手数：填写最大可开仓手数。

⑮ 撤销：撤销当前合约所有挂单。

⑯ 撤最易成交的买单：撤销委托价最高的买委托单（不区分开平方向，只看价格）。

⑰ 撤最易成交的卖单：撤销委托价最低的卖委托单（不区分开平方向，只看价格）。

⑱ 反手：平掉当前合约持仓，并相同手数反向开仓。

⑲ 挂赢 N 点平仓单：以在成交均价的基础上加/减 N 个最小变动价位的价格发平仓委托。N 值可在“炒单热键”右侧设置。

⑳ 挂赢 2～5 点平仓单：以在成交均价的基础上加/减 2～5 个最小变动价位的价格发平仓委托。

㉑ 对价全平：对当前合约所有持仓以对价发平仓委托。

㉒ 挂价全平：对当前合约所有持仓以挂价发平仓委托。

㉓ 市价全平：对当前合约所有持仓以市价发平仓委托。

㉔ 超价全平：对当前合约所有持仓以超价发平仓委托。

㉕ 插队全平：对当前合约所有持仓以插队价发平仓委托。

㉖ 追排队价：撤销当前合约挂单，并以排队价再次进行同方向委托。

㉗ 追成交价：撤销当前合约挂单，并以最新价再次进行同方向委托。

㉘ 追对价：撤销当前合约挂单，并以对价再次进行同方向委托。

2）注意事项

（1）“手数”框中的默认手数，可以在下单界面左侧的“参数设置”中设置。

（2）当小键盘上的【NumLock】键锁定时，小键盘上的快捷键才有效。

（3）关闭炒单后，“炒单热键”上的键才能用来输入。

（4）快捷键中的字母都为大写，下单时注意把键盘的“大写锁定”打开。

（5）炒单热键开仓可以支持自动止损止盈。在下单界面左侧的“止损参数”中勾选“开仓自动止损止盈”，再用炒单热键开仓时，就可以按照“止损参数”中的“默认策略”和“国内合约默认价差参数”中的参数值启动止损。

4. 多样的云止损止盈—止损同样需要策略

投资者的止损策略还停留在用固定价格止损止盈么？趋势行情中，投资者的头寸是否常被小幅震荡触发止损洗掉出局，遗憾地错过了后面的行情？文华财经软件中提供了多种止损策略，让投资者在趋势的震荡中保住头寸，让利润跟随行情奔跑。

案例： 止损举例如图 5-2-43 所示。

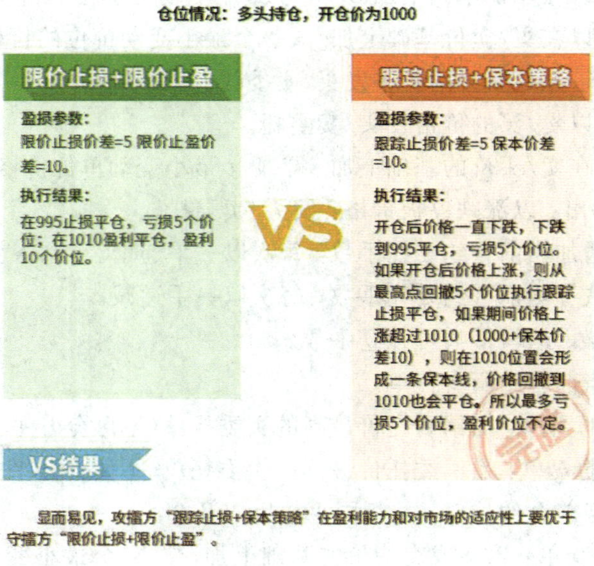

图 5-2-43 止损举例

1）原理说明

（1）限价止损、限价止盈原理：这是传统止损止盈方式，以固定价差做止损止盈。

（2）跟踪止损原理：这是一种动态止损方法，止损价位会随着盈利的增加而变化，这种方法可以最大限度地实现“让盈利奔跑”。做多开仓，设置跟踪止损后的最高价每上涨一个价位，止损平仓价就跟着上涨一个价位，当价格回撤到设置的止损价差时，触发止损。图 5-2-44 为做多跟踪止损示意图，做空则相反。

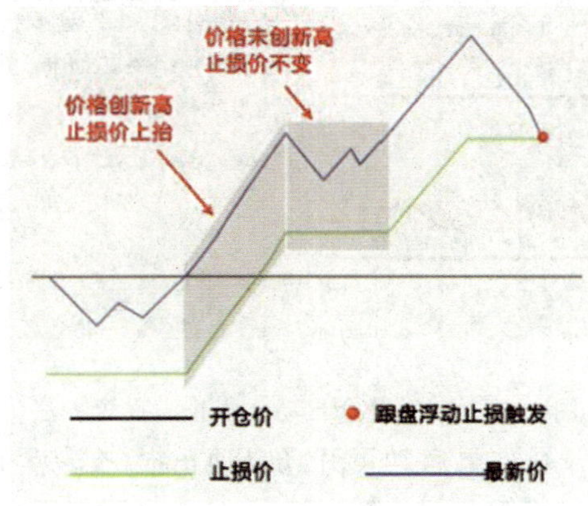

图 5-2-44　做多跟踪止损示意图

说明：此处的最高价是从设置止损后开始记录的，不一定是开仓后的最高价。

（3）保本策略原理：做多开仓后，在“开仓均价＋设置的保本价差”位置产生了一条保本线，最新价超过设置的保本止损线后，再回落到这个保本止损线时才触发止损。这是一种现代人的止损思想——盈利状态下止损，目的是保住赚到的利润，文华财经软件中通常称之为“保本”。下图 5-2-45 为做多保本止损示意图，做空则相反。

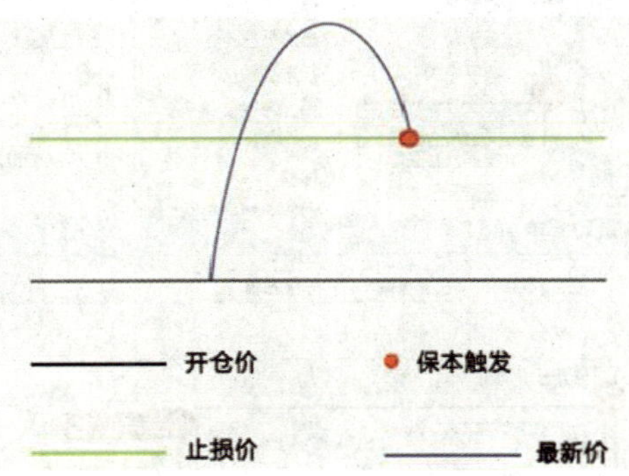

图 5-2-45　做多保本止损示意图

（4）止损止盈触发原理：最新价达到止损（止盈）价自动触发止损（止盈）；如果价格跳空（如开盘跳空）直接穿越止损止盈价同样可以触发。

注：止损止盈默认以市价委托，市价单风险揭示。

2）使用方法

（1）开仓自动止损止盈设置方法如下：

① 手动开仓成交后，持仓单自动带有止损止盈设置。手动开仓是指使用“三键下单”、

“传统下单”、“下单工具条”、“闪电炒单”、“炒单热键”、“下单键盘”开的仓。按图 5－2－46 ①～④步骤设置好，当开仓成交后持仓自动带有③处所选的止损止盈策略(止损止盈的价差值取图 5－2－46 中④处的设置值)。

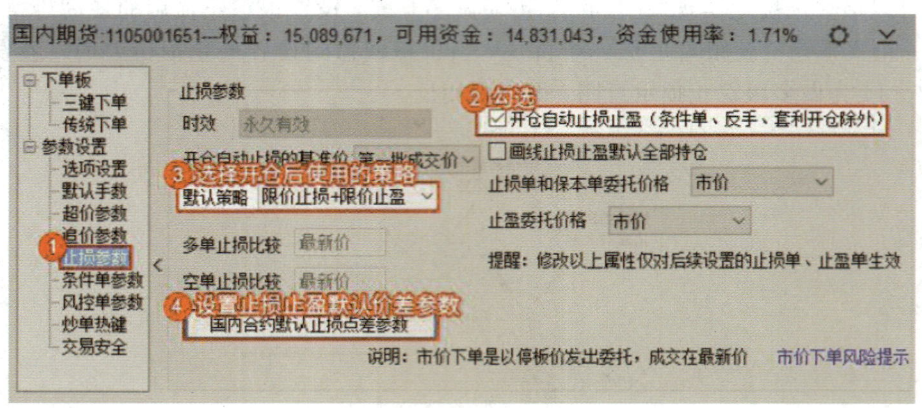

图 5－2－46　开仓自动止损止盈设置方法

② 条件单开仓和画线开仓如果启动了开仓自动止损(交易界面左侧的“条件单参数”中设置)，也是按照图 5－2－46③处的默认策略和④处中的参数值启动止损。

(2) 对已有持仓设置止损止盈设置方法如下：

① 设置止损单：在持仓列表处单击鼠标右键，在弹出的窗口中(如图 5－2－47①～③步骤所示)，设置止损单。

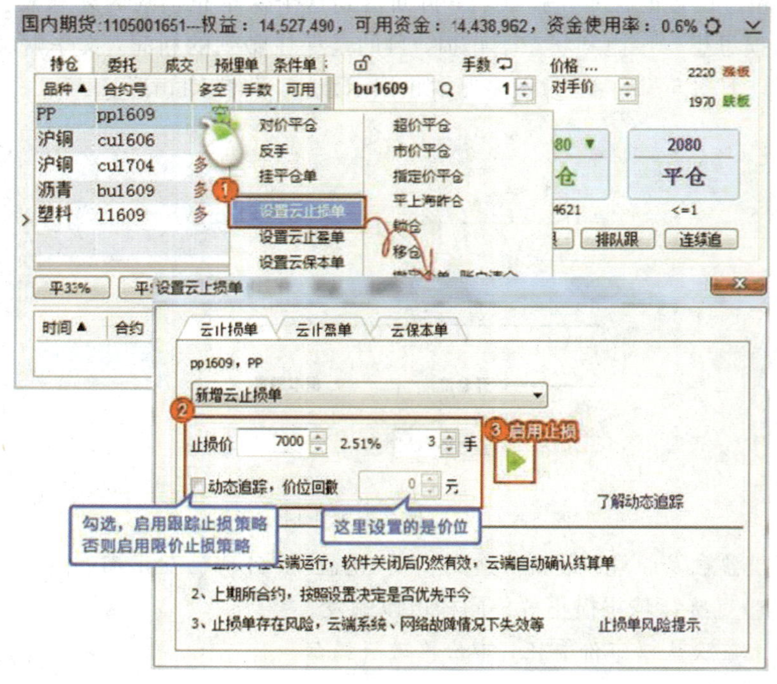

图 5－2－47　设置止损单方法

“跟盘浮动，价位回撤 ”计算公式：

多头止损价位＝启用止损后的最高价－回撤价位空头止损价位

＝启用止损后的最低价＋回撤价位

② 设置止盈单：在持仓列表处单击鼠标右键，在弹出的窗口中(如图 5－2－48①～③步所示)，设置止盈单。

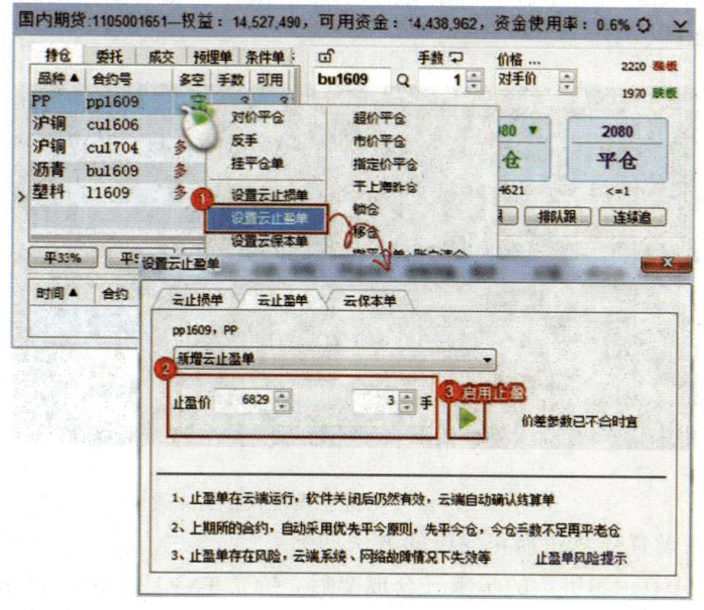

图 5－2－48　设置止盈单方法

③ 设置保本单：在持仓列表处单击鼠标右键，在弹出的窗口中(如图 5－2－49①～③步所示)，设置保本单。

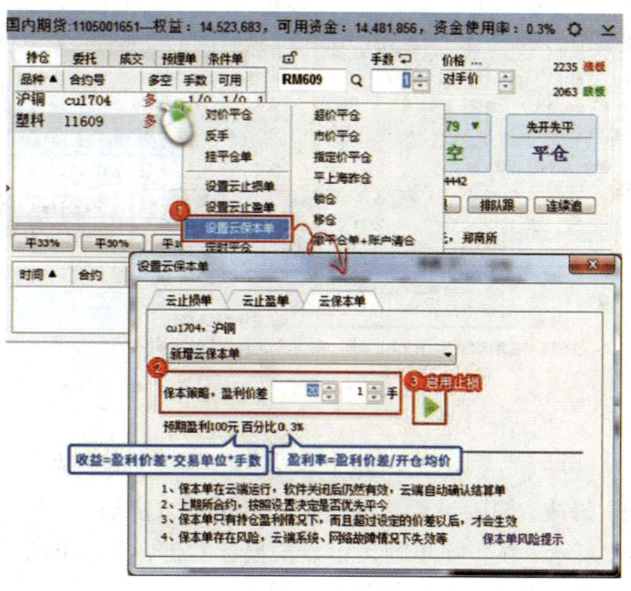

图 5－2－49　设置保本单

“保本策略”计算公式：

多头保本平仓价位＝开仓均价＋盈利价差空头保本平仓价位＝开仓均价－盈利价差

④ 拖动持仓线设置止损止盈：在持仓线处按住鼠标左键，然后向上或向下拖动，可以直接对持仓合约设置止损止赢。如图 5－2－50 所示，对沪镍 1605 设置止损止赢线，已经设置的止损止赢可随意拖动，在止损止赢线上点击鼠标右键，在弹出的下拉菜单中选择“删除”，可删除画线。

图 5－2－50　持动持仓线设置止损止盈

(3) 开仓同时设置任意止损止盈价的方法如下：

按图 5－2－51①～③所示的步骤开仓成交后，持仓单会自动带止损止盈设置(止损止盈价在图 5－2－51②处设置)。

注：

① 止损价或止盈价设置为 0，相当于不启动止损或止盈。

② 买开仓动态跟踪的价差＝图 5－2－51 中②里“价格”－“止损价”，卖开仓动态跟踪的价差＝图中②里“止损价”－“价格”。如果差值小于 0，相当于不启动止损。

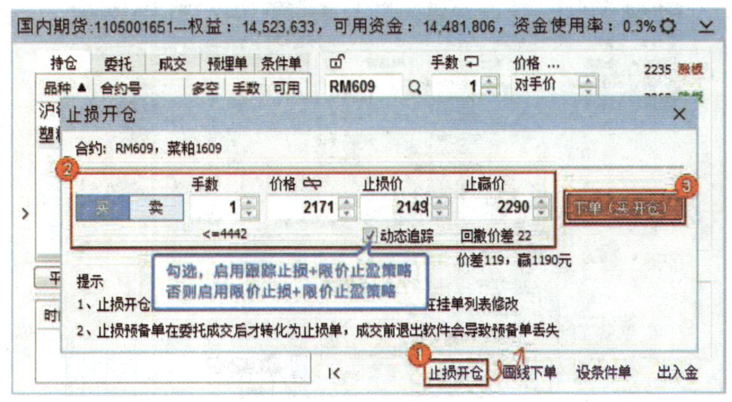

图 5－2－51　开仓同时设置任意止损止盈价的方法

(4) 暂停、启用、修改、删除设置好的止损止盈单的方法如下：

如下图 5－2－52 所示：在止损单列表中点击鼠标右键，在弹出的下拉菜单中选择相应的命令，可以暂停、启用、修改、删除止损止盈单。

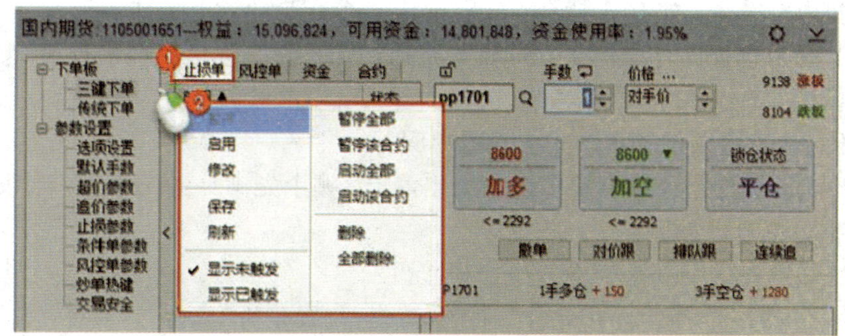

图 5－2－52　暂停、启用、修改、删除设置好的止损止盈单的方法

注： 如果暂停在重新启用跟踪止损，止损价公式为

止损价＝启用后出现的最高(低)价－(＋)回撤价差

3）相关常见问题解答

(1) 止损止盈单在退出交易后还能触发吗？

答：止损止盈单设置之后自动上传云端服务器，并永久有效。退出软件、电脑断网、断电止损止盈单依然有效。

注： 设置的好的止损止盈单退出软件是不会有上传确认提示的，因为止损止盈单设置后会自动上传云端。

(2) 云端止损止盈单一定能成交吗？

答：不保证成交，云端止损止盈单在文华云端监测止损止盈条件是否满足，满足后再委托到交易所，能否成交要看委托价格是否满足交易所的撮合成交条件，如果满足了就可以成交，不满足即不能成交。

(3) 上传的云端止损单若触发了，软件里能看到吗？

答：可以在未触发列表中看到，如图 5－2－53 所示。

时间 ▲	状态	合约	类别	触发价	手数	下单方式
2016.04.26 12:01:49	运			8512	2	市价
2016.04.26 15:08:37	运			8512	2	排队价
2016.04.26 15:08:55	运			8512	2	排队价
2016.04.26 15:08:58	运			8512	2	排队价
2016.04.26 15:09:00	运			8512	2	排队价

图 5－2－53　显示已触发

(4) 设置了止损止盈后，可以再手动平仓吗？

答：可以，止损止盈设置在本机监测，未发到交易所，不占用投资者的可用持仓，所以可以手动平仓。

(5) 手动平了某合约的部分仓位后，该合约对应的止损止盈单的数量也会相应减少吗？

答：不会相应减少，如有 3 持仓，分别设置 3 个止损单，当手动平掉 1 手后，止损单仍然为 3 个，哪个止损条件先满足，先触发委托，当该合约持仓全部平掉后，止损止盈单自动被删除。

(6) 1 手持仓，可以设置多个止损止盈单吗？

答：可以，一个持仓可以设置多个止损止盈单，哪个先满足就先触发，当没有持仓时，剩余的止损止盈单自动被删除。

(7) 如何知道我的持仓是否设置了止损止盈？

答：如图 5-2-54 所示，看持仓界面的“盈损”位置是否有√，如果有，说明该持仓有止损止盈设置。除了此方法外，还可以在“止损单”列表看止损单的详细情况。

持仓 | 委托 | 成交 | 预埋单 | 条件单 | 止损单 | 资金 | 合约

品种	合约号	多空	手数	可用	开仓均价	逐笔浮盈	赢损
白糖	SR1401	多	1	1	4971	260	√
豆一	a1401	空	1	1	4613	-260	

图 5-2-54　查看止损止盈设置举例

(8) 止损止盈为什么没成交？

答：止损止盈是在合约价格满足投资者设置的止损止盈条件时向交易所发送平仓委托的，委托到交易所后最终能否成交要看委托价格是否满足交易所的撮合成交条件，如果满足了就可以成交，不满足即不能成交。

(9) 止损止盈的成交价为什么和我设置的止损止盈价不一样？

答：软件中设置的止损价格是触发价，也就是说这个价格是系统确认是否发出委托的依据价格。委托时系统会按照投资者设置的委托形式下单，例如设置了对价委托，那么会以市场上当时的对价发出委托，成交价是由交易所撮合成交的结果。

(10) 如何设置止损止盈的委托价？

答：如图 5-2-55 所示，在下单界面左侧的“止损参数”中设置。

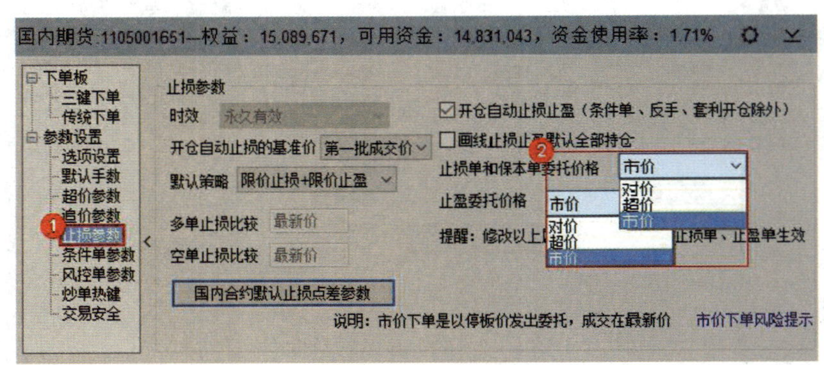

图 5-2-55　“止损参数”对话框

“对价”：买入以卖价发委托，卖出以买价发委托。

“市价”：买入以涨停价发委托，卖出以跌停价发委托。(交易所撮合最优价成交，因此和市场价下单效果是一样的)

“超价”：买入以对手价＋N 个变动价位发委托，卖出以对手价－N 个变动价位发委托。可以在交易界面左侧菜单的“超价参数”中设置。

注： 当超价后的价格超过涨跌停板价格时，会以涨跌停板价格委托。

(11) 有 10 手 IF1306 合约，可以分批次止损止盈吗，如何再新增止损止盈单？

答：可以，点击图 5-2-56 中的下拉框，可以新增止损单、止盈单、保本单，这样就可以实现多批次止损。

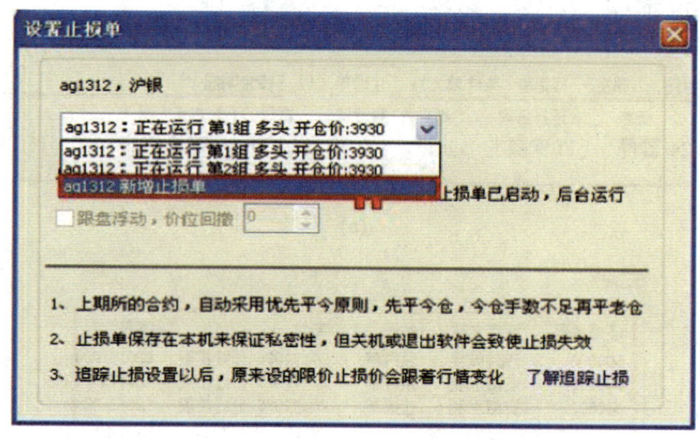

图 5-2-56　设置止损单中的分批次止损止盈下拉菜单

注： 止损触发时，交易所会按照先开先平的原则平掉持仓。

(12) 在哪里找止损的相关设置？

答：如图 5-2-57 所示，在下单界面的“止损参数”中可以找到止损的相关设置。

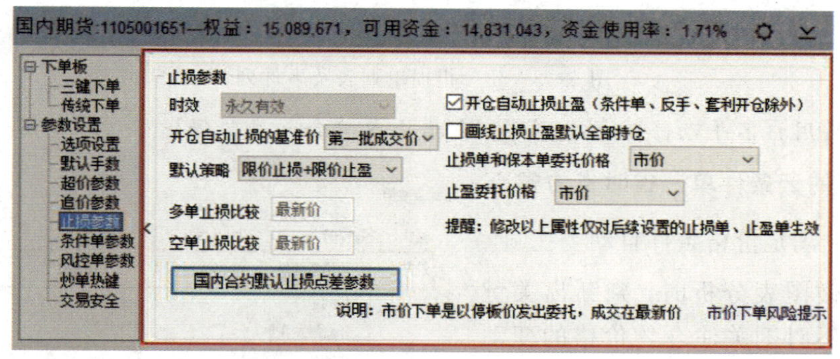

图 5-2-57　“止损参数”对话框

其中各选项含义如下：

① 开仓自动止损的基准价：计算止损价格离不开基准价，比如设置开仓后亏损 10 个点止损，投资者要有一个基准价，用它来判断现在亏损了几个点。软件中有两种形式的基准价，分别是第一批成交价和委托发出时对价。

② 默认策略：这里设置的是开仓自动止损止盈的策略形式，文华财经软件提供多种策略组合，一个合约可以同时启用多个止损策略。

③ 国内合约默认止损点差参数：国内合约默认止损点差参数可以选择按价差或跳点

数设置止损。按价差设置止损，设置的是多少价格差值；按跳点数设置止损，设置的是多少个最小变动价位。

(13) 股票除权除息后止损止盈单如何执行？

答：股票合约止损止盈单在股票除权除息当天早上开盘前会被暂停，需要用户手动处理。因为除权除息后，股票价格会减少很多，止损止盈单很容易被触发。除权除息日期最多前 7 天，软件会在登录交易后在止损单列表中的事件列里面显示，投资者可以看到事件提醒，如图 5-2-58 所示。

股票 | 委托 | 成交 | 预备单 | 条件单 (3) | 止损单 (1) | 资金明细

时间▲	状态	证券名称	类别	触发价	数量	下单方式	事件
2017.10.24	暂停	XD安徽水	止损	7.87	300	市价	20171025 分红扩股

(a)

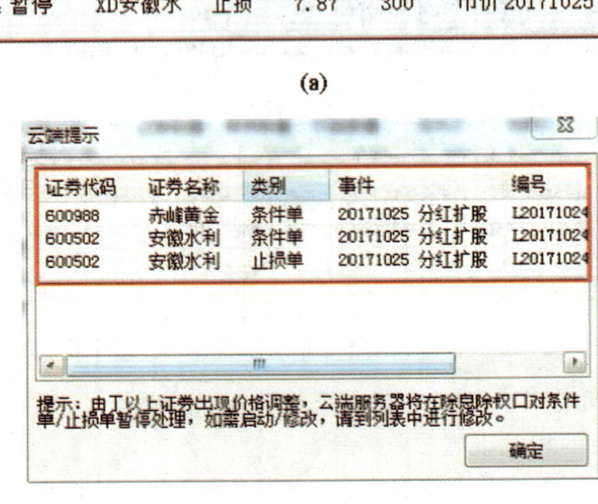

(b)

图 5-2-58　止损单列表及事件列

注：如果用户不手动修改或者删除，止损止盈单会一直暂停。

5. 丰富的云条件单—省时省力省心

案例一：满足价格条件自动委托

投资者做图表分析时，判断出关键价位后不得不时刻关注合约价格的变动情况，盯盘、等待下单机会。但这样一来，就无法对商品的总体走势或其他品种做分析，并束缚了投资者的交易。

条件单可以帮投资者解决这样的问题，设置好如图 5-2-59 的价格条件单，当 cu1707 合约价格上涨超过 48090 时，系统会自动发出买开仓委托，无需投资者盯盘手动委托。

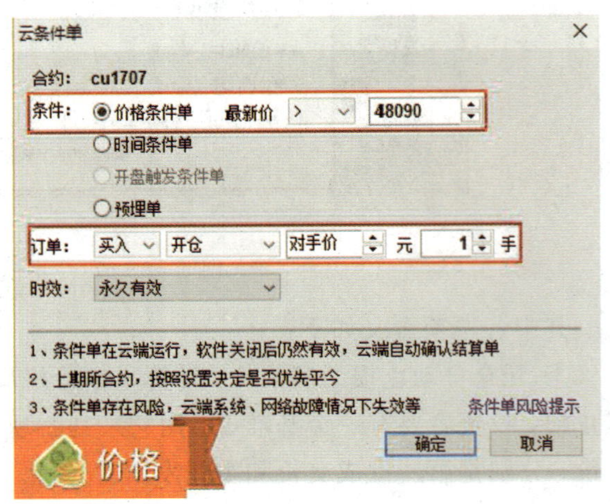

图 5-2-59　满足价格条件自动委托

案例二： 尾盘自动平仓

对于不希望留隔夜仓的投资者来说，
尾盘平仓是每天要做的事情，若持仓合约有多个，临近收盘时，不得不手忙脚乱的平仓。除此之外，还可能因为各种原因忘记平仓。

而使用时间条件单可以免去这样的麻烦，到了预设时间，时间条件单会自动为投资者发出平仓委托。如图 5－2－60 所示，当时间达到 14:59:01 秒时，自动发出股指合约的卖出平仓委托，给投资者省去了很多麻烦。

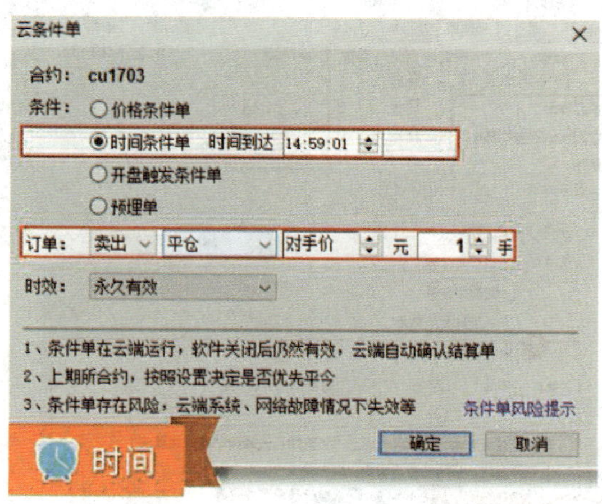

图 5－2－60　尾盘自动平仓

案例三： 开盘抢单

受外盘行情或一些消息的影响，早盘行情经常会有大的跳空和迅速的拉升或下挫，当投资者需要开盘第一时间委托时，只能主观判断是否开盘再手动发委托，往往抢不到好的价格。

如图 5－2－61 所示，设置开盘触发条件单，系统会在开盘瞬间自动发出委托，远远大于人脑的反应速度和操作速度，能够让委托在更有利的价位成交。

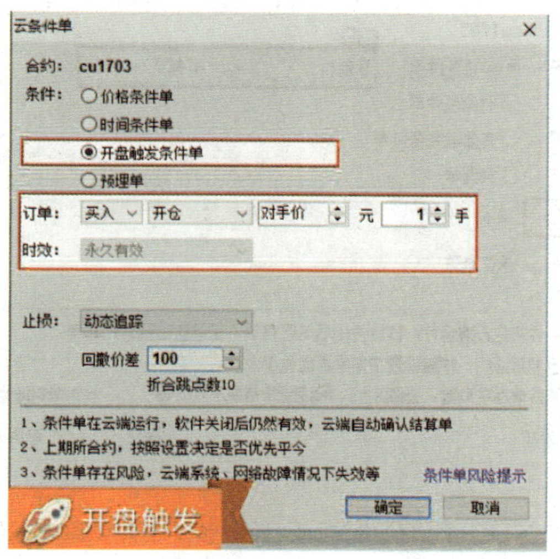

图 5－2－61　开盘抢单

案例四：预设系列动作，免去填单麻烦

投资者在交易中经常会用到的金字塔式的投机方法，即进场获利后，以递减的数量增加持仓，但这需要在紧张的交易中频繁修改价格、数量等，非常的麻烦。

预埋单可以将预想的下单策略提前设置好，需要下单时，直接手动发出即可，不用等到下单的时候再着急地填单，按照如图 5-2-62①～②所示的步骤可以设置和发出预埋单。

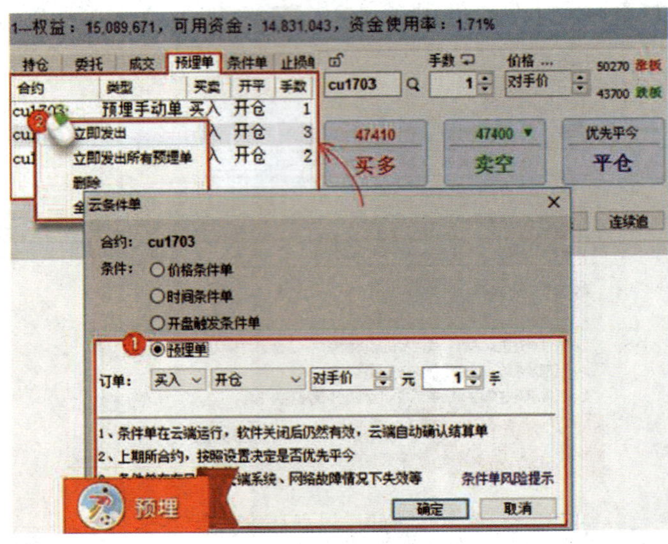

图 5-2-62　预埋单

1）原理

（1）价格/时间/开盘触发条件单原理：满足设置的条件时，软件自动按照“订单”内容发委托，如图 5-2-63 所示。

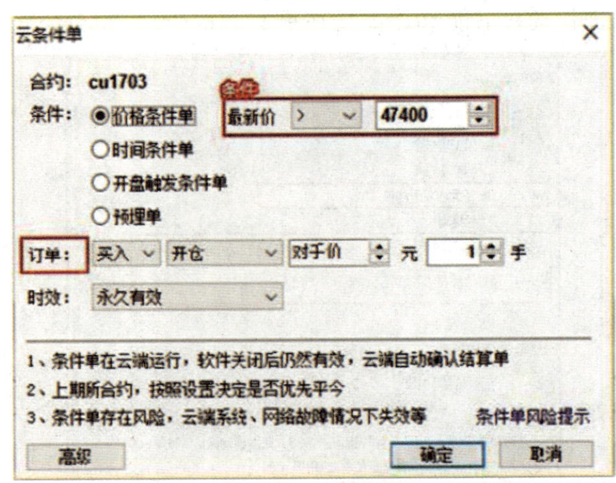

图 5-2-63　价格/时间/开盘触发条件单原理举例

(2) 预埋单原理：在下单界面的“预备单”列表中点击右键，在弹出的下拉菜单中选择“立即发出”，软件将自动按照“订单”内容发委托，如图 5-2-64 所示。

图 5-2-64　预埋单原理举例

2) 调用方法

打开软件的下单界面，点击下单界面右下角的【云条件单】按钮，如图 5-2-65 所示。

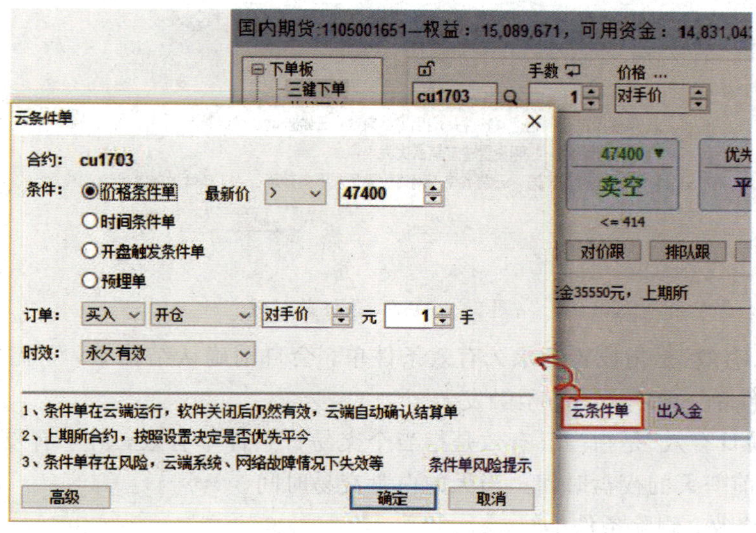

图 5-2-65　“云条件单”调用方法举例

3) 提示

云条件单条件单设置之后在云端运行，即使电脑断网、断电或者软件没有开启，云服务器上的条件单和止损单依然有效，如图 5-2-66 所示。

图 5-2-66　提示

4) 注意事项

(1) 开盘触发条件单只能在非交易时间设置，该功能在商品期货的 9:00、10:30、13:30、21:00 开盘均有效，股指期货为 9:30、13:00。

(2) 时间条件单中的时间取交易所时间。

(3) 预埋单不会自动发委托，需要手动在预备单列表中点击右键，在弹出的下拉菜单中选择“立即发出”，预埋单才会委托。

(4) 预埋单如果没手动委托，就一直存在客户端中。

5）常见相关问题解答

（1）在设置条件单时“永久有效”和“当前交易日有效”，如图 5－2－67 所示，有什么区别？

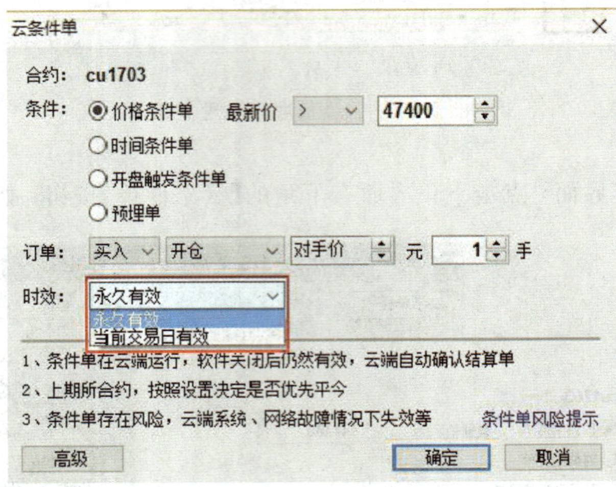

图 5－2－67　条件单时效

答：“永久有效”是指设置为永久有效条件单，会自动确认结算单，不需要每天手动确认结算单，条件单一直有效，直至触发。

“当前交易日有效”是指当日有效是指当个交易日条件单有效，对于有夜盘的合约，当个交易日是指前一天的夜盘时间＋当天的白盘交易时间。

（2）如何修改、删除条件单？

答：图 5－2－68 所示的是如何修改、删除条件单的方法。

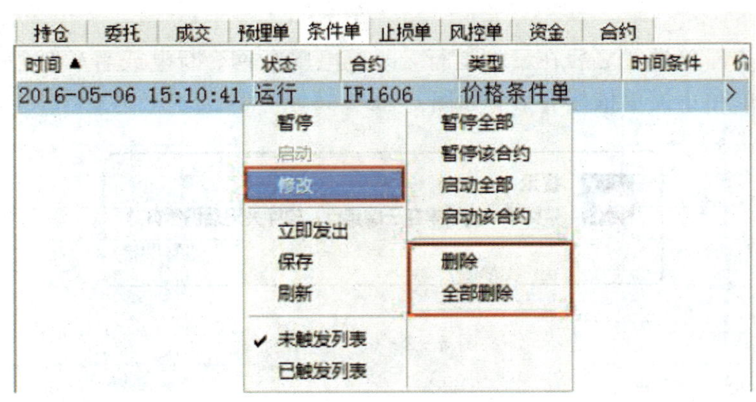

图 5－2－68　修改、删除条件单举例

（3）云端条件单一定能成交吗？

答：不保证成交，云端条件单在云端保存，文华云端监测条件是否满足，满足后再委托到交易所，能否成交要看委托价格是否满足交易所的撮合成交条件，如果满足了就可以成交，不满足即不能成交。

（4）上传的云端条件单若触发了，软件里能看到吗？

答：可以，在交易界面的“条件单”选项卡下（条件单列表空白位置）单击鼠标右键，在弹出的下拉菜单中选择“已触发列表”查看。

（5）云端条件单开仓是否可以自动止损？

答：可以的，在设置云条件单的界面点击【高级】按钮，即弹出设置止损止盈的界面，如图 5-2-69 所示。

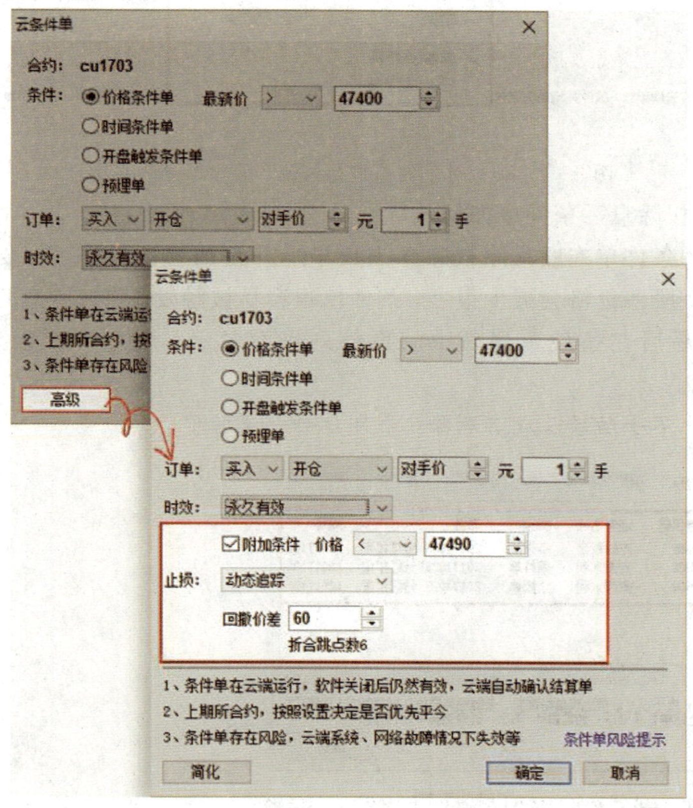

图 5-2-69　设置止损止盈的界面

（6）条件单满足条件时是否弹出提示框，是否需要手动点【确认】后再下单？

答：条件单满足条件后自动委托，不需要手动确认后下单。

（7）持仓合约已经存在挂单，不再有可挂持仓，条件单满足条件后还能正常委托吗？

答：条件单满足后会触发，撤掉挂单重新委托。

（8）为什么条件单委托后的成交价不是我设置的价格？

答：条件单中的“条件”价格是系统确认是否发出委托的依据价格。而委托时，系统会按照“订单”里的委托形式下单，如设置了对价，那么会以市场上当时的对价发出委托，成交价是由交易所撮合成交的结果。

（9）在哪可以看到设置好的条件单？

答：如图 5-2-70 所示，设置好的条件单可以在“条件单”列表中找到，在条件单列表中点鼠标右键，在弹出的下拉菜单中可以对条件单进行修改、删除等操作。

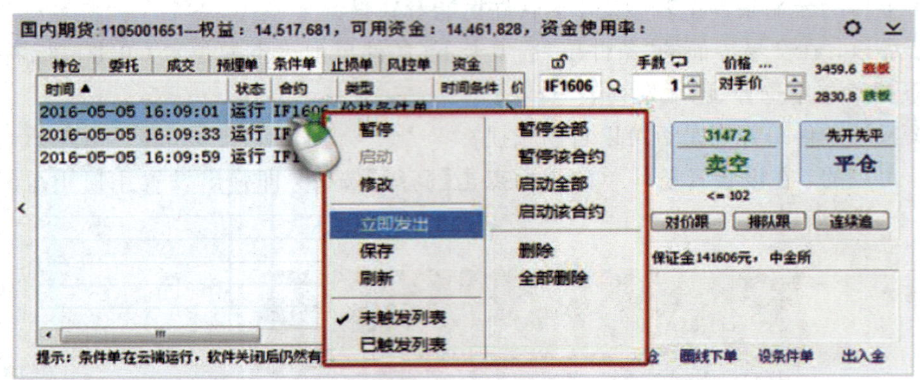

图 5－2－70　对条件单进行修改、删除等操作举例

(10) 股票除权除息后条件单如何执行？

答：股票合约条件单在股票除权除息当天早上开盘前会被暂停，需要用户手动处理。因为除权除息后，股票价格会减少很多，条件单很容易被触发。除权除息日期最多前 7 天，软件会在登录交易后在条件单列表中的事件列里面显示，用户可以看到事件提醒，如图 5－2－71 所示。

注： 如果用户不手动修改或者删除，条件单会一直暂停。

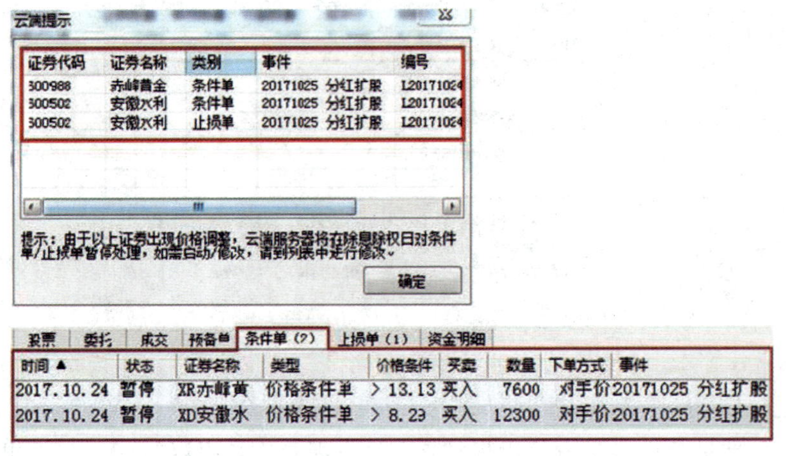

图 5－2－71　条件单列表及事件列

6. 风控单

越来越多的投资者在交易过程中有风控的需求，通过控制账户的盈亏、余额来控制交易的风险已经成为一种常规交易手法。但实时盯着账户信息就耽误了看盘分析；文华财经软件提供了风控单功能，让软件帮投资者监控账户信息，解放投资者的精力。

案例一： 账户动态权益低于风控水平，自动清仓

投资者需要确保权益控制在一个合理安全的范围内就需要对动态权益进行实时监控。风控单可随时监控账户动态权益，当发现动态权益小于设定的金额时，会根据设置的动作进行操作，如图 5－2－72 所示，当动态权益小于等于 100 000 时，平掉当前所有仓位。

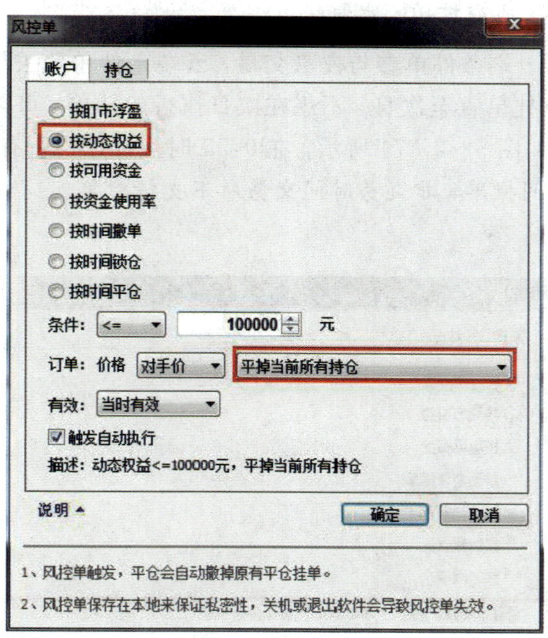

图 5-2-72　风控单举例一

案例二：程序化交易，风控单控制仓位

投资者有时需将当日交易次数控制在一定量范围内，但每个运行模组只能统计各自的当日开仓，这时需要用到风控单来监控账户当日的总开仓量，从而达到控制日内交易量的目的。如图 5-2-73 所示，当日开仓量超过 50 手时，上期所不再开仓。

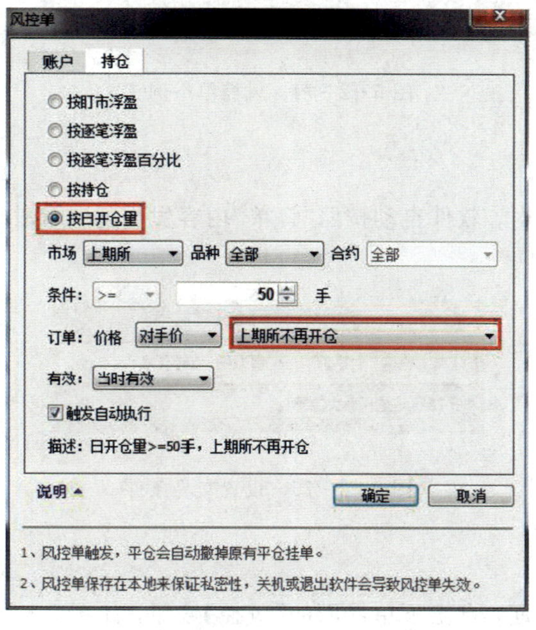

图 5-2-73　风控单举例二

案例三：夜盘交易未成交挂单，凌晨撤单

有的投资者会利用云端条件单参与夜盘交易，云端条件单免去了夜晚盯盘的烦恼，但如果委托不成交会形成挂单直至次日。不想在次日执行的挂单，可以利用风控单指定撤单时间，进行撤单处理。如图 5-2-74 所示，在 0:55 时撤掉账户所有挂单。

注：只能在交易时间撤单，非交易时间交易所不支持撤单。

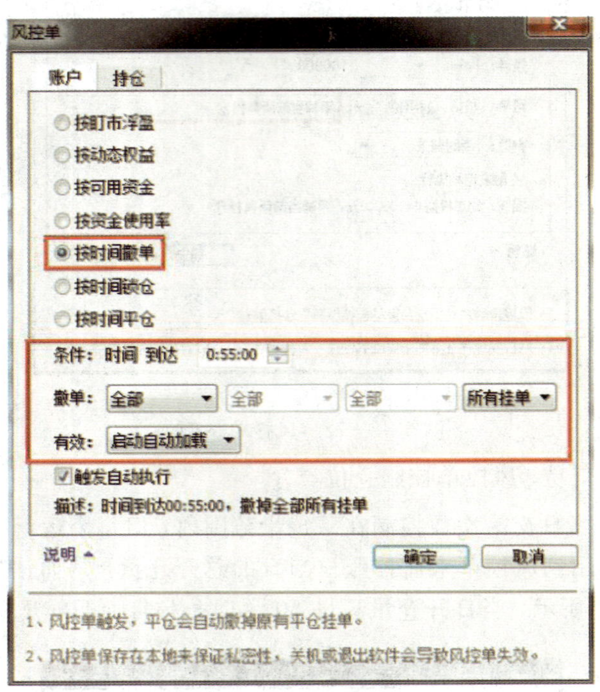

图 5-2-74　风控单举例三

1）原理

满足“条件”的情况时，软件自动按照“订单”内容发委托，如图 5-2-75 所示。

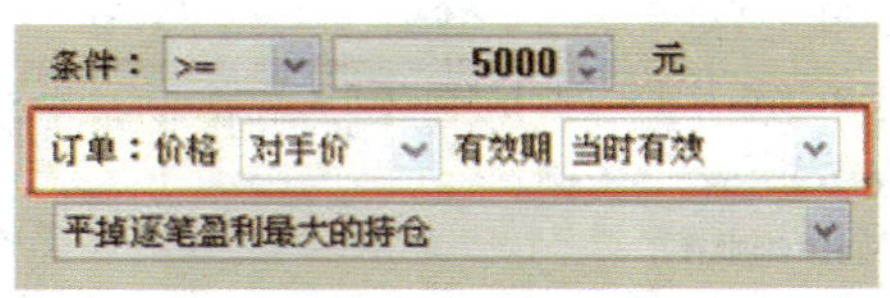

图 5-2-75　设置交易条件

2）调用方法

打开软件的下单界面，点击下单界面的【风控】按钮，如图 5-2-76 所示。

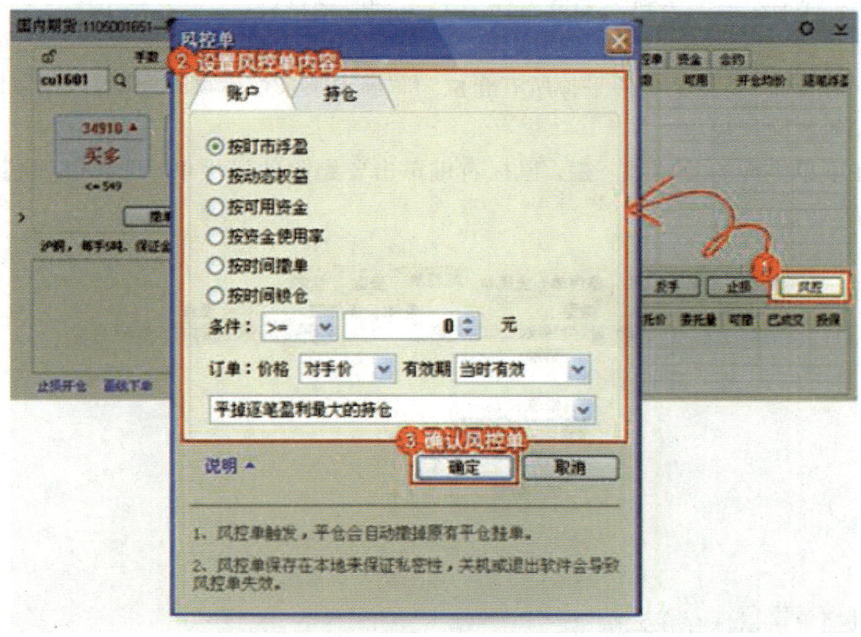

图 5－2－76　“风控单”调用方法

3）注意事项

风控单中“不再开仓”的相关设置被触发后，如想继续下单，需在“风控管理”中删除此类风控单，如图 5－2－77 所示。

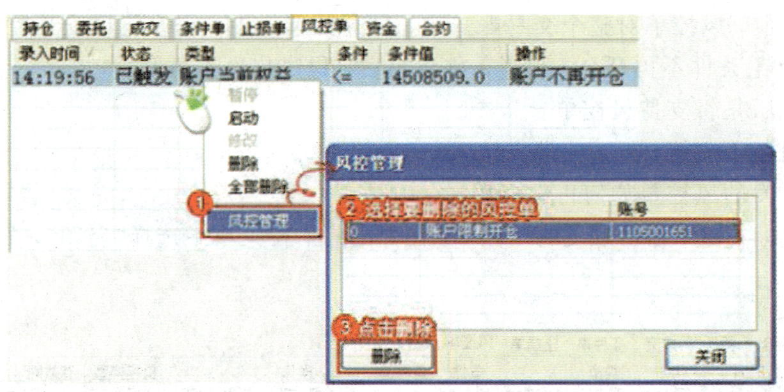

图 5－2－77　“风控管理”设置

4）相关问题解答

（1）同类风控单设置多个以哪个为准？

答：满足哪个风控单条件触发哪个，同时满足，都触发。例如：

风控单 1：资金使用率大于等于 80％不再开仓。

风控单 2：资金使用率大于等于 60％不再开仓。

情况 1：资金使用率达到 60％，风控单 2 会触发，风控单 1 依然有效。资金使用率继续增大至 80％时，风控单 1 触发。

情况 2：资金使用率达到 90%，风控单 1、2 同时触发。

(2) 账户清仓同时不再开仓如何实现？

答：同时设置“满足某条件平掉所有仓位”和“满足某条件不再开仓”的风控单即可。

(3) 如何删除风控单？

答：在下单界面的“风控单”栏，鼠标右键单击要删除的风控单，选择【删除】即可，如图 5-2-78 所示。

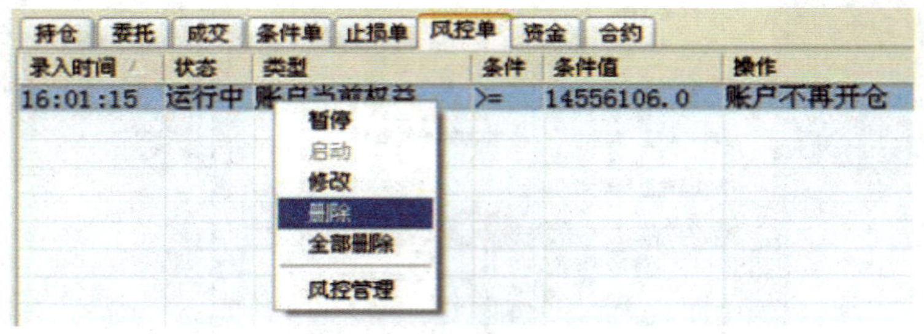

图 5-2-78　删除风控单举例

(4) 风控单可以保存在云端吗？

答：不可以，为保证风控单的私密性，当关机或断网时，风控单无效。

(5) 风控单有效期是什么含义？

答：“当时有效”是指退出交易再重新登录，风控单无效；“启动自动加载”是指退出交易再重新登录，上次退出时仍未触发的风控单继续有效。

(6) 程序化受风控单控制吗？

答：受控制，风控单对整个交易账户进行资金风险控制，程序化也受其控制。例如，风控单设置满足某条件不再开仓，则当条件满足后，程序化也不再开仓。

(7) 手机版是否支持风控单？

答：手机版不支持，仅 PC 端支持。

(8) 已触发的风控单如何再次启用？

答：可鼠标右键单击已触发的风控单，在弹出的下拉菜单中选择“启动”，如图 5-2-79 所示。

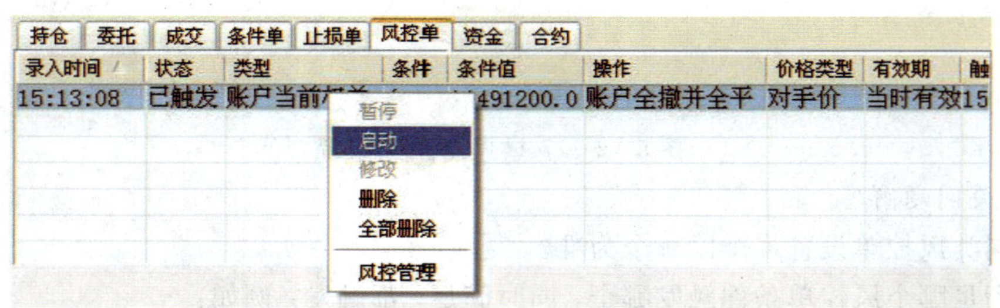

图 5-2-79　启动风控单

(9) 风控单的委托价格形式是什么？

答：投资者可以根据设置风控单时所选择的价格方式进行委托，如图 5-2-80 所示。

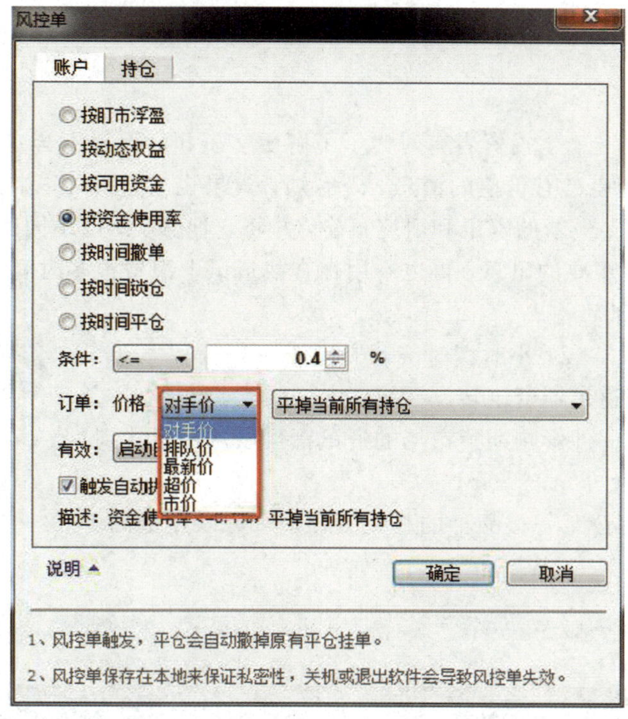

图 5-2-80　风控单的委托价格形式

7. 模拟交易——最佳练兵场所

近年来期货市场不断扩容，很多“新人”对期货交易规则和博弈环境不甚了解，想要学习又苦于白天由于工作不能看盘，或者没有更多时间进行模拟交易，练习盘感无从下手，无法积累投资经验；一些程序化投资者同样也面对着白天没有时间去测试模型的苦恼。文华财经推出的模拟交易与实盘交易时间完全同步，在晚上夜盘开启时间也可以同步进行模拟交易，是投资者绝佳的“练兵场”。

模拟交易支持国内 4 家期货交易所和境外 12 家交易所的期货合约，交易时间与实盘一致，采用实盘的行情作为模拟交易的基础。

进行模拟交易的流程如下：

(1) 注册账号。投资者可以到文华官网，用手机号注册模拟交易账号，注册国内期货模拟账号最多可获得最多 1000 万人民币的虚拟资金，注册境外期货模拟账号可获得 100 万美元的虚拟资金。虚拟资金可通过软件中的银期转账功能转入虚拟银行中，待需要时再从虚拟银行转到期货账户中。

注： *虚拟资金注册后不可重置。*

(2) 投资者查看可交易模拟合约可以到文华官网，查看可交易的模拟合约、保证金及手续费。

(3) 投资者可以点击网址 https://www.wenhua.com.cn/fzjy/fzjy2.asp，选择适合的软件进行模拟交易。

5.2.4 资讯

1. 版块介绍

资讯会影响行情走势，投资者有时为了了解更多资讯，不得不奔走于不同的网站，从众多资讯中搜索对于自己有价值的消息，既麻烦，效果也不好。文华财经软件中的资讯平台集结了全面、权威、最新的资讯和研究报告，并将它们分类，以不同版块呈现，投资者可以方便、快捷地得到想要的讯息，再也不用在查找资讯上浪费很多时间和精力了。

1）文华财经资讯的特点

(1) 及时：提供 5×24 小时实时滚动资讯。

(2) 权威：拥有道琼斯资讯转发授权。

(3) 全面：任何一件影响期货市场的资讯都可以从这里找到。

2）文华资讯版块介绍

当投资者只想阅读某一类品种的相关资讯时，可以点击图 5-2-81 所示的资讯分类板块。

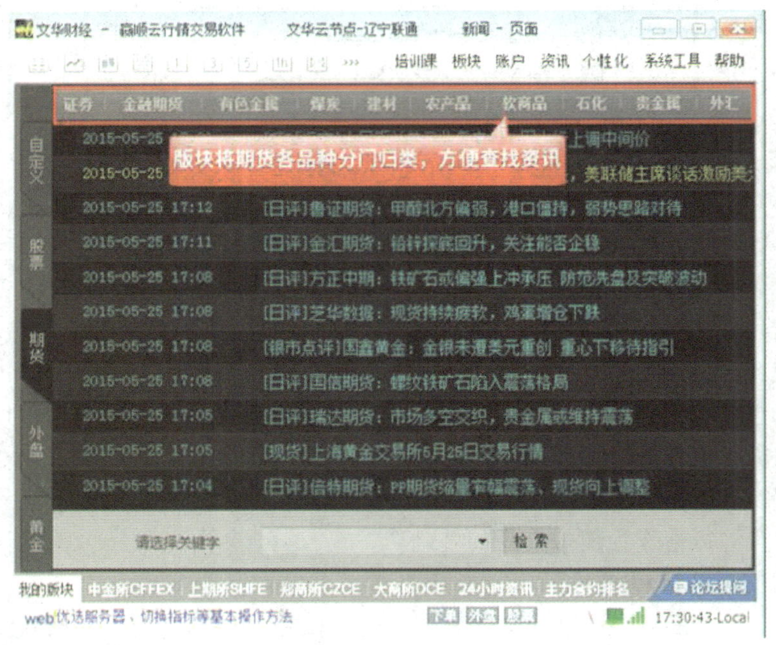

图 5-2-81　新闻—页面

注意巧用“关键字”检索功能。如图 5-2-82 所示，文华财经软件中有代表性的关键字已经提炼出来，方便投资者查看来检索相关资讯。

其中各“关键字”含义如下：

① 第一时间：收录各国最新发布的经济数据资讯、央行动态以及政府官员讲话等信息。

② 业界报道：提供当日股市、期市重大影响的事件、期货行业、证监会等机构的资讯等。

③ 研究报告：研究报告来自业界投资者的投稿，由文华财经对稿件进行审稿发表。可以看到来自期货公司、投资公司研究员及分析师的研究报告。分析师会在报告中对各品种

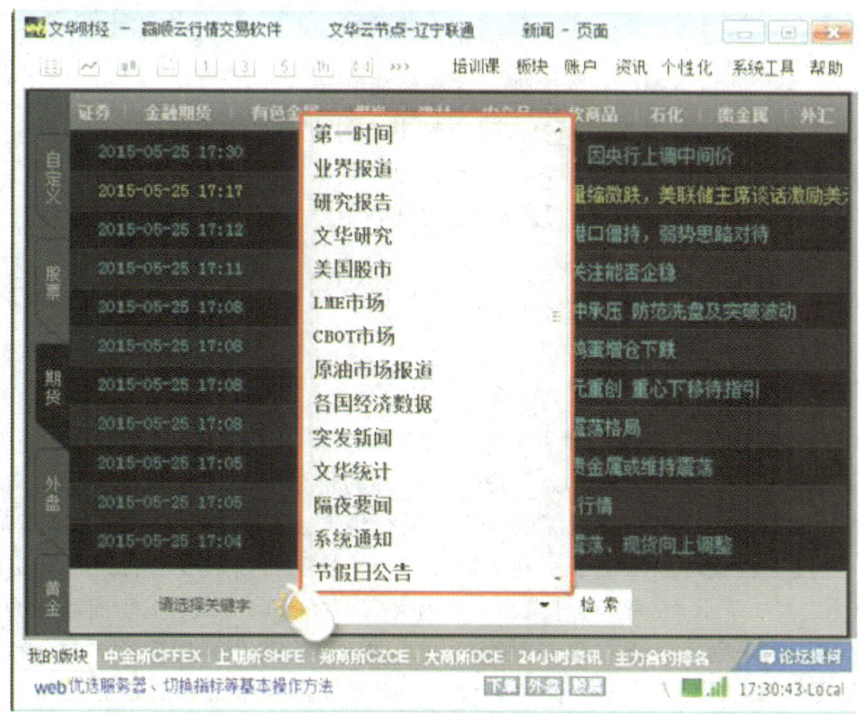

图 5－2－82　“关键字”检索功能

的市场背景、国际局势、价格走势进行分析并给出明确的涨跌观点和中长期走势预测，对期货交易有着很大的指导、借鉴意义。

④ 文华研究：主要报道近期某一个期货品种的行情波动及热点、焦点事件，是行情和热点事件的深度解读。

⑤ 美国股市：深度报道纽约证券交易所(New York Stock Exchange) 及纳斯达克证券市场(Nasdaq Stock Market)等美国股票市场的相关资讯及数据信息。美国股市对全球股票市场有着重要的影响。

⑥ LME 市场：深度报道伦敦金属交易所的相关资讯及数据信息。伦敦金属交易所是世界上最大的有色金属交易所，伦敦金属交易所的价格和库存对世界范围内的有色金属生产和销售有着重要的影响。该版块提供了 LME 市场各品种合约的成交量明细、收市价格汇总、成交持仓汇总、库存分布情况以及相关资讯。

⑦ CBOT 市场：深度报道芝加哥商品交易所集团的相关资讯及数据信息。芝加哥商品交易所集团(CME Group Inc.)上市的大豆、玉米、小麦等农产品期货品种是目前国际上最权威的期货品种，其价格也是最权威的期货价格。

⑧ 原油市场报道：主要发布国际原油市场的相关资讯以及央行关于原油的相关政策。该版块囊括了国际原油、美国油市、亚洲油市、日本油市，中国油市等相当全面的国际原油市场信息。

⑨ 各国经济数据：发布包括全球五大洲各个国家的相关经济资讯，涉及房地产、商品、金融、进出口贸易等多个领域。

⑩ 突发资讯：第一时间对突发资讯进行报道。

⑪ 文华统计：关于各个品种的进出口、库存等信息的整理报告，包括周度、月度、年度等数据。

⑫ 系统通知：关于合约变化、培训等方面的通知。

⑬ 节假日公告：世界主要国家及地区金融市场的假期及休市时间。

⑭ 分析师日历：这里囊括了国际各国数据及合约数据的发布时间表。

⑮ 期市日报：国内期货市场的行情走势综述，涵盖当日各个板块走势特点、原因、背景及资金流向等。

⑯ 即时解盘：当行情波动较大的时候，文华财经软件会在第一时间推出“即时解盘”，及时发布波动的原因和背景。

2. 特有资讯介绍

1）“即时解盘”，第一时间解读异动行情背后的成因

在交易的过程中，投资者经常会发现某一品种的价格会有突然性的异动，文华财经软件会在这些异动出现后，第一时间深度剖析异动行情产生的原因，并发布在“即时解盘”版块。这样一来投资者就可以马上了解到大盘及各合约特殊行情形成的背景和真实的成因。

如图 5-2-83 所示，6 月 21 日早盘，国内大宗商品普遍大跌，文华商品指数盘初也呈现了急跌形态。文华财经软件在第一时间给出了即时解盘报告，分析了本次急跌是由于美联储暗示将减缩刺激计划引起的，同时解读了外盘各商品期货价格的走势情况。

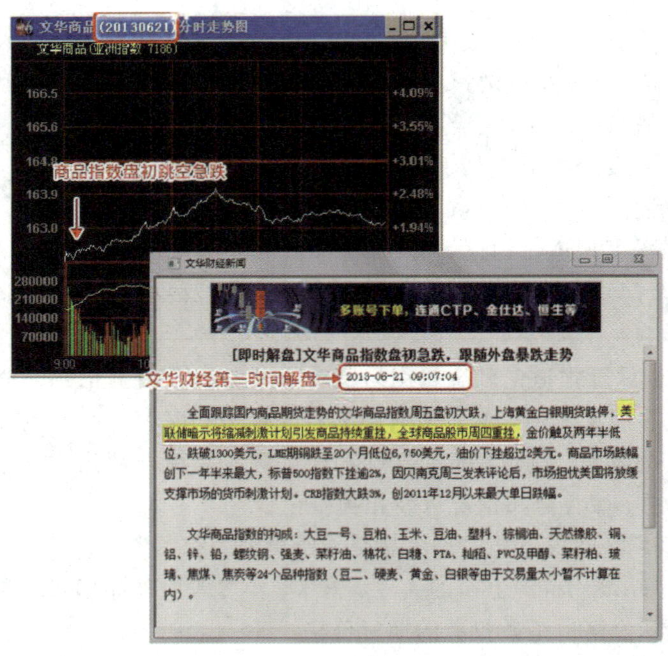

图 5-2-83　文华财经第一时间解盘

2）“研究报告”，看专家说法

研究报告来自业界投资者的投稿，由文华财经软件对稿件进行审稿发表，如图 5-2-84 所示。在这里可以看到来自期货公司、投资公司研究员及分析师的研究报告。报告中分析师会对各品种的市场背景、国际局势、价格走势进行分析并给出明确的涨跌观点和中长期走势预测，对投资者有着重大的参考意义。

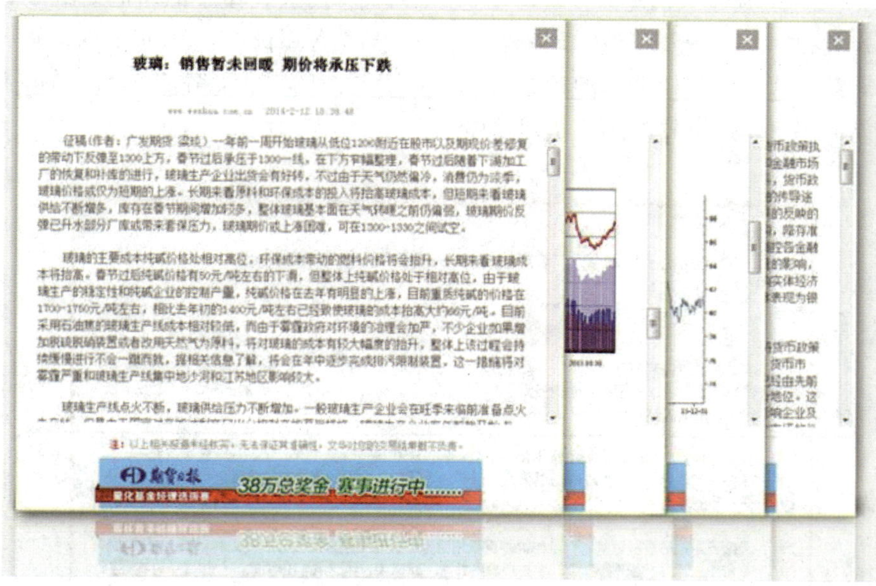

图 5-2-84　“研究报告”举例

3)“重要资讯导读”，帮您筛选有价值的资讯

如果不是长期从事消息面研究工作，投资者很难从众多资讯中敏锐地抓住重要的讯息，也很难知道究竟哪个消息会对市场产生影响。如图 5-2-85 所示，文华财经资讯中的“重要资讯导读”部分可以帮助投资者筛选最有价值的资讯，以版块分类的形式展示。

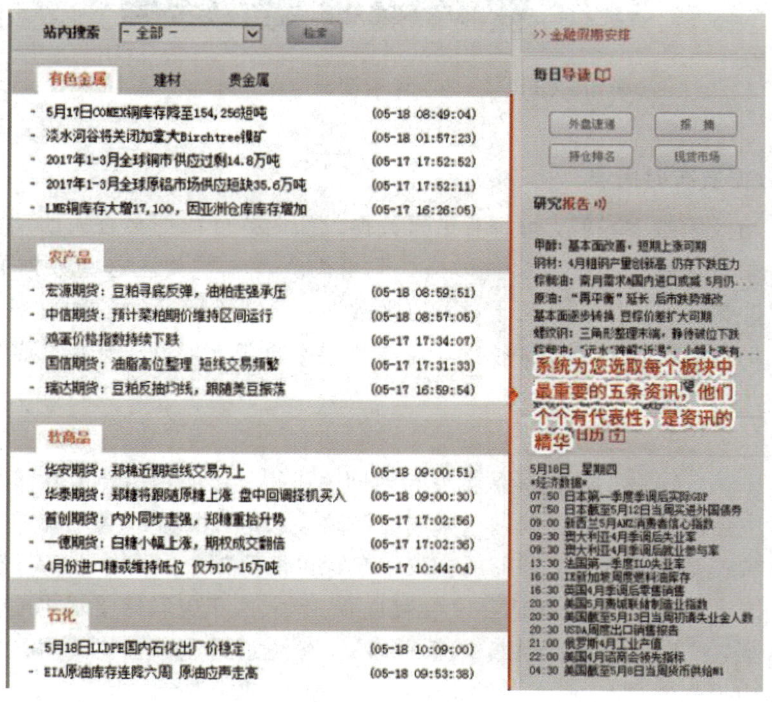

图 5-2-85　“重要资讯导读”举例

如图 5-2-86 所示，系统为投资者筛选了“Freeport 公司旗下的印尼 Grasberg 铜矿已恢复部分运营”的消息。投资者查看资讯后不难发现，Freeport 公司旗下的印尼 Grasberg 铜矿是全球第二大铜矿，如果它的产量增加，对于国内的铜价，势必是利空的。但如果不是这条资讯的出现，投资者可能还不知道印尼 Grasberg 铜矿是什么。

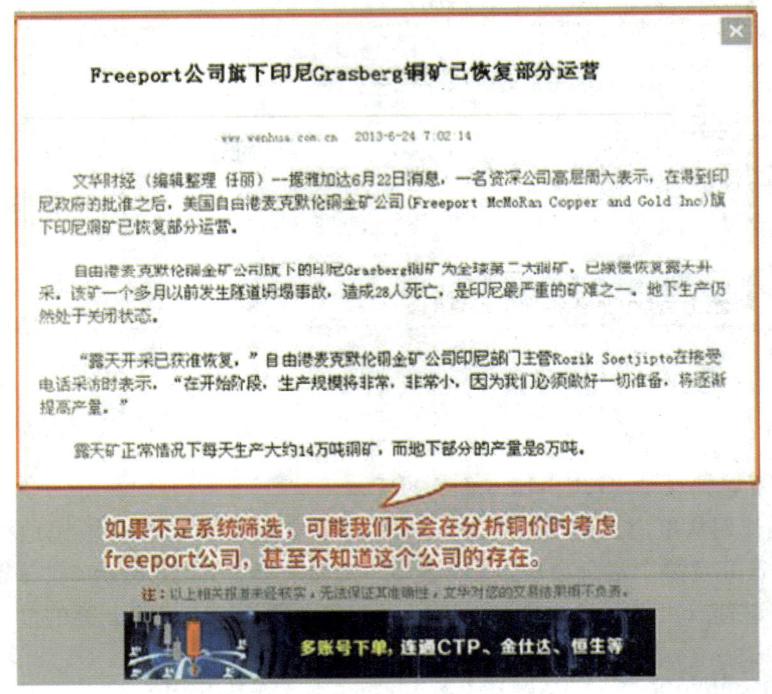

Freeport公司旗下印尼Grasberg铜矿已恢复部分运营

www.wenhua.com.cn　2013-6-24 7:02:14

文华财经（编辑整理 任丽）--据雅加达6月22日消息，一名资深公司高层周六表示，在得到印尼政府的批准之后，美国自由港麦克默伦铜金矿公司(Freeport McMoRan Copper and Gold Inc)旗下印尼铜矿已恢复部分运营。

自由港麦克默伦铜金矿公司旗下的印尼Grasberg铜矿为全球第二大铜矿，已缓慢恢复露天开采。该矿一个多月以前发生隧道坍塌事故，造成28人死亡，是印尼最严重的矿难之一。地下生产仍然处于关闭状态。

“露天开采已获准恢复，”自由港麦克默伦铜金矿公司印尼部门主管Rozik Soetjipto在接受电话采访时表示，“在开始阶段，生产规模将非常，非常小，因为我们必须做好一切准备，将逐渐提高产量。”

露天矿正常情况下每天生产大约14万吨铜矿，而地下部分的产量是8万吨。

图 5-2-86　系统筛选信息举例

3. 国际数据发布时间表

长期的交易经验告诉我们，每每有重要数据发布时，行情都会有大的动荡，这就是期货市场中的一条黄金定律——大事件效应。但当投资者想要关注这些数据的发布时会发现，仅美国的重要经济数据就有几十种，加之欧洲、亚洲等地区的各种数据，很难记住所有的信息发布时间。文华财经软件整理了各国重要数据发布时间，所有重要数据的发布时间尽在掌握中。

案例：

例如图 5-2-87，我们从国际数据发布时间表中得知 6 月 18 日美联储会举行为期两天的议会，这一会议通常会渗透美国未来的经济政策意向。根据“大事件效应”，6 月 18 号临近的时候就要提高警惕了，美联储的会议消息很可能会带来国内外市场行情的大波动。

事实证明，6 月 20 日，也就是会议结束的第二天，由于美联储暗示将缩减刺激计划引发商品持续重挫，全球商品股市周四重挫。如果没有注意到这一会议的召开，投资者很可能在这轮波动中损失惨重。

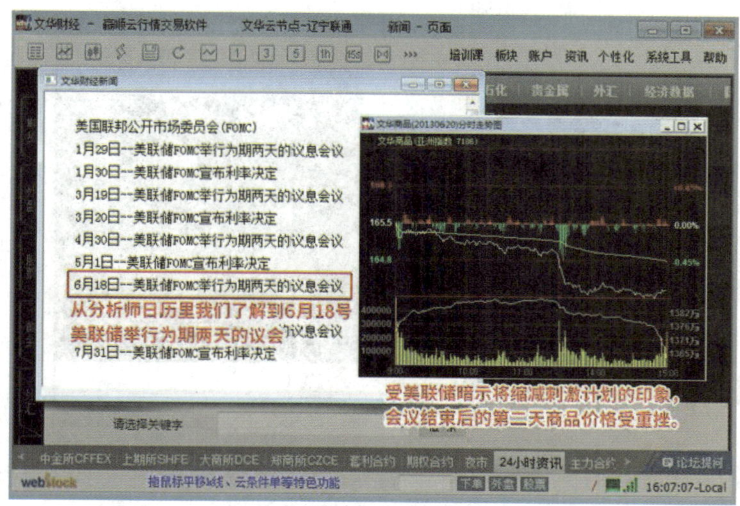

图 5-2-87　国际数据发布时间表举例

调用国际数据发布时间表的方法有以下两种：

方法一：点击菜单栏的“资讯”→“重要资讯导读”，利用站内搜索找到“分析师日历”，如图 5-2-88①处所示。

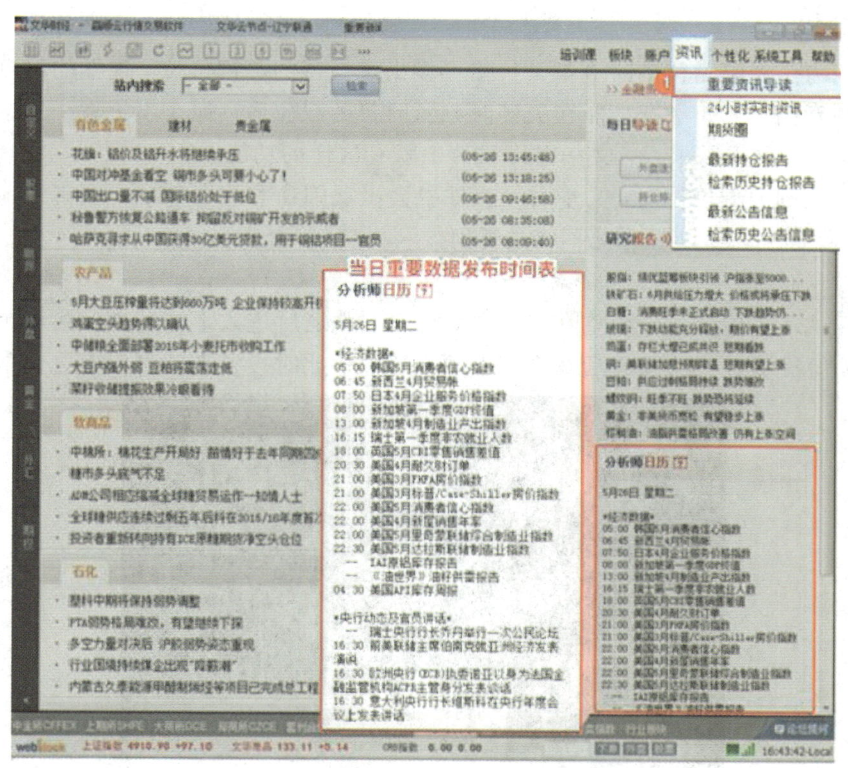

图 5-2-88　国际数据发布时间表调用方法一

方法二：点击软件下方的“24 小时资讯”书签，利用关键字检索“分析师日历”，如图 5-2-89①～③所示。

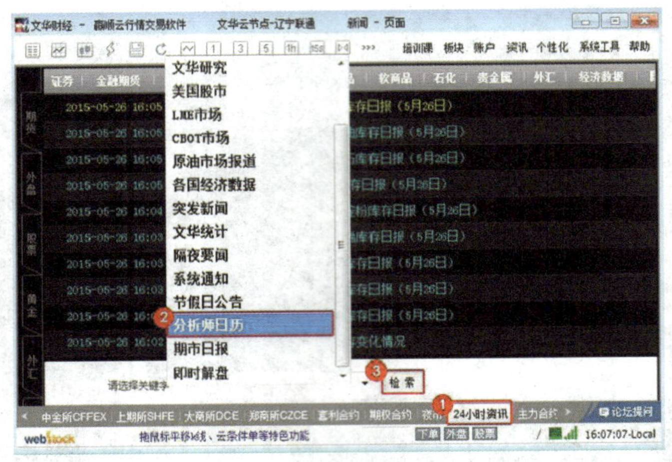

图 5-2-89　国际数据发布时间表调用方法二

5.3　价格预警

5.3.1　价格预警

到达压力位和阻力位的时刻都是价格可能出现反转的关键价位，这样的时刻每一位投资者都不愿意错过，如果有谁能在关键时刻及时提醒投资者，那么投资者一定会抓住更多的交易机会。提醒无需求人，文华财经软件中就有这样的功能。

当价格达到关键价位时，文华财经软件中会出现弹窗和声音提醒，点击弹窗就能看到合约的行情，也可以立即下单，不错过任何盈利机会。

案例：

如图 5-3-1 所示，行情经历过一段时间的下跌之后进入上涨状态，接着再次进入了回调阶段，但投资者无法预料后续是否会再次下跌。此时投资者就可以在之前的价格低点

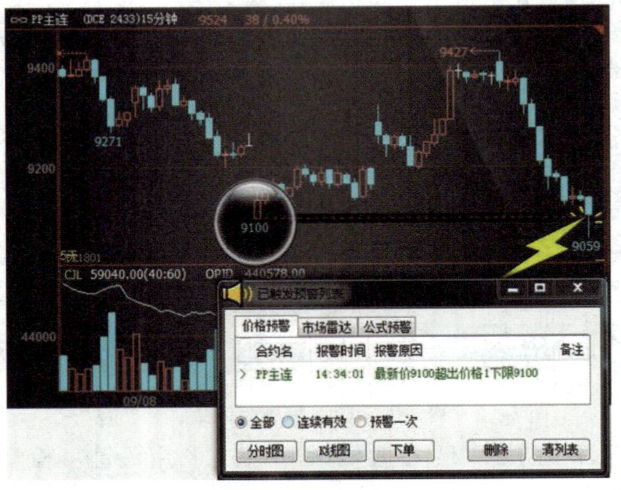

图 5-3-1　价格预警举例

9100 处设置价格预警，后续如果跌破低点价格，就会出现弹窗和声音提醒，点击弹窗即可进入已触发预警列表，就可以配合成交量等其他指标综合分析是否入场做空。

1. 设置方法

方法一：如图 5-3-2 所示设置价格预警。

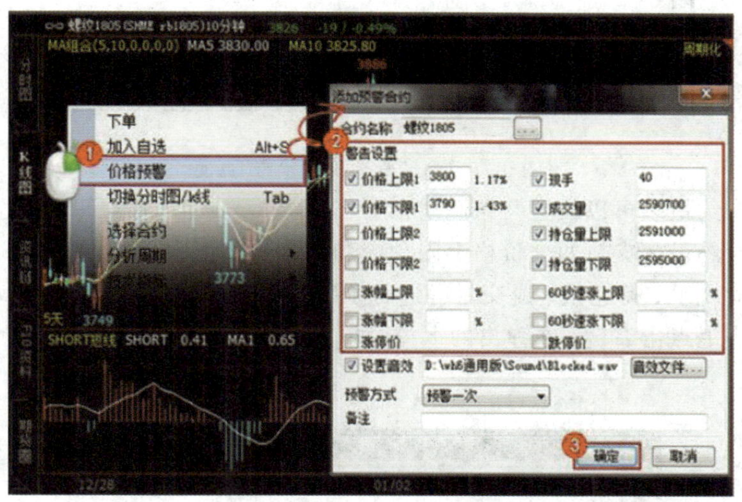

图 5-3-2　价格预警设置方法一

方法二：如图 5-3-3 所示设置画线预警。

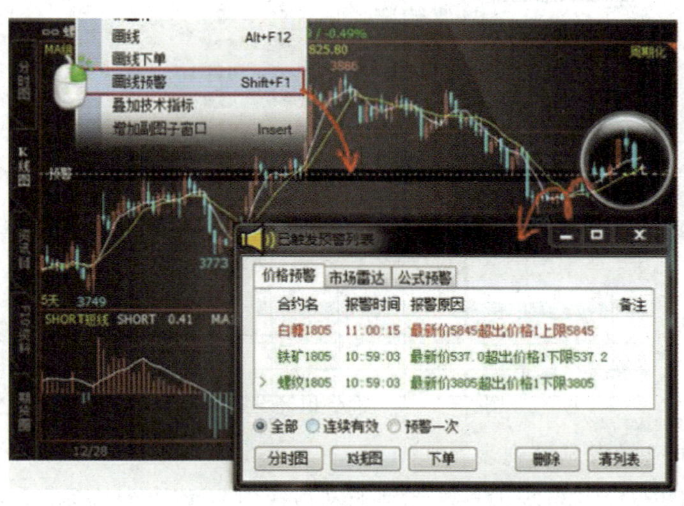

图 5-3-3　价格预警方法二

2. 常见问题

(1) 如何添加、修改、删除价格预警？

答：方法一：在图表上点击右键，在弹出的下拉菜单中选择“价格预警”，可以添加、修改价格预警设置；在画线预警上单击鼠标右键，也可修改、删除预警。

方法二：在“系统工具”→“管理价格预警”中设置，如图 5-3-4 所示。

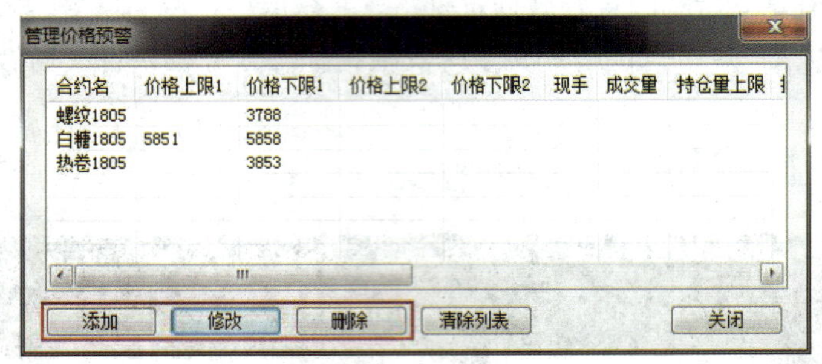

图 5-3-4 “管理价格预警”页面

（2）每个合约最多可以设置几条画线预警？

答：每个合约最多支持两个价格上限预警和两个价格下限预警，共四条画线预警。

（3）如何对现手、持仓量、成交量等进行预警？

答：在图表上点击右键，在弹出的下拉菜单中选择“价格预警”进行设置，如图 5-3-5 所示。

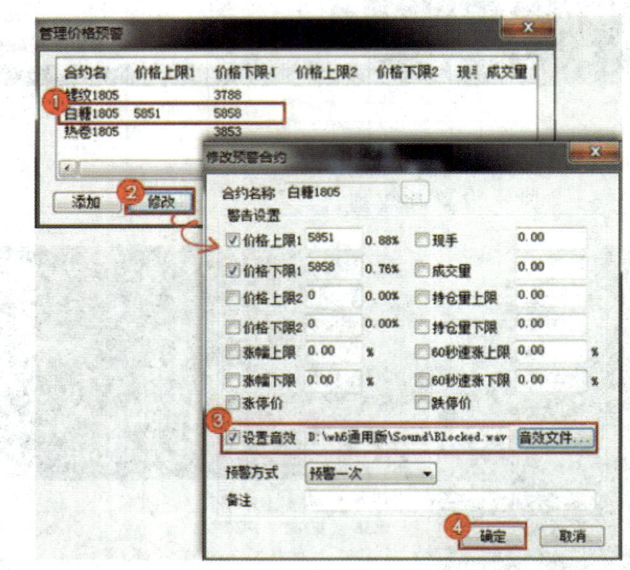

图 5-3-5 价格预警设置举例

（4）如何调出已触发预警列表？

答：在主菜单中选择“系统工具”→“已触发预警列”，或点击快捷键【Shift+F2】。

5.3.2 市场雷达

目前股票市场中有近 3000 只股票，如果一个合约一个合约地去找有交易机会的股票，需要几个小时才能翻完，恐怕已经错过了交易机会。市场雷达就是文华财经软件给投资者的一双电子眼，它帮助投资者盯着当天的所有在交易股票，当出现了投资者设置的监控情况时就及时的提醒！实时捕捉股票的异动，即刻找出投资者想要的那一个，帮投资者抓住交易机会。所以说没有雷达，在市场中就像盲人一样。

1. 雷达锁定目标

比如想关注股票中所有涨幅变化大或出现大额成交量的个股时，就可以通过市场雷达实现。雷达选项设置为：涨幅突破临界比率为 5%；有巨额大单成交；5 分钟内涨幅超过 2%。这将预示着今天应该有不错的表现。当满足雷达条件时，文华财经软件左下角会弹出如图 5-3-6 所示的消息，投资者可以直接打开合约的分时图进行查看。

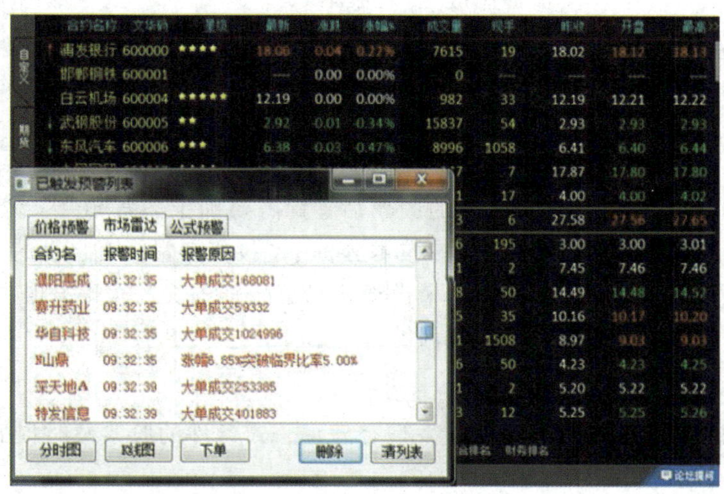

图 5-3-6　“雷达锁定”举例

2. 调用方法

在软件右上方菜单选择“系统工具”→“市场雷达”，弹出如图 5-3-7 所示界面。

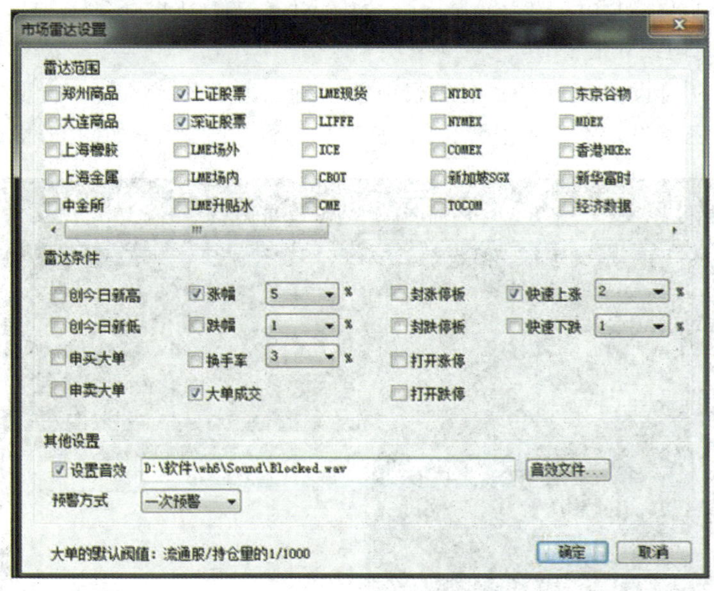

图 5-3-7　“市场雷达”调用方法

3. 部分雷达条件解析

(1) 申买(卖)大单：股票，挂单量÷总股本>千分之一；期货，挂单量÷持仓量>千分之一。

(2) 换手率：

$$股票换手率=\frac{成交量}{流通总股数(总股本)},\quad 期货换手率=\frac{成交量}{持仓量}$$

(3) 大单成交：股票，成交额÷总股本>千分之一；期货，现手÷持仓量>千分之一。

(4) 快速涨跌：股票 5 分钟内涨跌，期货 1 分钟内的涨跌。

5.3.3 公式预警

当投资者挑选出可能有交易机会的股票后，就需要确定入场点了，入场机会转瞬即逝，如果抓不住，就会错失很多利润。在技术分析中，投资者常常有自己的交易策略，什么样的条件进场、什么样的条件出场。如果投资者只有赚钱的交易策略，但由于不能及时发现入场机会，而错失机会，就太让人懊恼了！

案例：多窗口公式预警

公式预警可以同时监测多只股票，发现有满足公式条件的股票及时提醒你，让你不错失一点利润。

如：某只股票满足下面公式时，系统将自动给出提醒：

MA5:MA(C，5)；//定义 5 周期均线//

MA10:MA(C，10)；//定义 10 周期均线//

MA30:MA(C，30)；//定义 30 周期均线//

C>MA30&&CROSS(MA5，MA10)，SPARK；//最新价在 30 均线之上，且 5 周期均线上穿 10 周期均线，报警。//

投资者可以在自设多窗口页面中加载预警指标，实现公式预警。满足条件时，软件会自动弹出预警列表窗口，还会在预警合约的窗口进行闪烁提示，如图 5-3-8 所示。

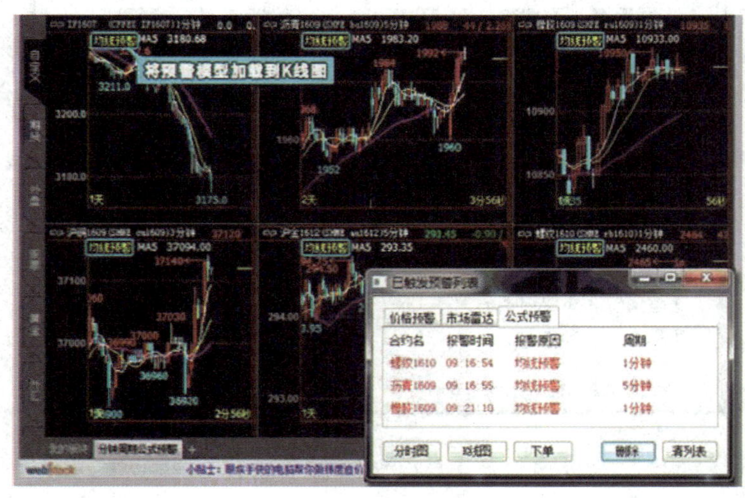

图 5-3-8　公式预警举例

注：多窗口公式预警只需直接将预警指标加载到K线图上即可。切换页面，预警自动失效，再次回到页面，预警重新启动。

1. 调用方法

按照图5-3-9所示方式打开页面，进行预警指标的加载。

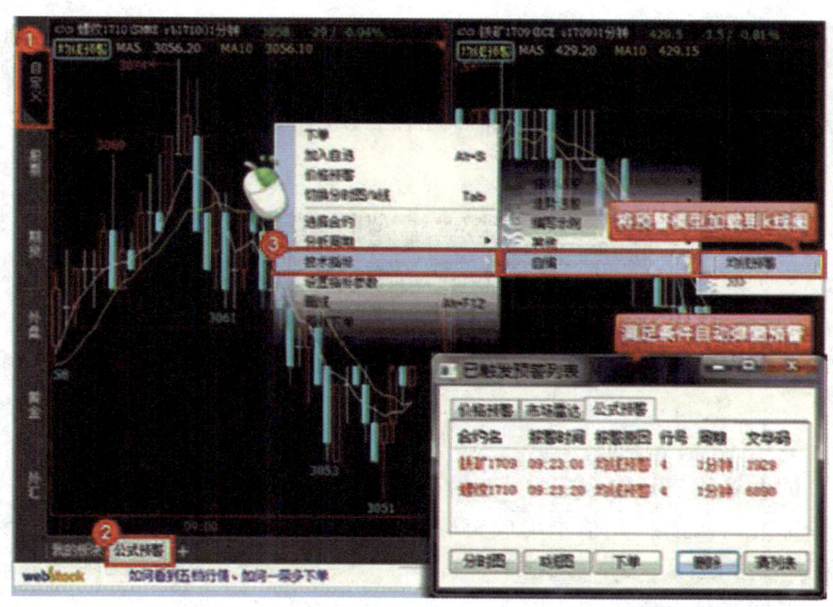

图5-3-9　预警指标调用方法

2. 常见问题

(1) 如何编写预警公式?

答：选择软件右上方菜单中的"系统工具"→"指标管理器"，点击【新建】按钮，建立预警公式。

注意预警的公式，源码后面必须要加SPARK；如：ISUP，SPARK；

(2) 公式预警在自设页面打开后会自动加载吗?

答：是的，保存好自设页面后，再次打开时自动加载。

注：新建页面需要保存后才能进行预警。

(3) 自设页面更换周期、合约后，还会进行预警吗?

答：是的。当前窗口会按照预警公式，重新判断预警条件。

(4) 预警机制为：

① 满足条件预警，从不满足到再次满足，再次预警。

② 新K线出现时满足条件预警。

③ 新开页面时满足条件预警。

注：满足条件时预警声音只播放一次。

(5) 如何设置预警声音?

答：选择软件右上方菜单中的"个性化"→"个性化设置"→"其它设置"→"公式预警设置音效"，可设置公式预警的声音。

5.4　常见问题

5.4.1　图表使用问题

(1) 页面分割多个窗口，切换一个窗口的合约时希望其他窗口一起切换，如何操作？

答：可以使用文华财经软件中的联动功能。在窗口的左上方，点击【联动】按钮，如图 5-4-1 所示，可以实现窗口间联动与否的切换。联动的窗口，当其中一个窗口切换合约时，其他几个联动窗口也跟着切换。

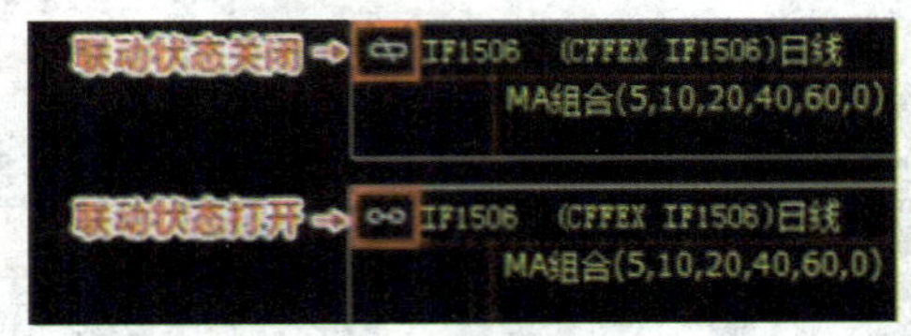

图 5-4-1　【联动】按钮

(2) 盘口的大单数值是怎么定的，能否自己设置大单标准？

答：大单标准默认按照 5 倍平均成交现量，可以在菜单栏的"个性化"→"个性化设置"→"报价常用设置"中修改大单筛选倍数，如图 5-4-2 所示。也可以在图表上点击鼠标右键，在弹出的下拉菜单中选择"设置大单阈值"，自己设置固定大单标准。

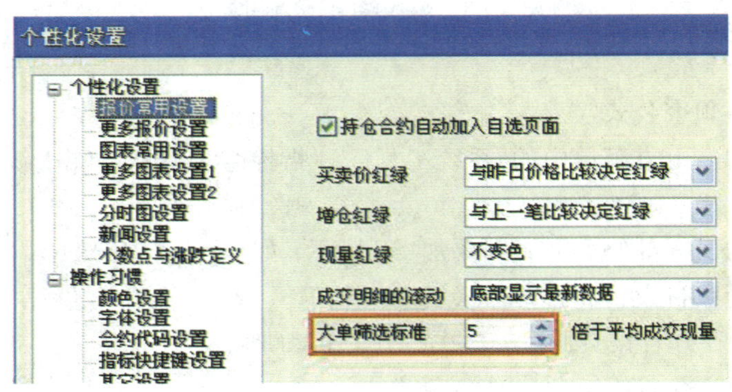

图 5-4-2　设置大单标准

注意："平均成交现量"是从进入该合约图表后开始累积计算的，假设进入图表后的第一笔成交现量是 2 手，第二笔是 3 手，第三笔是 4 手，当时的平均成交现量就是(2+3+4)÷3=3 手。如果切换到其他页面又重新回到该合约图表，平均成交现量又会重新累积计算。

(3) K 线图上只有 5 条均线，想要 6 条或更多应如何设置，如何修改均线颜色、线形？

答：6 条均线：在 K 线图上点击鼠标右键，在弹出的下拉菜单中选择"叠加分析指标"，弹出例如下图 5-4-3 所示窗口，点击红框中的"MA 组合"，修改右侧 N6 值，即可显示 6 条均线。

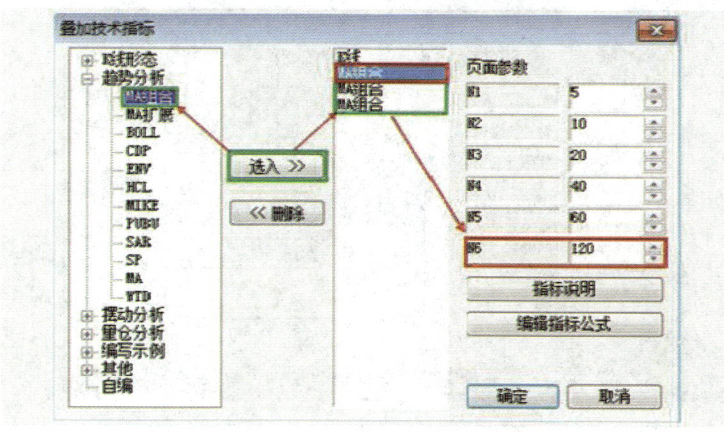

图 5-4-3　均线设置

更多均线：如图 5-4-3 中绿框所示，左侧栏的任一指标可以多次选入到右侧栏，每选入一次"MA 组合"就会在图表上多增加 6 条均线，同样在右侧修改 N1—N6 的值。

颜色修改：打开指标源码，将"MA1：MA（CLOSE，N1）；"修改为"MA1：MA（CLOSE，N1），COLORRED；"，则 MA1 会显示为红色，其他均线同样修改。如果您不知道颜色代码，点击如图 5-4-4 所示的①～③步骤，可以在源码处自动插入颜色代码。

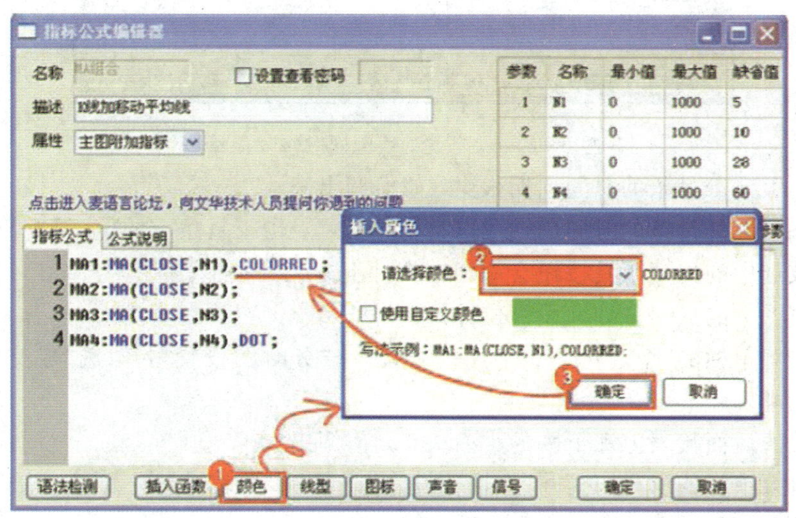

图 5-4-4　颜色修改步骤

线型修改：打开指标源码，将"MA1：MA(CLOSE，N1)；"修改为"MA1：MA(CLOSE，N1)，DOT；"，则 MA1 会显示为虚线，其他均线同样修改。如果不知道线型代码，点击如图 5-4-5 所示的①～③步骤，可以在源码处自动插入线性代码。

颜色、线型同时修改：打开指标源码，将"MA1：MA(CLOSE，N1)；"修改为"MA1：MA(CLOSE，N1)，COLORRED，DOT；"，则 MA1 会显示为红色虚线，其他均线同样修改，颜色、线型代码可在图 5-4-6①、②处进行设置。

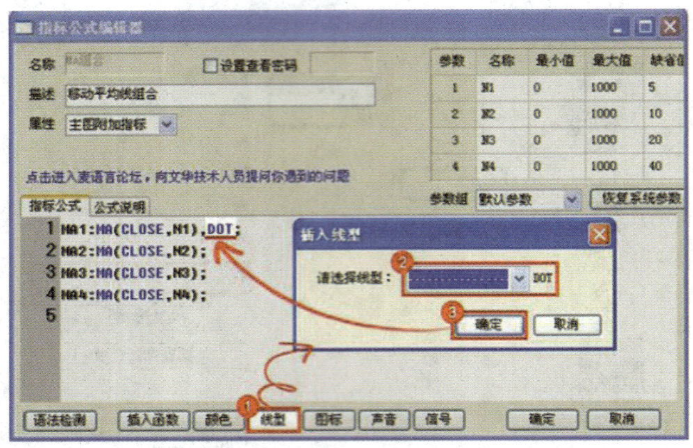

图 5-4-5　线型修改步骤

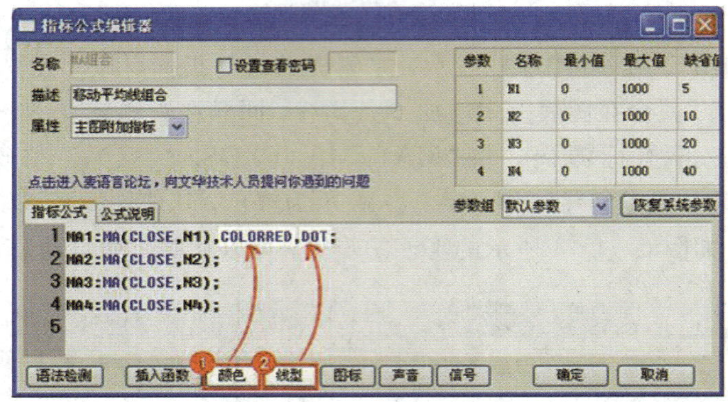

图 5-4-6　颜色、线型同时修改步骤

(4) 软件上方工具条的时间周期很少，如何调出来？

答：软件上方工具条的时间周期可以自行增加，点击工具条上的【...】按钮，选择要添加的周期，被选中的周期工具按钮会添加在软件上方工具条上。

(5) 分时图上的成交量如何设置位红绿色？

答：点击菜单栏的“个性化”→“个性化设置”→“分时图设置”，勾选“成交量线用红绿指示涨跌”。

(6) 指标值后面代表上涨下跌的小箭头，如何调出？

答：点击菜单栏的“个性化”→“个性化设置”→“更多图表设置 2”，在“指标数值显示”处的下拉框中选择“显示数值和涨跌小箭头”。

(7) 如何快速修改指标参数值？

答：在图表上单击鼠标右键，在弹出的下拉菜单中选择“设置指标参数”，在弹出的窗口中即可修改指标值了。

(8) 如何快速切换指标？

答：鼠标左键单击 K 线图上的指标名称，即可切换，如图 5-4-7 所示。

(9) 如何一键隐藏画线？

答：在 K 线图表上单击鼠标右键，在弹出的下拉菜单中选择“更多”→“临时隐藏手工画线”；也可以使用热键【Alt+T】，如图 5-4-8 所示。

图 5-4-7　快速的切换指标

图 5-4-8　一键隐藏画线

(10) 如何设置鼠标滚轮切换合约或者缩放图表？

答：点击菜单栏的“个性化”→“个性化设置”→“K 线图常用设置”，或者使用鼠标滚轮切换 K 线图合约或缩放 K 线图显示比例。

(11) 如何设置画线的颜色和线型？

答：在图表上点击鼠标右键，在弹出的下拉菜单中选择“画线”，调出画单工具箱后，点击图 5-4-9 中黑框位置，在弹出的窗口中设置画线的颜色、线型。

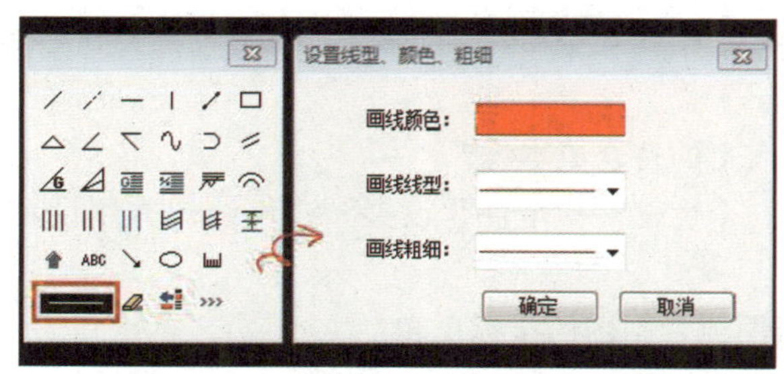

图 5-4-9　设置画线的颜色和线型

(12) 在画黄金分割线或者其他画线时，线的根数太少了，如何能设置的更多？

答：当鼠标在到画线附近变成小手形状时，点击鼠标右键，在弹出的下拉菜单中选择“画线属性”，修改画线的根数。

(13) 如何同步各个周期上的画线？

答：如图 5-4-10 所示，是如何设置各周期画线同步显示的？

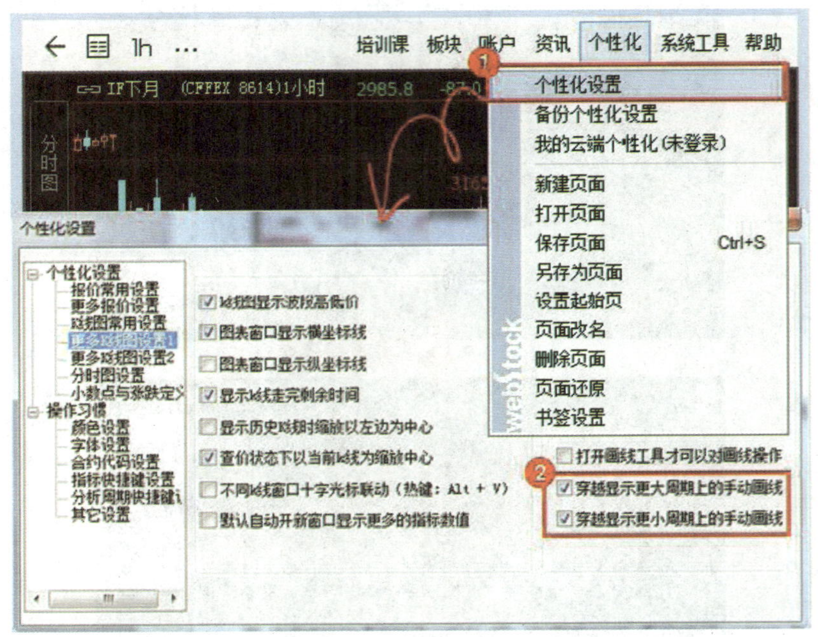

图 5-4-10　设置各周期画线同步显示

(14) 自选页面为什么保存不住？

答：自选一到自选五可以设置不同的报价合约，但不允许分割窗口或者设置图表。投资者设置好页面后，请点击软件上方菜单的“个性化”→“另存为”。新的页面名称可以直接显示在书签的最末端，点击可以直接调出该页面。

(15) 如何将行情复盘？

答：操作步骤如图 5-4-11 所示。

注：复盘演练和训练模式的区别如下：

复盘演练是针对当日的复盘，所以需要在小周期使用，支持秒周期和分钟周期。训练模式是针对长期分析以及 K 线走势的，所以需要在大周期使用，支持小时、日、周、月、季和年周期。

(16) 如何取消图表上的持仓成本线？

答：点击菜单栏的“个性化”→“个性化设置”→“K 线图常用设置”，取消勾选“显示持仓成本线”。

(17) 如何将 K 线图或者副图的指标反转？

答：在主图/副图上点鼠标右键，在弹出的下拉菜单中选择“纵坐标”→“坐标反转”，反转主图/副图指标。

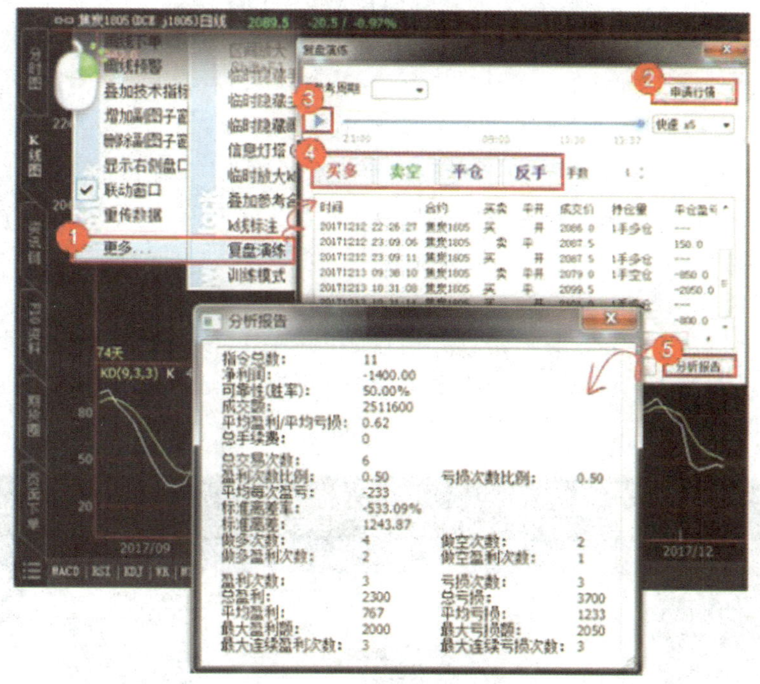

图 5-4-11　将行情复盘举例

(18) 如何在 K 线图上叠加其他合约的 K 线图?

答：在 K 线图上点击右键，在弹出的下拉菜单中选择“更多”→“叠加参考合约”。

(19) 多窗口界面如何显示大的盘口信息?

答：鼠标移动到小盘口左侧竖线附近，当鼠标变成“十字星”后，按住鼠标左键向左拖动，即可显示大盘口，如图 5-4-12 所示。或者在任一窗口中点鼠标右键，在弹出的下拉菜单中选择“插入窗口”，在打开的新窗口中点击右键，在弹出的下拉菜单中选择“插入内容”→“盘口报价表”。

图 5-4-12　显示大盘口

(20) 多窗口下如何调用“我的指标区”?

答：在软件上方菜单中选择“个性化”→“个性化设置”，在弹出的“自设页面设置”中选择的“自设页面也使用 F7 工具条”，快捷键即被定义为【F7】。

(21) 分时图和 K 线图切换的快捷键是什么？

答：快捷键【F5】或【Tab】。

(22) K 线图坐标线太少，如何设置更多的坐标线？

答：在软件上方菜单中选择“个性化”→“个性化设置”，在弹出的“更多图表设置 2”中选择“调整坐标线间距”，就可以选择网格根数。或者在 K 线图上点击鼠标右键，在弹出的下拉菜单中选择“纵坐标”→“合约化坐标线”。

(23) 如何能批量删除/选入合约？

答：在报价列表上点击鼠标右键，在弹出的下拉菜单中选择“合约管理”，在合约栏中按住鼠标左键上下移动，可以一次选中多个合约，再点击【选入】/【选出】按钮，批量移动选中的合约，如图 5-4-13 所示。

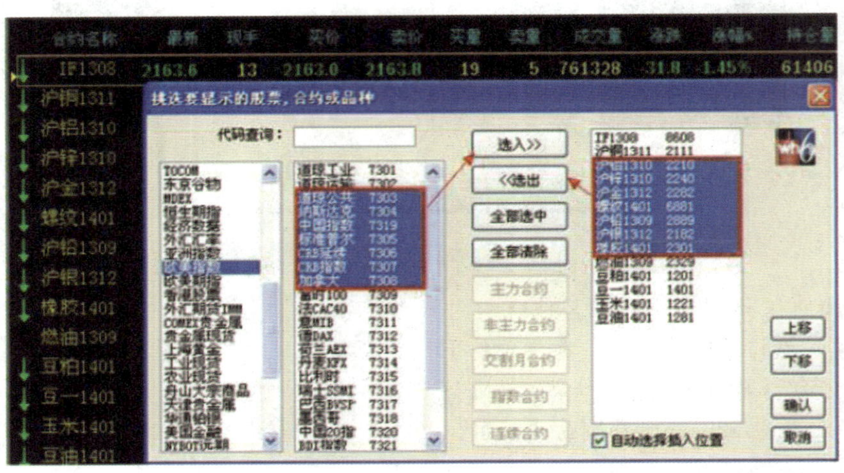

图 5-4-13　删除/选入合约

(24) 盘口逐笔明细名词解析：

① 现手列颜色：现手列为红色，代表主动买成交(成交价与卖价相同称为主动买)。现手列为绿色，代表主动卖成交(成交价与买价相同称为主动卖)。

② 开平列名词解释(如图 5-4-14 所示)：

空开：以买价为成交价并且以增仓为正值。

多开：以卖价为成交价并且以增仓为正值。

双开：现手与增仓的值相同。

双平：现手与增仓的绝对值相同。

空平：以卖价为成交价并且以增仓为负值。

多平：以买价为成交价并且以增仓为负值。

多换：增仓为 0，并且最新成交价与卖价相同(主动买)。

空换：增仓为 0，并且最新成交价与买价相同(主动卖)。

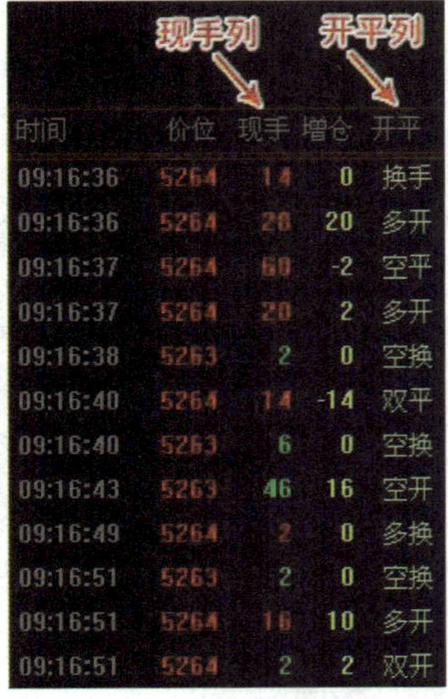

图 5-4-14　开平列名词举例

换手：增仓为 0，并且当前价格等于上一笔价格。

(25) 指数合约盘口的贡献度是如何计算的？

答：国内合约贡献度：

(合约最新价－合约品种指数的昨结算)×合约的持仓量÷合约品种指数的持仓量

国外合约贡献度：

$$\frac{(\text{合约最新价}-\text{合约品种指数的昨收盘})\times\text{合约的持仓量}}{\text{合约品种指数的持仓量}}$$

具体举例如图 5-4-15 所示。

(26) 如何简便的设置自己的页面？

答：点击软件上方菜单的“页面”→“新建”，在弹出窗口中选择页面模板。软件中已经提供了 6 种模板，点击其中一种模板，自动生成模板窗口模式的页面，如图 5-4-16 所示。

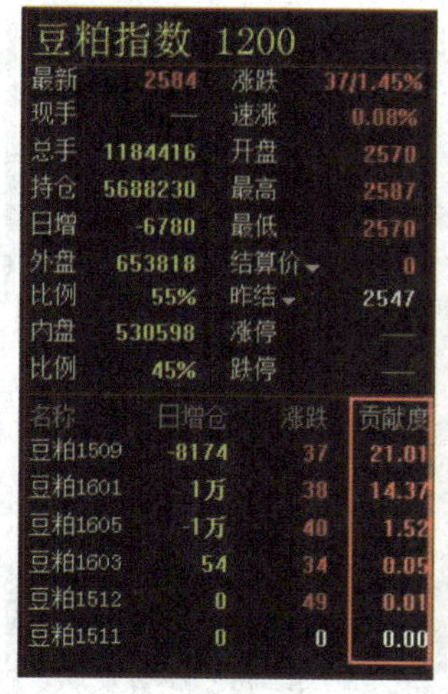

图 5-4-15　贡献度举例

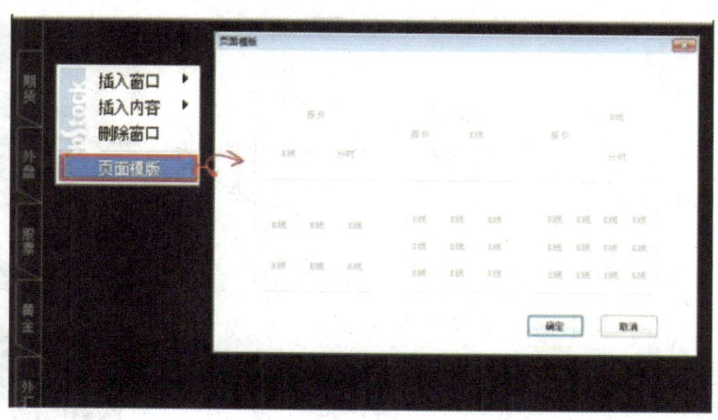

图 5-4-16　设置页面

(27) 分笔图解析。

答：定义大单：单笔成交量大于 5 倍的前一日平均成交量即为大单，除大单外为散单。

大单：绿色表示大单空头部分占总的百分比(总：指的是当日总成交量，以下相同)；红表示大单多头部分占总的百分比，如图 5-4-17 所示。

散单：绿色表示散单空头部分占总的百分比；红色表示散单多头部分占总的百分比。

合计：绿色表示(空头大单＋空头散单)÷总；红色表示(多头大单＋多头散单)÷总。

空方均价：空方最新价×空方成交量的加权平均。

多方均价：多方最新价×多方成交量的加权平均。

多换：多换和换手占总的百分比 。

空换：空换和换手占总的百分比。

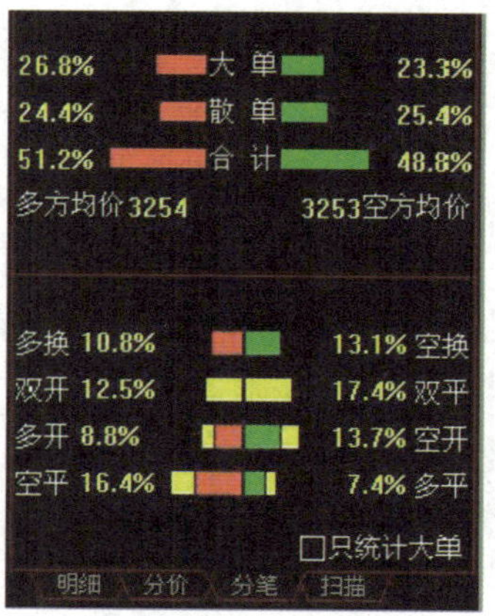

图 5-4-17　分笔图

双开：双边开仓占总的百分比。

双平：双边平仓占总的百分比。

多开：黄色表示多头开仓中换手部分占总的百分比(其中的“换手部分”是指多开中现手－增仓的手数部分)，红色表示多头开仓占总的百分比。

空开：黄色表示空头开仓中换手部分占总的百分比；

绿色表示空头开仓占总的百分比。

空平：黄色表示空头平仓中换手部分占总的百分比；

红色表示空头平仓占总的百分比。

多平：黄色表示多头平仓中换手部分占总的百分比；

绿色表示多头平仓占总的百分比。

(28) 设置实心空心K线?

答：在K线图上单击鼠标右键，在弹出的下拉菜单中选择“设置指标参数”，会弹出例如图5-4-18所示界面，选中“K线”，修改右侧M和N的值。M=0/1代表阳线为实心/空心，N=0/1代表阴线为实心/空心。

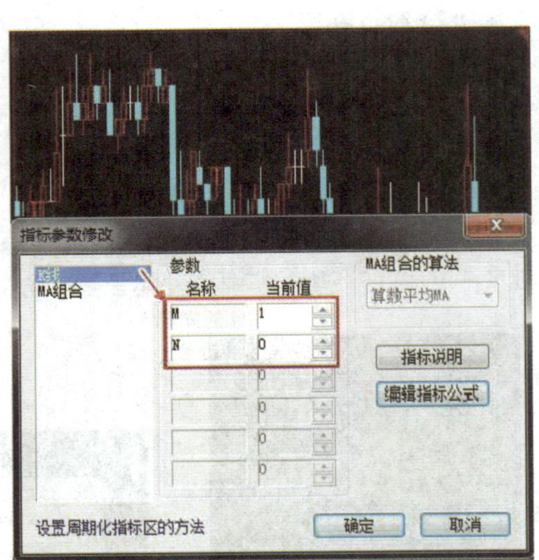

图5-4-18 “指标参数修改”页面

(29) 如何避免指标返回值过大或是过小导致的K线被压缩?

答：利用定义变量函数“：=”。

例：布林通道+均线指标，由于TMP2值过小，导致指标图形被压缩，如图5-4-19所示。

```
MID:MA(CLOSE, 26);
TMP2:STD(CLOSE, 26);
TOP:MID+2 * TMP2;
BOTTOM:MID-2 * TMP2;
MA1:MA(CLOSE, 5), LINETHICK1;
MA2:MA(CLOSE, 20), LINETHICK1;
```

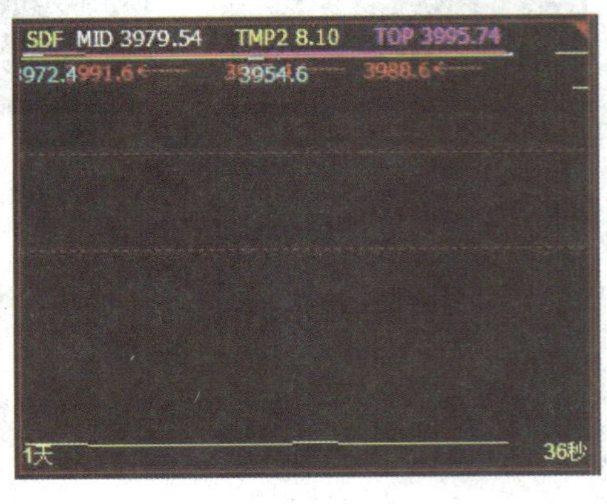

图5-4-19 指标图形被压缩举例

修改指标后，可以正常显示，具体修改方法如下：

```
MID:MA(CLOSE, 26);
TMP2:=STD(CLOSE, 26);
TOP:MID+2 * TMP2;
BOTTOM:MID-2 * TMP2;
MA1:MA(CLOSE, 5), LINETHICK1;
MA2:MA(CLOSE, 20), LINETHICK1;
```

(30) 什么是自然时间K线和交易时间K线?

答：自然时间K线是指按照自然的24小时划分K线，例如：自然时间下的1小时K

线，9～10 点形成 1 根 K 线，10～11 点形成 1 根 K 线，11～12 点形成 1 根 K 线(由于 11:30 收盘，实际只有半个小时的交易形成)，1～2 点形成 1 根 K 线，2～3 点形成 1 根 K 线。交易时间是按照实际交易的时间划分 K 线，例如：交易时间下的 1 小时 K 线，9～10 点形成 1 根 K 线，10～11:15 形成 1 根 K 线，11:15～2：15 形成 1 根 K 线。

设置方法：在主菜单中选择“个性化”→“个性化设置”→“更多 K 线图”，设置 2→10/30/60/180 分 K 线，就可以选择自然时间或交易时间。

(31) K 线图上自带的价格高低点是如何计算的？怎样修改？是否可以通过自编指标调用？

答：K 线图中显示的高低价格是波段高低点，波段高低点是根据当前屏幕上显示的 K 线根数和个性化设置中设置的波段高低范围计算的。

比如当前屏幕显示 100 根 K 线，波段高低价比较范围设置为 15%，那么就在主图上判断当前 K 线是否是前后 100×15%＝15 根 K 线中的最高点或最低点，作为波段高低点显示。

因为时间和 K 线标注的位置都不是固定的，会随着屏幕 K 线的变化而变化，因此不支持通过自编指标调用。

设置方法：在主菜单中选择“个性化”→“个性化设置”→“更多 K 线图设置 2”→“波段高低价比较范围”。

(32) 如何解决分时线显示异常的问题(如图 5 - 4 - 20 所示)？

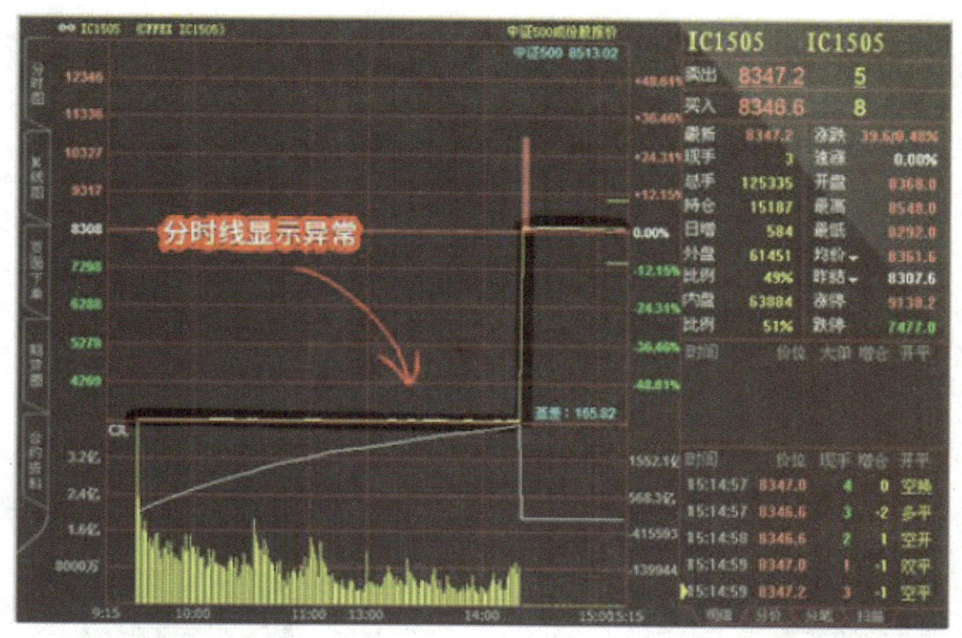

图 5 - 4 - 20　分时线显示异常

答：这种问题通常由于网络不顺畅导致，通过“优选服务器”功能选择适合自己的网络，保障分时线等数据正常显示。操作方法如图 5 - 4 - 21①～⑤所示。

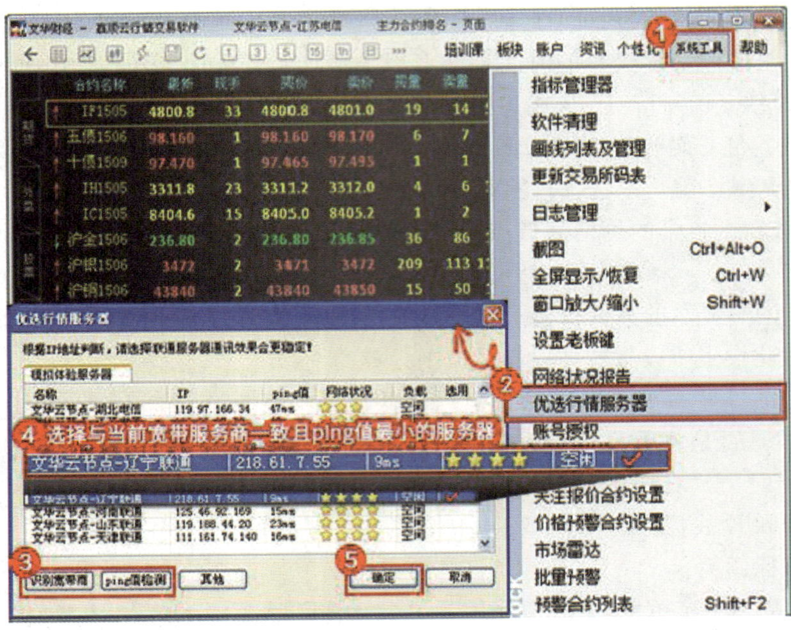

图 5-4-21 优选服务器的步骤

(33) 如何切换指标?

答：方法 1：使用热键【Home/End】，切换。

方法 2：如图 5-4-22，点击红框处调出菜单切换指标。

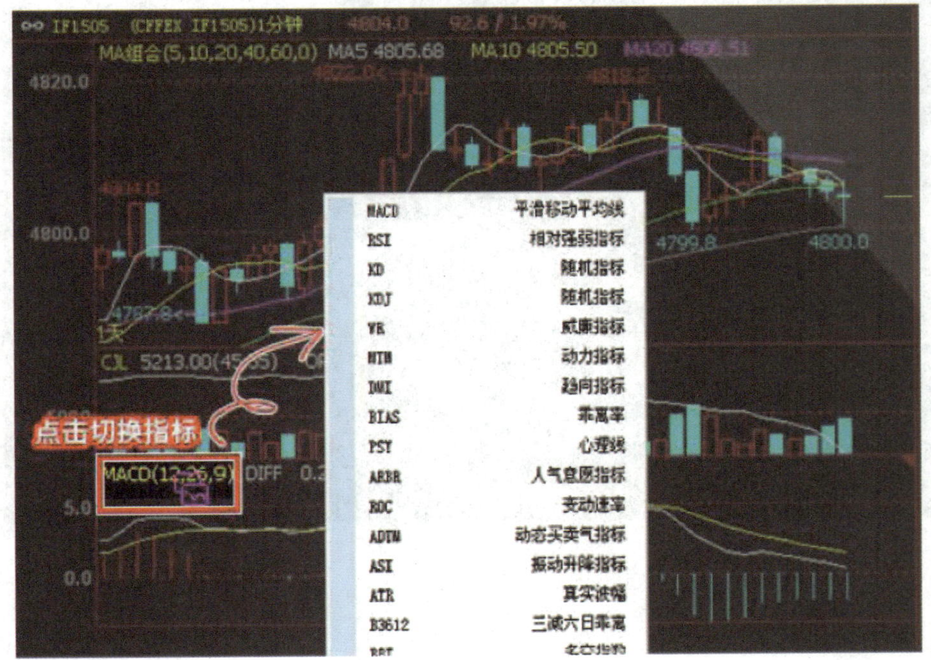

图 5-4-22 切换指标

(34) 如何调用 EXPMA 均线？

答：如图 5－4－23 所示，在“设置指标参数”中将“MA 组合”的“移动平均线类型”修改为“指数加权”。

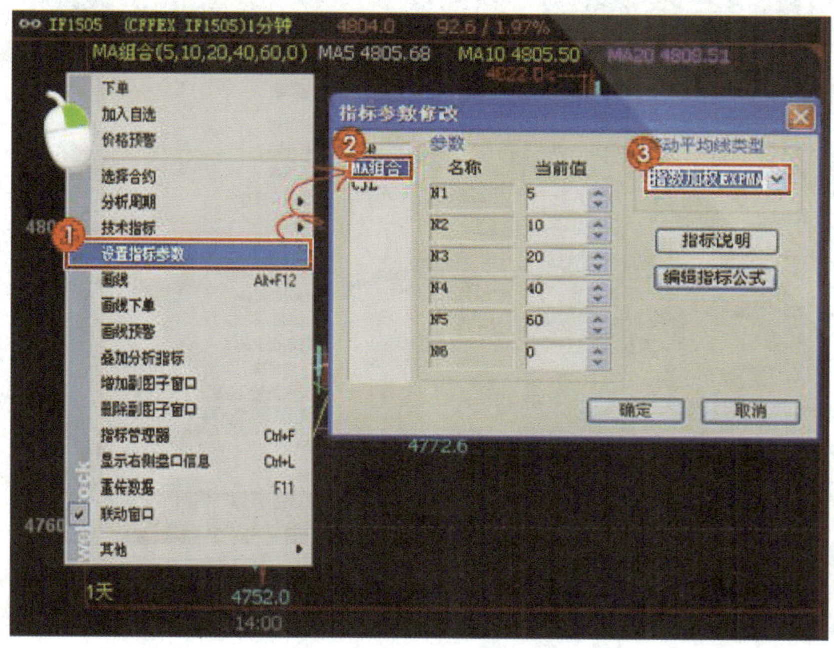

图 5－4－23　调用 EXPMA 均线

(35) 如何解决 K 线数据缺失的问题(如图 5－4－24 所示)？

答：解决方法如图 5－4－25 所示。

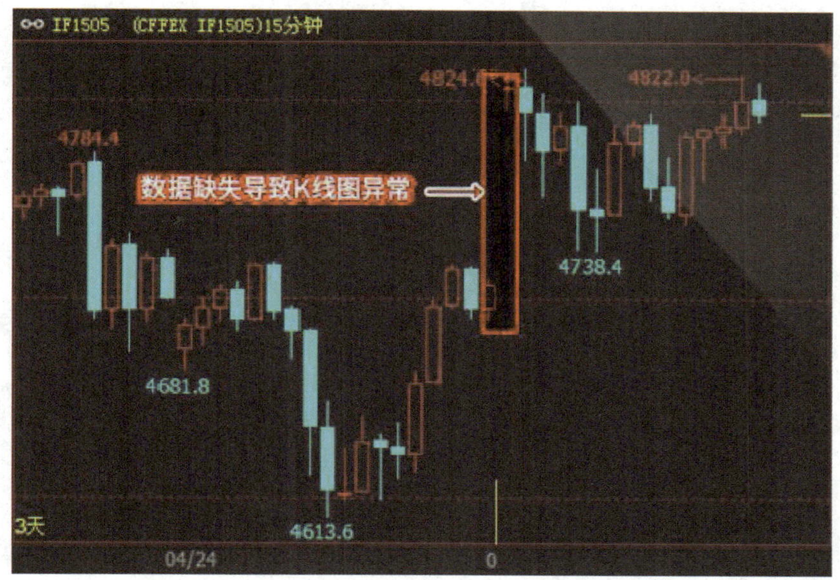

图 5－4－24　K 线数据缺失

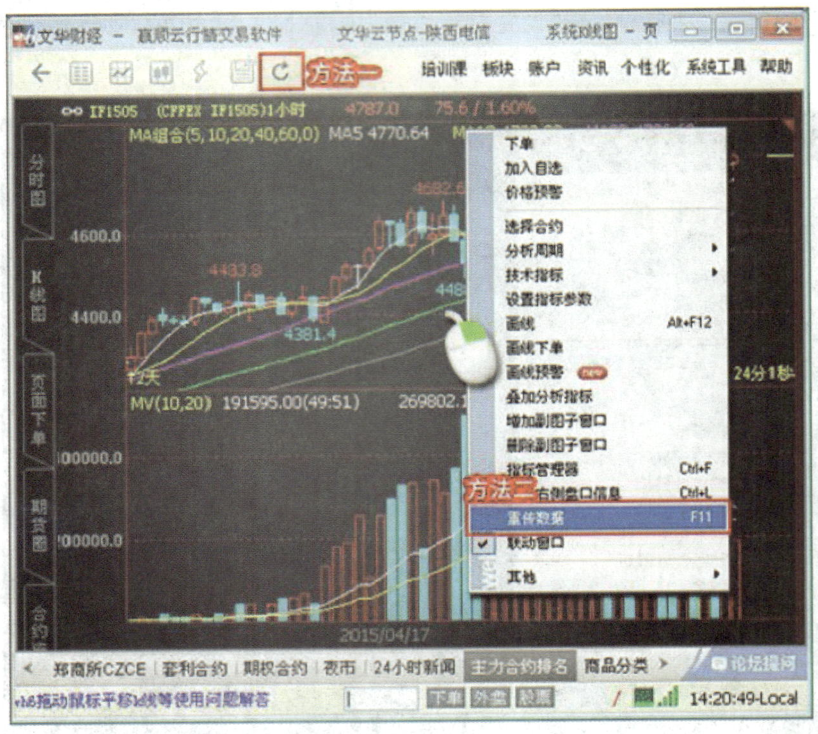

图 5－4－25　解决 K 线数据缺失方法

(36) 如何解决无法显示新合约的问题?

答：报价中无法显示新合约，可更新该合约所在交易所码表，如图 5－4－26 所示。

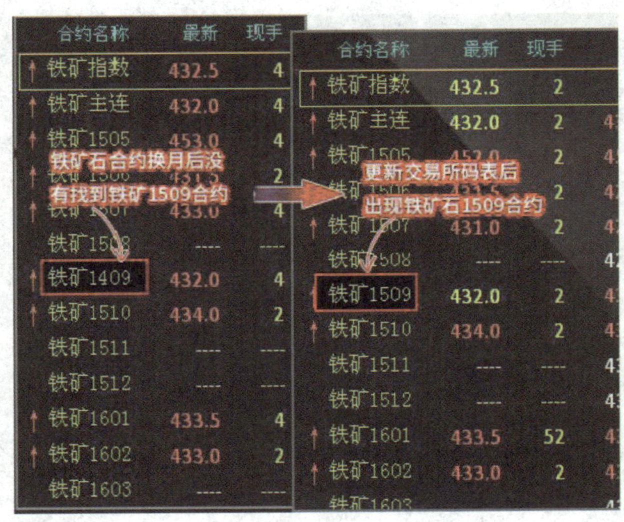

图 5－4－26　更新该合约所在交易所码表前后比较

操作方法如图 5-4-27 所示。

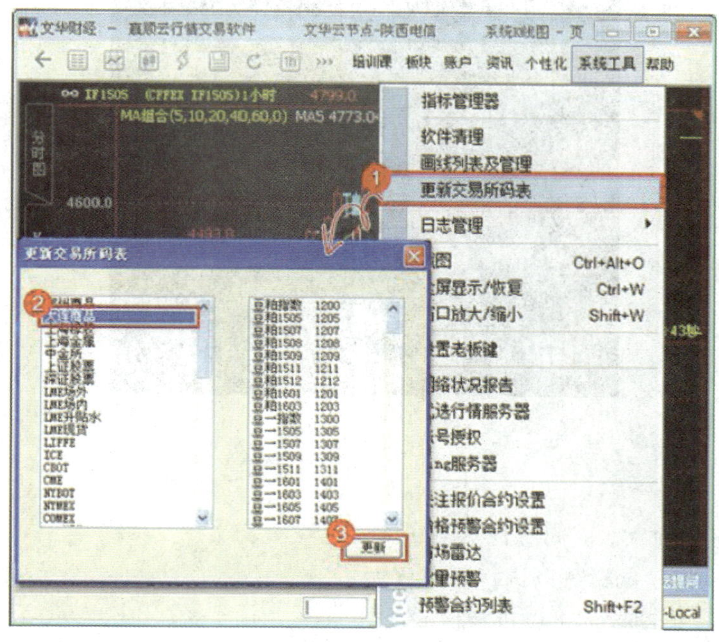

图 5-4-27　更新交易所码表步骤

(37) 如何创建多窗口的自设页面？

答：操作方法如图 5-4-28①～②所示。

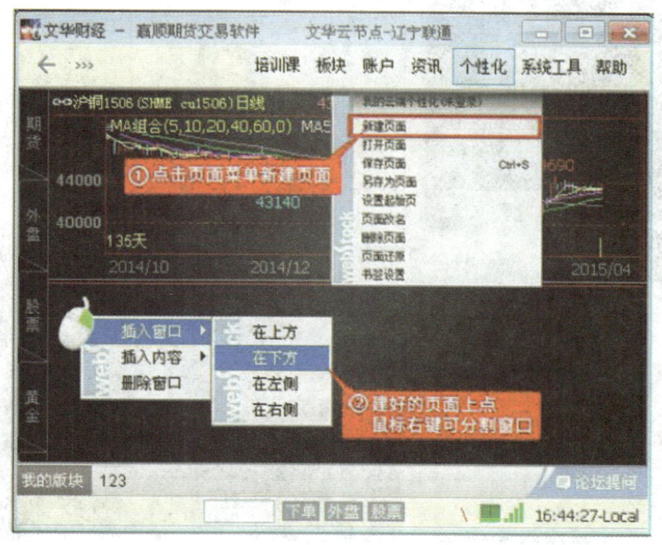

图 5-4-28　创建多窗口的自设页面

(38) 如何通过拖动鼠标平移 K 线？

答：操作方法如图 5-4-29 所示。

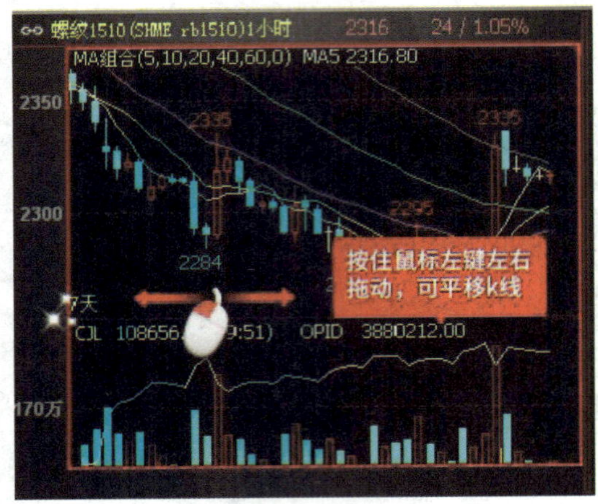

图 5-4-29　平移 K 线

(39) 如何区间放大、区间统计 K 线

答：【Ctrl】+拖动鼠标可以进行区间放大。

【Shift】+拖动鼠标可以进行区间统计。

(40) 如何进行双 K 线对比？

答：操作步骤如图 5-4-30 所示。

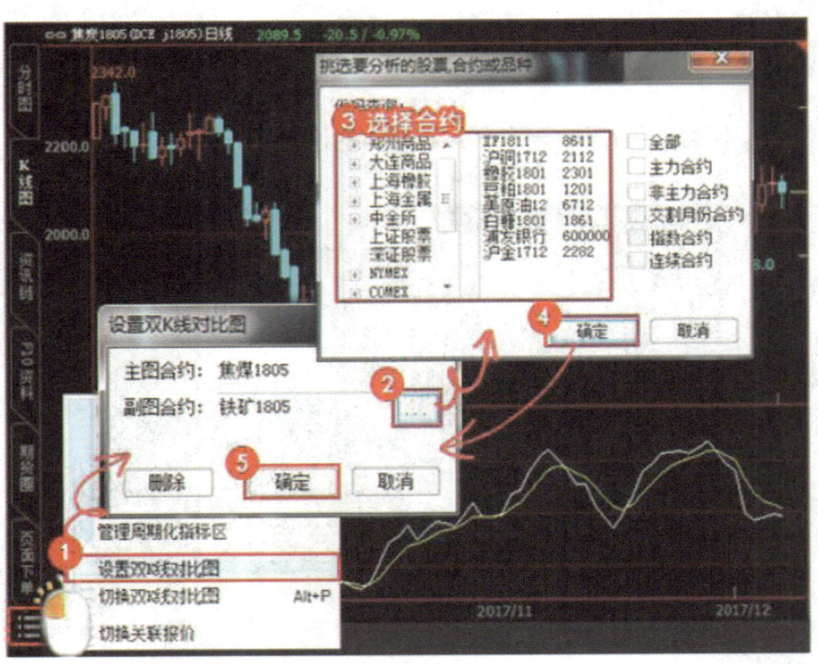

图 5-4-30　双 K 线对比步骤

对比效果如图 5-4-31 所示。

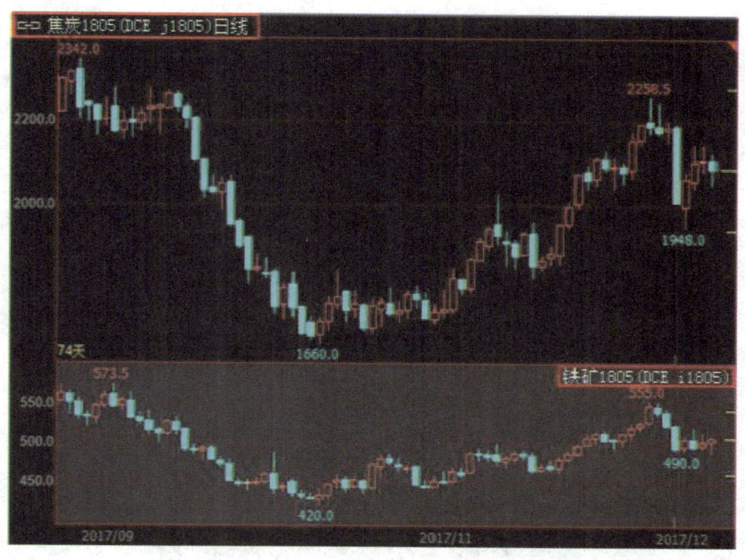

图 5-4-31　双 K 线对比举例

(41) 如何快速切换常用指标—我的指标区?

答：操作方法如图 5-4-32 所示。

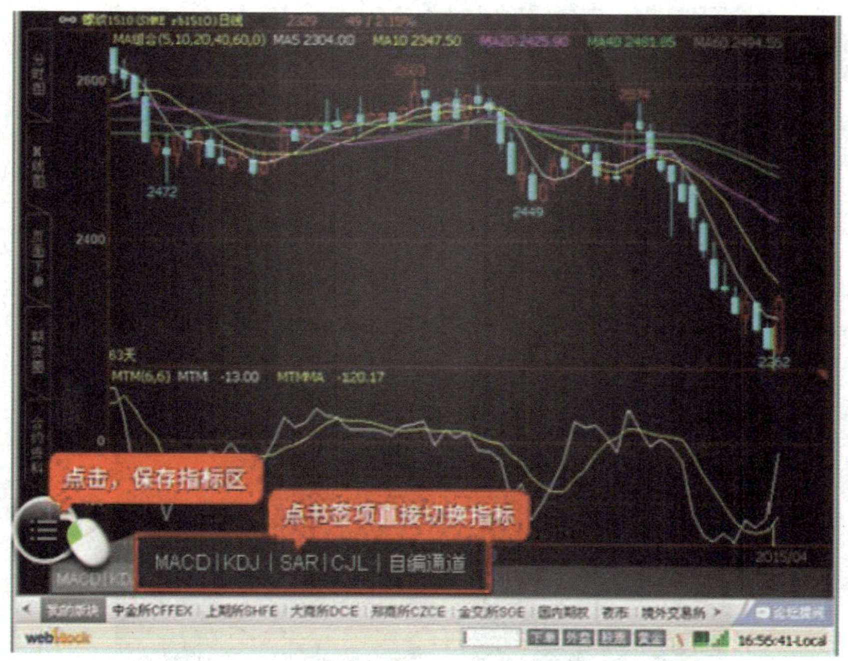

图 5-4-32　快速切换指标的方法

(42) 如何设置周期化指标区?

答：在系统 K 线图的界面进行操作，如图 5-4-33①～③所示。

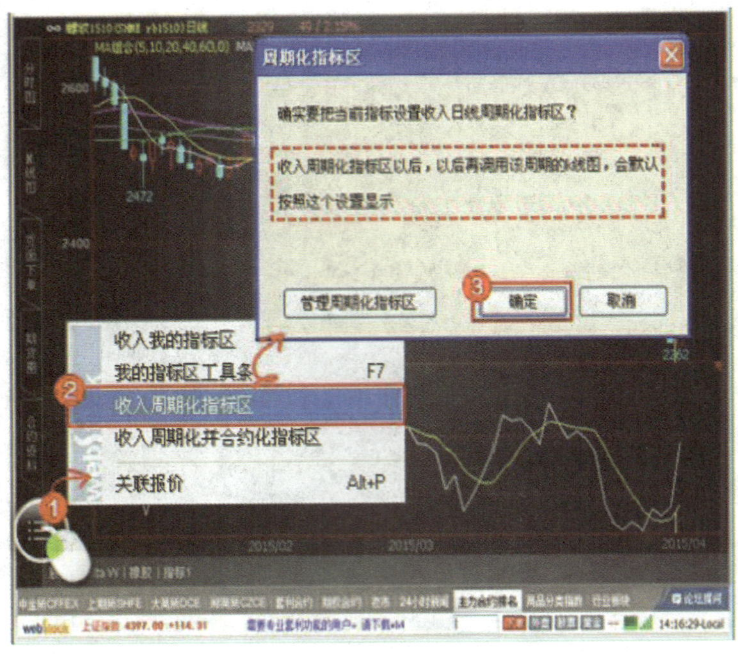

图 5-4-33　设置周期化指标区

(43) 如何隐藏主图指标线?

答：在 K 线图点击右键，在弹出的下拉菜单中选择“更多”→“临时隐藏主图指标线”，可以将主图指标线快速隐藏；或者使用热键【Alt+R】，如图 5-4-34 所示。

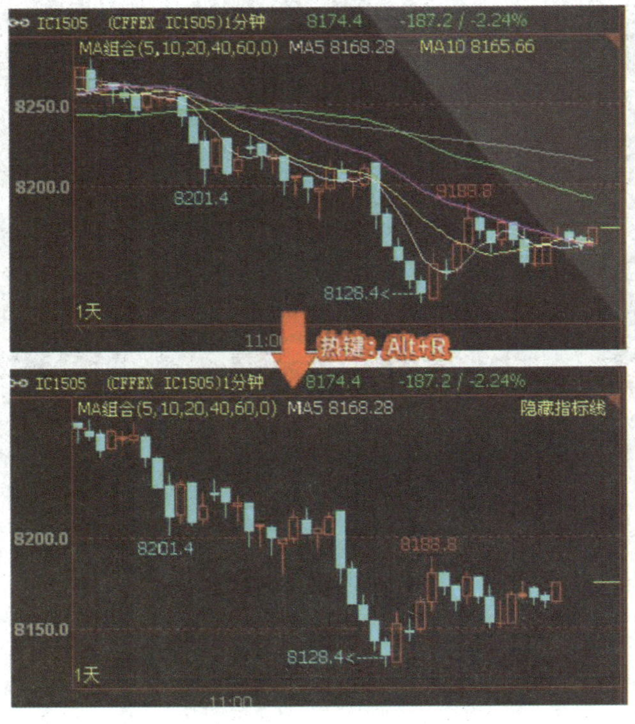

图 5-4-34　隐藏主图指标线

5.4.2　交易使用问题

（1）如何调出下单工具条？

答：点击菜单栏的“账户”→“期货账户”→“下单工具条”，或者使用快捷键【～】，调出如图 5－4－35 白框处所示下单工具条。

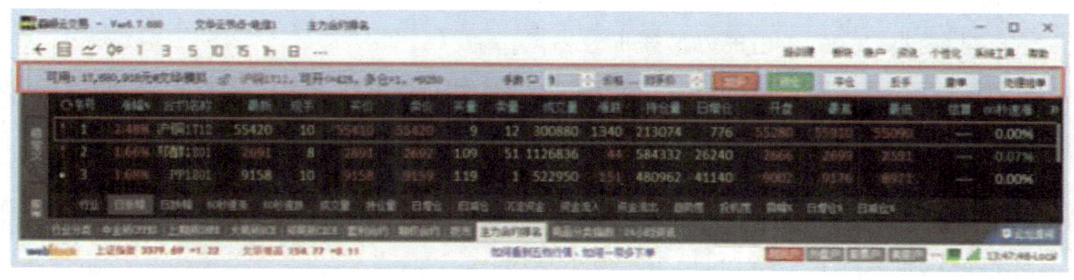

图 5－4－35　下单工具条

（2）交易界面的逐笔浮盈和盯市浮盈有什么区别？

答：如果是老仓，逐笔浮盈按照最新价与开仓均价比较计算盈亏，盯市浮盈按照昨结算价与最新价比较计算盈亏，如果是今仓就都按照开仓均价计算。

（3）下单主窗口的调用快捷键是什么？

答：空格键。

（4）我的止损止盈为什么没触发？

答：可能的原因：在使用开仓自动止损止盈功能时，下单界面左侧的“止损参数”→“开仓自动止损止盈”选项没有勾选。

（5）如何知道持仓是否设置了止损止盈？

答：看持仓界面的“赢损”位置是否有√，如果有，说明该持仓有止损止盈设置，可以在“止损单”列表看止损单的详情，如图 5－4－36 所示。

持仓 | 委托 | 成交 | 预埋单 | 条件单 | 止损单 | 资金 | 合约

品种	合约号	多空	手数	可用	开仓均价	逐笔浮盈	赢损
白糖	SR1401	多	1	1	4971	260	√
豆一	a1401	空	1	1	4613	-260	

图 5－4－36　止损单举例

（6）交易界面持仓栏里的上海合约，手数位置显示的是 N/M，是什么意思？

答：N 代表持仓的总手数，M 代表今仓手数，图 5－4－37 中螺纹 1401 合约共有 3 手持仓，其中 2 手是今仓。

持仓 | 委托 | 成交 | 预埋单 | 条件单 | 止损单 | 资金

品种	合约号	多空	手数	可用	开仓均价
螺纹	rb1410	空	3/2	3/2	3358.67
菜粕	RM1409	空	1	1	2649
白糖	SR1409	多	1	1	4789

图 5－4－37　持仓栏举例

(7) 交易界面里很多地方都能看到对手价、排队价、最新价、超价、市价，请问这些名词都是什么意思?

答：排队价：买入以买价发委托，卖出以卖价发委托。

对手价：买入以卖价发委托，卖出以买价发委托。

市价：买入以涨停价发委托，卖出以跌停价发委托。(交易所撮合最优价成交，因此和市场价下单效果是一样的。)

最新价：买入/卖出都以最新价发委托。

超价：买入以对手价加 N 个变动价位发委托，卖出以对手价减 N 个变动价位发委托。N 可以在交易界面左侧菜单的"超价参数"中设置。

(8) 下单委托时希望弹出确认框，如何设置?

答：在下单界面左侧点击"选项设置"→"委托确认"，选择启用。交易界面的很多操作设置项目都在此项目下，用户可以根据需求选择。

(9) 反手是同时发平仓和开仓委托吗?

答：不是的，会先发平仓委托，平仓委托成交后再发开仓委托。

(10) 炒单热键为什么不起作用?

答：最常见的原因是炒单热键的开关没有启动，如果没启动开关，下单快捷键就不会起作用。

按【Ctrl＋开/关】快捷键，开启炒单热键界面，开启会后在软件右上角出现如图 5－4－38 所示的界面。

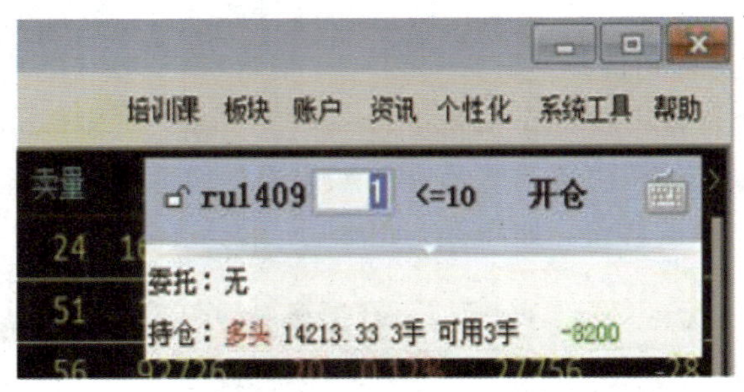

图 5－4－38　炒单热键界面

(11) 三键下单界面中，如何抓价?

答：勾选交易界面左侧"选项设置"中的"三键下单默认指定价下单"，再点击盘口或报价列表中的买入、卖出、最新价，可将价格直接抓到交易界面的价格框里。注意图 5－4－39 绿框为不联动状态，抓过来的价格会随买价、卖价、最新价联动，如果切换到联动状态，则会与市场价联动。

(12) 画线下单时，为什么成交价和画线价格差很多?

答：画线下单中画线价格是系统确认是否发出委托的依据价格。而委托时，系统会按照投资者设置的委托形式下单，例如设置了对价委托，那么会以市场上当时的对价发出委托；而成交价是由交易所撮合成交的结果。

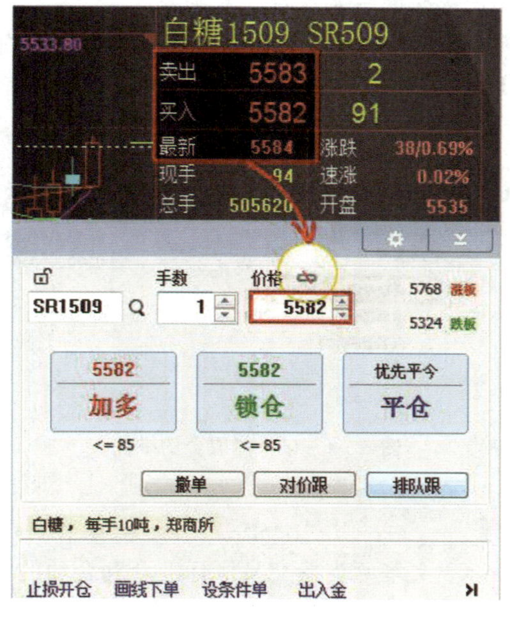

图 5－4－39 不联动状态举例

(13) 止损触发时，为什么成交价和设置的止损价格差很多?

答：投资者设置的止损价格是触发价，也就是说这个价格是系统确认是否发出委托的依据价格。委托时，系统会按照投资者设置的委托形式下单，例如设置了对价委托，那么会以市场上当时的对价发出委托；而成交价是由交易所撮合成交的结果。

(14) 点击持仓品种如何让分析图表联动?

答：如图 5－4－40 所示，将窗口切换成联动窗口即可。

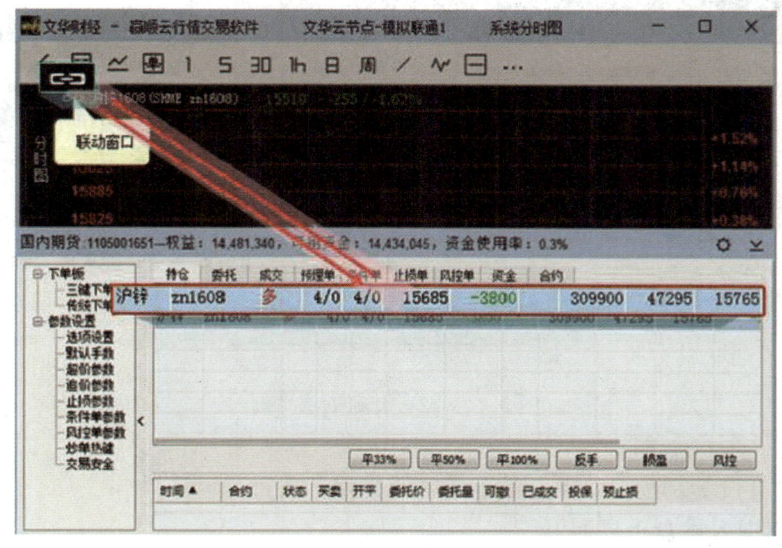

图 5－4－40 联动窗口举例

(15) 成交记录、委托记录栏能否实现合约联动?

答：可以，如图 5-4-41 所示，在成交列表或委托列表栏，点击鼠标右键，在弹出的下拉菜单中选择“抓取合约”，可跳转到相应合约的图表页面。

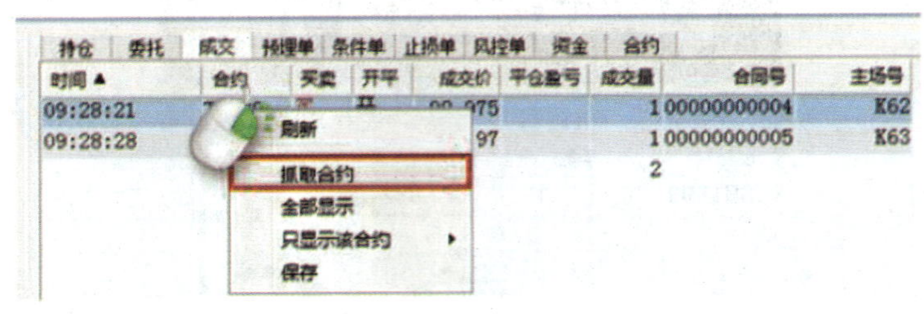

图 5-4-41　抓取合约举例

(16) 如何套利下单?

答：如图 5-4-42 所示，文华 6 支持交易所标准套利合约的下单。

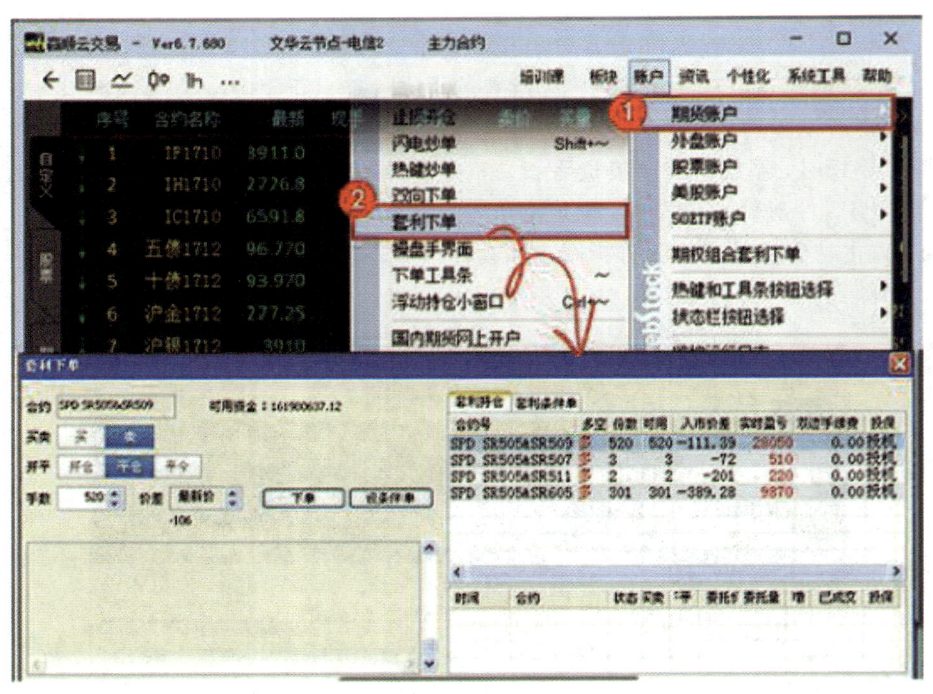

图 5-4-42　套利下单举例

如果需要自设套利配对，请点击下载睿期文华 7 软件。

(17) 如何进入操盘手界面?

答：如图 5-4-43 所示，操盘手页面可供交易者在一个页面完成下单、查看图表及报价的操作。

调用方法为：点击右上角菜单的“账户”→“期货账户”→“操盘手界面”。

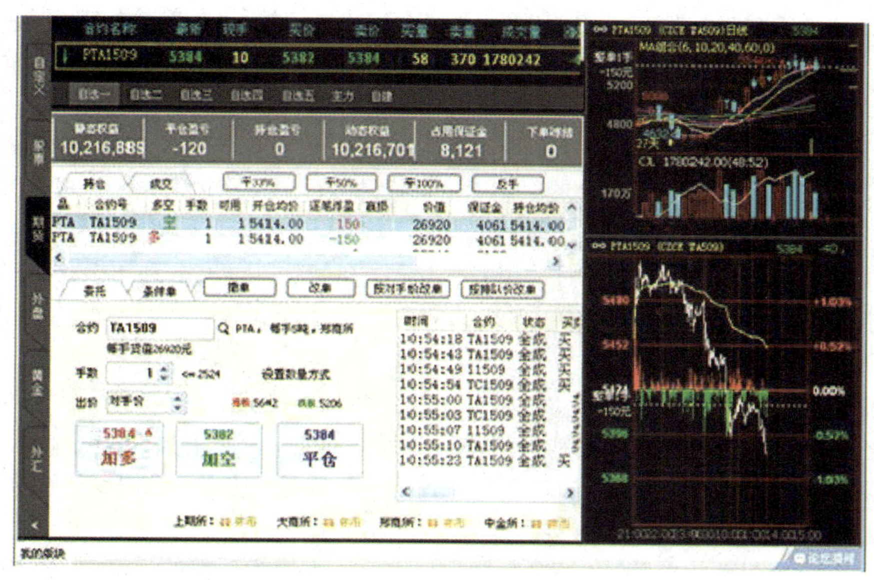

图 5-4-43　进入操盘手界面举例

(18) 如何银期转账？

答：点击菜单栏的“账户”→“期货账户”→“银期转账”。

(19) 如何查询账单？

答：点击菜单栏上的“账户”→“期货账户”→“账单查询及密码修改”。

(20) 如何修改交易密码、资金密码？

答：点击菜单栏上的“账户”→“期货账户”→“账单查询及密码修改”。

5.4.3　速度性能问题

(1) 为什么页面是多个报价窗口 + 多个 K 线、分时图窗口时行情会变慢？

答：这个现象大多出现在成交活跃的时段，在单核的老电脑上问题更突出。

原因分析：期货合约数据更新快，软件收到每一个合约的每一笔新报价数据都要做运算和存储，会占用更多的 CPU 资源，尤其是对于单核的老电脑，这样的页面将导致行情变慢。

解决办法：建议多个报价窗口合约数量总和不要超过 30 个。软件计算 K 线图的波段高低价，会浪费时间，取消波段高低价，电脑速度就快了。可以在软件菜单的“个性化”→“个性化设置”→“更多 K 线图设置 1”中将“K 线图显示波段高低价”勾选掉。

(2) 为什么在看 tick 图或秒周期 K 线时，行情会突然变慢？

答：这个现象大多出现在下午，在单核的老电脑上问题更突出。

原因分析：期货合约每秒更新 2～4 次，活跃的合约 2 小时下来就有 1 万笔以上了，每来一笔新数据要对 1 万笔数据做插入和图表运算，这远比看 K 线图占用的 CPU 资源大得多。

解决办法：建议每经过半小时左右，重新调入一下页面，在这个过程中系统会自动删除一些窗口内不显示的数据。

（3）自编指标中用到了运算量大的函数，为什么加载在K线图上时行情更新慢？

答：这个现象大多出现在K线图窗口K线密集的情况下，在单核的老电脑上问题更突出。

原因分析：对于ZIGZAG、PEAKBARS、TROUGH、TROUGHBARS、PEAK、REF、SUM等函数，每来一笔行情数据都要对一段K线甚至全部K线做运算，这要耗费更多的CPU资源。（一般的函数来一笔新行情数据，只需要计算最后一根K线的数据即可。）

解决办法：改用多核电脑，并且改用赢智软件，赢智软件能充分利用多核CPU资源提高运算速度。

（4）为什么软件启动慢？

答：这个现象在单核的老电脑上比较突出。

原因分析：软件启动过程要对所有交易所的所有合约，在内存建立一个检索表，这个过程比较耗费CPU资源。另外，如果交易和行情一起登录，还要对交易窗口做初始化，比单独登录行情耗费更多的时间。

解决办法：改用多核电脑，2核电脑能把启动时间缩短为现在的1/2，4核电脑能把启动时间缩短为1/4。

（5）为什么在多K线图窗口页面，使用自定义周期时，行情更新慢，调出K线图页面的速度慢？

答：这个现象发生在网络状况不好，数据传输慢的情况下，问题比较突出。

原因分析：自定义周期的数据量很大，是常规周期的5倍以上。每次调用自定义周期的K线都需要从服务器申请下来几千根1分钟数据，再由本机来合成。互联网的速度时快时慢（不同于专线速度是恒定的），在网络状况好的前提下下载一般都能在3秒内完成，但是在网络慢的时候需要10秒或者更长时间。

解决办法：建议安装高速网络。

5.4.4　其他常见问题

（1）什么是“期货圈”？如何进入“期货圈”？

答：“期货圈”是期货人的“朋友圈”，在圈子里，人人都可以分享投资心得，与圈中大牛对话，发现志同道合好友，发表大作、小文、期评、见解，得到一手资讯/分析。

进圈方法一：点击软件右上角菜单的“资讯”→“期货圈”；

进圈方法二：点击K线图左侧导航工具条“期货圈”。

（2）如何备份软件中的页面、自编的指标等设置？

答：点击软件上方菜单的“个性化”→“导出个性化设置”，可以保存软件中的页面、指标、画线等常用设置，把导出的文件再通过同样位置导入新软件中即可。

（3）如何云端存储个性化设置？

答：注册文华ID账号后可以上传包括页面、书签、指标区、止损单、条件单等个性化设置，在不同客户端登录云账号均可下载之前云端存储的个性化设置。步骤如图5-4-44所示。

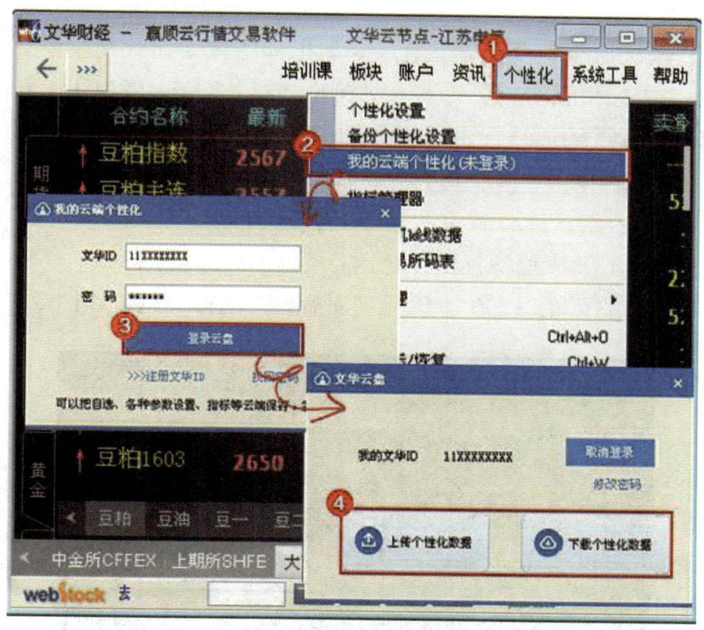

图 5 - 4 - 44　云端存储个性化设置步骤

(4) 一台电脑能否同时打开两个赢顺软件？

答：可以，需要把软件安装两次，安装在不同的目录下。桌面上会有两个软件的图标，分别点击可以启动不同软件。

(5) 购买文华产品，如何付费？

答：点击菜单栏的"帮助"→"网购付费功能"。

(6) 软件是否有老板键，点击后可以把软件隐藏起来？

答：点击软件上方菜单的"系统工具"→"收到后台运行"。

(7) 如何设置公式的属性？

答：设置方法如图 5 - 4 - 45 所示。

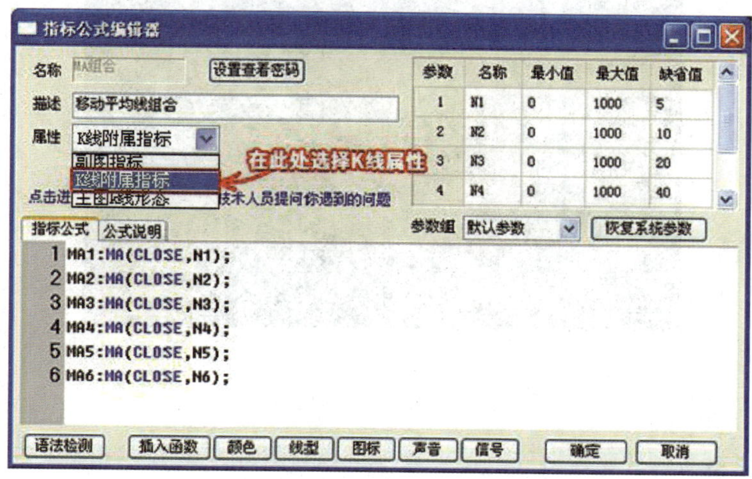

图 5 - 4 - 45　指标公式编辑器

三种属性含义如下：

① 副图指标：默认加载到副图，可通过叠加指标的方式加载到主图，坐标方式为独立坐标，多指标叠加，指标值不影响图形显示。典型指标：KDJ，MACD。

② K 线附属指标：默认加载到主图，坐标方式为附属 K 线，多指标叠加，指标值差异可能导致图形压缩。典型指标：MA 组合，BOLL 布林通道线。

③ 主图 K 线形态：默认加载到主图，每个主图只能加载一种 K 形态，系统默认的 K 线形态是“K 线(蜡烛图)”。典型指标：竹线，宝塔线。

属性为“K 线附属指标”的 KDJ 加载到主图后，K 线被压缩，如图 5-4-46 所示。

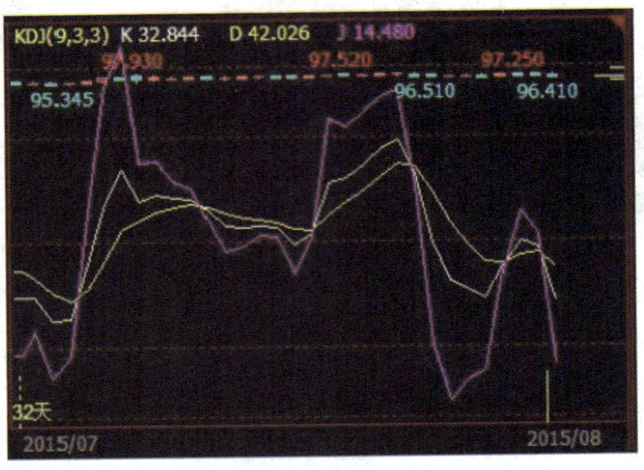

图 5-4-46 K 线被压缩

属性为“副图指标”的 KDJ 加载到主图后，K 线和 KDJ 指标各自坐标独立，均能正常显示，如图 5-4-47 所示。

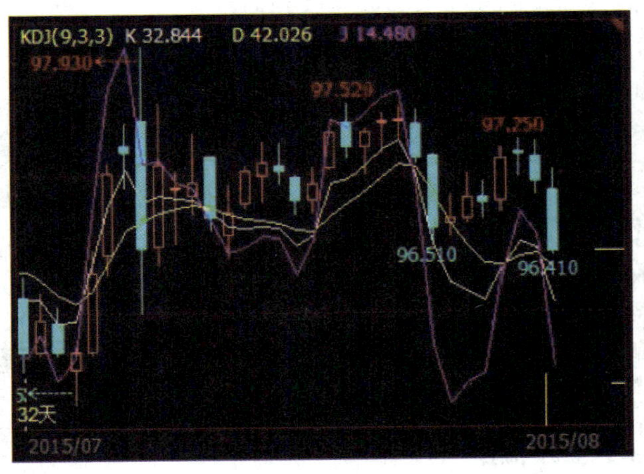

图 5-4-47 各指标显示正常

在主图中点击右键，在弹出的下拉下菜中可以设置相应的技术指标，在主图叠加属性是“副图指标”的指标，如图 5-4-48 所示。

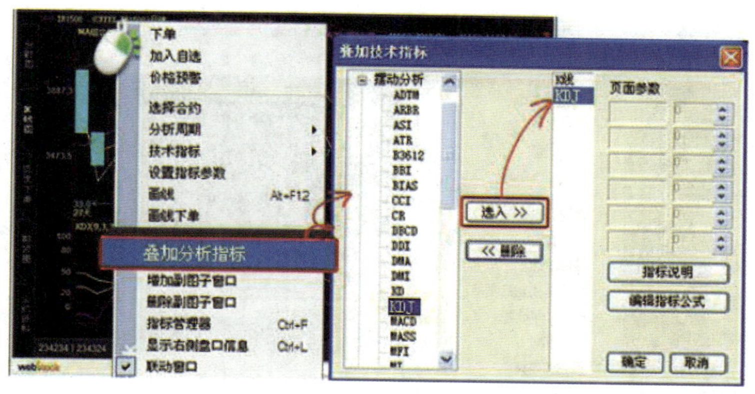

图 5 - 4 - 48　叠加分析指标举例

(8) 编写好的公式如何加密输出？

答：操作步骤如图 5 - 4 - 49 所示。

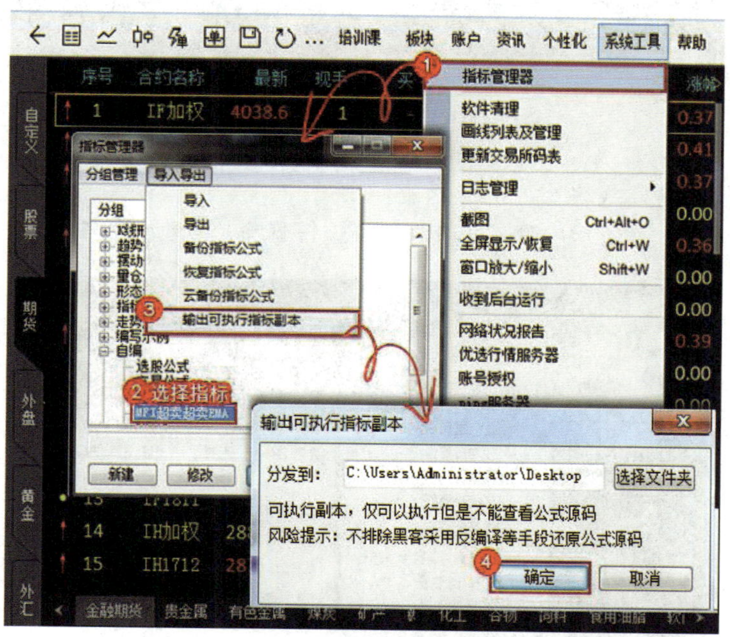

图 5 - 4 - 49　公式加密的步骤

(9) 软件经常打不开，需要重新安装才能用，怎么解决？

答：有的是由于杀毒软件和文华软件不兼容，杀毒软件错误删除文件导致的。文华产品出厂前使用 360 和金山这两个市场份额最大的杀毒软件进行兼容性测试。建议使用 360 或金山杀毒软件，请不要安装其他杀毒软件。

解决办法：卸载电脑中的其他杀毒软件后，重新安装文华软件。

(10) 如何设立自建板块？

答：新版赢顺增加了板块的概念，每个板块可以放不同的合约，在每个页面中都可以快速切换这些板块，软件中已经提供自选一～自选五，共五个板块，如果需要增加更多板块，请按图 5 - 4 - 50 所示方法操作。

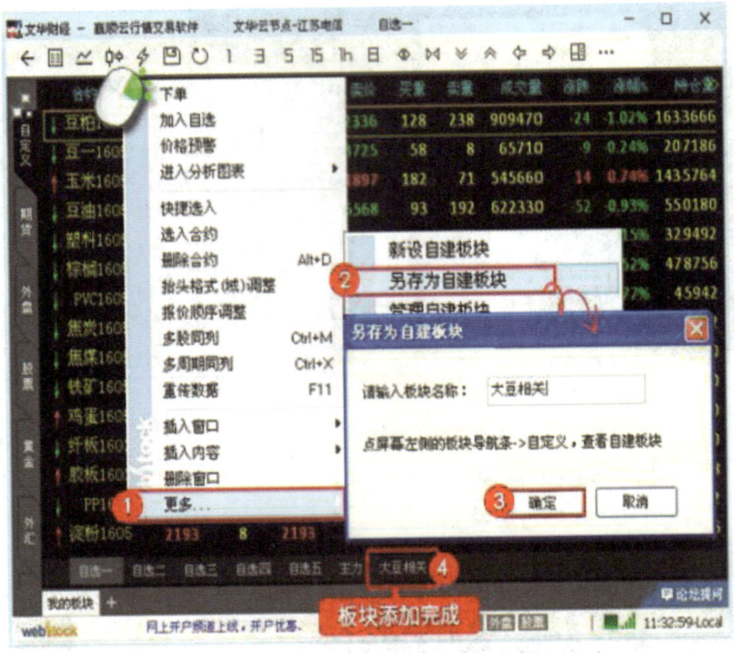

图 5-4-50　设立自建板块的步骤

(11) 如何管理自建板块？

答：如图 5-4-51 所示步骤，可以对板块进行删除、移动、改名。

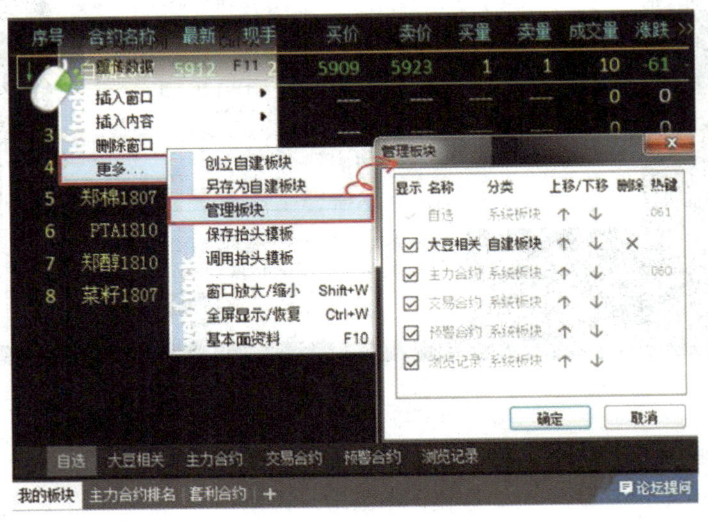

图 5-4-51　管理自建板块

(12) 如何画线预警？

答：使用图 5-4-52 所示方式设置画线预警，当价格达到画线价时可发出声音报警。

(13) 如何查看文华对关键交易日的解读。

答：在 K 线图上点击右键，在弹出的下拉菜单中选择“更多”→“信息灯塔”，日 K 线图的下方会出现如图 5-4-53 所示的黄点，点击即可查看。

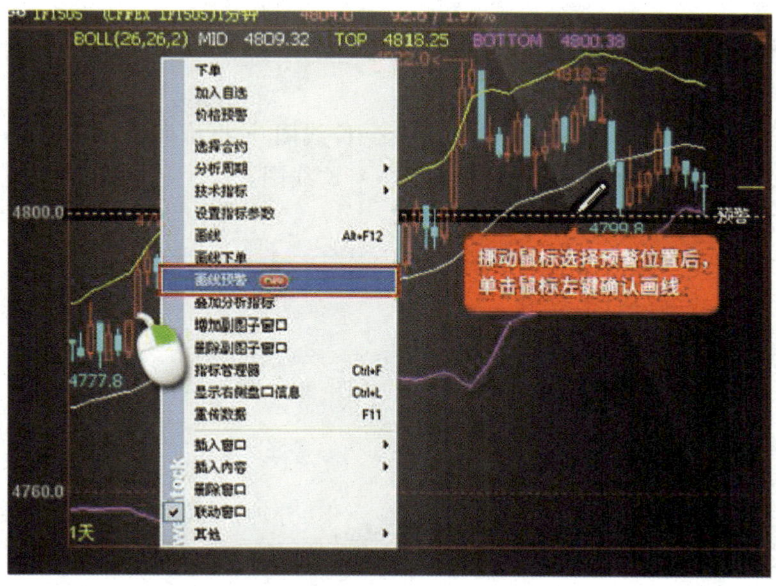

图 5-4-52　设置画线预警举例

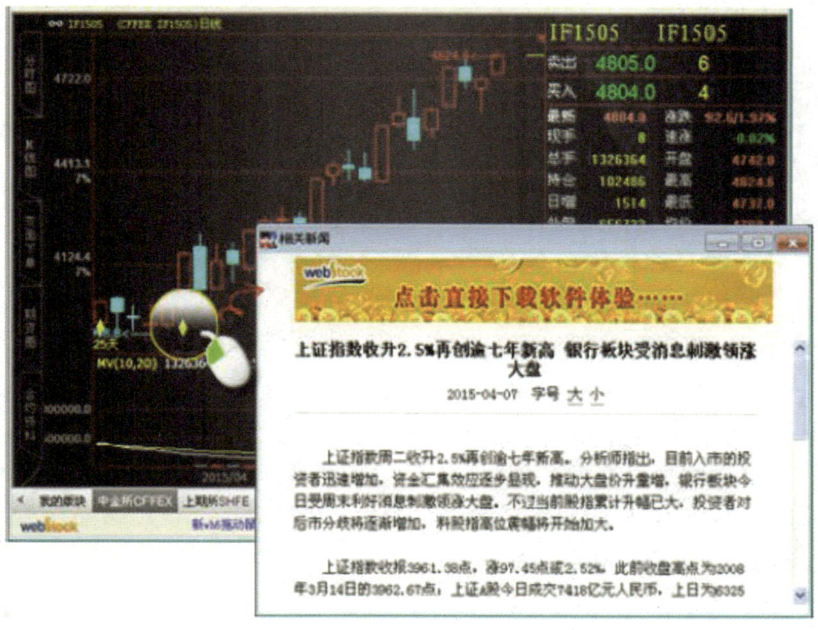

图 5-4-53　查看文华对关键交易日的解读

(14) 如何在 K 线上标注对行情的看法？

答：点击查看详细使用说明。

(15) 如何调出导航工具条？

答：点击菜单栏上的“个性化”→“个性化设置”→“K 线图常用设置”，勾选“启用左侧的行情板块导航工具条”。

5.5 快 捷 键

【Enter】：看图表(报价列表→分时走势图→K 线图→ 报价列表)。

【Esc】：回到报价(报价列表←分时走势图 ←K 线图)。

【F1】：文华客服论坛。

【F2】：文华商品指数的分时走势图。

【F3】：上证指数的分时走势图。

【F4】：深证成指的分时走势图。

【F5】/【Tab】：切换图表(分时走势图→ K 线图→ 分时走势图)。

【F6】：我的板块。

【F7】：我的指标区。

【F8】：切换周期(1 分钟→ 3 分钟→ 5 分钟→ 10 分钟→ 15 分钟→ 30 分钟→ 1 小时→ 3 小时→ 1 天→ 1 周→ 1 月→ 1 季→ 1 年→ 1 分钟)。

【Ctrl+F8】：反向切换周期(1 分钟←3 分钟←5 分钟←10 分钟←15 分钟←30 分钟←1 小时←3 小时←1 天←1 周←1 月←1 季←1 年←1 分钟)。

【F10】：基本面资料。

【F11】：刷新数据。

【F12】或空格键：下单主窗口。

【Alt】+【F12】：画线。

【↑】：放大 K 线图表。

【↓】：缩小 K 线图表。

【←】：左移 1 根 K 线根数查价。

【→】：右移 1 根 K 线根数查价。

【Ctrl+←】：左移 5 根 K 线根数查价。

【Ctrl+→】：右移 5 根 K 线根数查价。

【Shift+←】：向左平移一根 K 线。

【Shift+→】：向右平移一根 K 线。

【Ctrl+Home】：指定 K 线起始日期。

【Ctrl+End】：显示定位到最新的 K 线。

【PgUp】：向上翻页。

【PgDn】：向下翻页。

【Home】：切换 K 线副图的分析指标。

【End】：反向切换 K 线副图的分析指标。

【=】：切换 K 线主图指标。

【-】：反向切换 K 线主图指标。

【Ctrl+A】：在日 K 线上查看当前光标位所对应日期的分时走势图。

【Ctrl+D】：当日逐笔回顾。

【Ctrl+F】：指标管理。

【Ctrl＋M】：在报价类表调用多股同列。

【Ctrl＋RK】:线图坐标反转。

【Ctrl＋S】：保存自设页面。

【Ctrl＋W】：全屏显示。

【Ctrl＋X】：在报价列表调用多周期同列。

【Ctrl＋Z】：后退。

【Alt＋A】：切换背景颜色。

【Alt＋D】：删除报价列表的合约。

【Alt＋E】：折算历史 K 线方式消除跳空。

【Alt＋F】：隐藏报价列表的合约。

【Alt＋J】：分钟 K 线图只显示当日数据。

【Alt＋O】：图表上显示持仓成本线。

【Alt＋P】：切换双 K 线对比图。

【Alt＋R】：隐藏 K 线主图指标线。

【Alt＋T】：隐藏 K 线上的画线。

【Alt＋W】：插入一段仿真 K 线方式消除跳空。

【Alt＋Y】：显示/隐藏 K 线图纵坐标。

【Shift＋X】：横向网格线。

【Shift＋Y】：纵向网格线。

【Shift＋W】：放大窗口。

【Ctrl＋Alt＋O】：屏幕截图。

第 6 章 期货模拟交易单项实验

实验一 熟悉期货行情分析系统

1. 实验目的与要求

(1) 熟悉期货的基本概念，掌握期货交易的基本原理和用途。

(2) 通过模拟的交易环境加强读者对期货市场的理解。

(3) 训练读者期货交易的实际操盘能力。

2. 实验准备

(1) 熟悉期货交易的基本理论知识。

(2) 下载并安装期货模拟交易软件。

3. 实验内容与步骤

(1) 熟悉期货交易基本原理。

(2) 认识期货交易软件。

(3) 模拟期货交易开户，建立模拟交易账户。

(4) 对期货盘面进行分析，对期货品种的价格及运行趋势做出分析和预测。直至本实验结束，验证自己的分析和判断。

实验二 期货多空交易

1. 实验目的与要求

(1) 进入期货行情模拟下单系统，了解其基本功能。

(2) 在下单系统中，设置可交易的期货合约品种。

2. 实验准备

(1) 了解各期货合约品种的保证金收取比例以及相关手续费的收取情况。

(2) 熟悉期货交易常用的相关术语。

3. 实验内容与步骤

(1) 进入期货行情分析系统，选定要交易的期货合约品种。

(2) 进入模拟下单系统，设置好要交易的期货合约品种。

(3) 选择某一交易活跃的期货合约品种，建立多头头寸持有一段时间并平仓，跟踪账户资金变动情况，并关注保证金和手续费变动情况，同时记录账户盈亏状况。

(4) 选择某一交易活跃的期货合约品种，建立空头头寸，然后持有一段时间并平仓，跟踪账户资金的变动情况，并关注保证金和手续费的变动情况，同时记录账户盈亏状况。

(5) 通过实验步骤(3)和实验步骤(4)，比较多头交易和空头交易的异同。

实验三　商品期货趋势分析

1. 实验目的与要求

(1) 通过期货行情分析系统，分析判断期货合约价格的运行趋势。

(2) 无论开多还是开空，学会做到顺势交易。

(3) 训练读者掌握顺势交易的基本方法。

2. 实验准备

(1) 熟悉期货交易的基本面分析方法和技术面分析方法。

(2) 了解期货交易的基本特点。

3. 实验内容与步骤

(1) 进入期货行情分析系统，选定某一交易活跃的期货合约。

(2) 根据期货交易基本分析方法，预测其价格运行的可能趋势。

(3) 依据顺势交易的基本原理，进行开多或开空交易训练。

(4) 在当天实验结束前，对交易结果与自己的预测进行比较和分析。

实验四　股指期货趋势分析

1. 实验目的与要求

(1) 了解沪深 300 股指期货、上证 50 股指期货、中证 500 股指期货合约的基本内容。

(2) 通过期货行情分析系统，分析判断股指期货合约价格的运行趋势。

(3) 掌握股指期货顺势交易的基本方法。

2. 实验准备

(1) 熟悉三大股指期货与现货之间的关系。

(2) 了解股指期货交易的基本面分析方法和技术面分析方法。

3. 实验内容与步骤

(1) 进入期货行情分析系统，选定沪深 300 股指期货主力合约。

(2) 根据股指期货交易基本分析方法，预测其价格运行的可能趋势。

(3) 依据顺势交易的基本原理，进行开多或开空交易训练。

(4) 在当天实验结束前，对交易结果与自己的预测进行比较和分析。

实验五　期货条件单交易

1. 实验目的与要求

(1) 了解期货条件单的基本内容。

(2) 掌握期货条件单的下单方法。

2. 实验准备:

(1) 熟悉期货价格的形成方式。

(2) 了解期货交易下单的基本方式。

(3) 了解模拟交易系统各种下单特点。

3. 实验内容与步骤

(1) 进入期货模拟交易系统,选择某一交易活跃的期货品种,分析预测其价格运行趋势。

(2) 根据趋势方向,进行开多或开空交易,在交易过程中设置好止损价和止盈价。当条件单触发时,观察其成交状况。

(3) 利用现有交易系统自带的盈损单,设置好要交易的期货品种,进行盈损单下单训练。

(4) 在模拟交易系统中,对步骤(2)和步骤(3)当中的止损价、止盈价和盈损单当中的价格尝试进行修正训练。

实验六　跨期套利交易

1. 实验目的与要求

(1) 熟悉套利交易的基本原理。

(2) 学会在众多的期货品种当中,选择合适的跨期套利组合。

(3) 对普通的投机交易与套利交易之间的风险进行比较。

2. 实验准备

(1) 理解套利交易的基本原理。

(2) 掌握期货行情软件当中特有的跨期套利分析功能。

(3) 了解牛市套利和熊市套利的基本方法。

3. 实验内容与步骤

(1) 选择交易活跃的某一品种,选取某段时间内的数据进行分析。

(2) 根据不同月份的期货合约之间的强弱程度,设计套利方案。

(3) 根据套利方案,进行期货合约的建仓,在当天实验结束前,对交易结果与自己的预测进行比较和分析。

实验七　跨品种套利交易

1. 实验目的与要求

(1) 熟悉相关商品套利交易和可转换性商品间套利交易的基本原理。

(2) 选取相关性商品和可转换性商品的期货合约进行数据分析,设计套利方案。

2. 实验准备

（1）了解上海国际能源交易中心的原油期货合约和大连商品期货交易所塑料期货合约的基本内容。

（2）掌握期货行情软件当中特有的跨品种套利分析功能。

（3）了解原油期货合约的保税交割内容。

3. 实验内容与步骤

（1）选取原油期货合约和塑料期货合约的主力品种，对某段时间内的数据进行分析。

（2）根据原油和塑料期货合约之间的强弱程度，设计套利方案。

（3）选取大豆、豆粕和豆油的主力合约进行数据分析，设计可转换商品之间的套利方案并进行交易。

（4）根据套利方案，进行期货合约的建仓，在当天实验结束前，对交易结果与自己的预测进行比较和分析。

实验八　大商所组合、郑商所组合套利交易

1. 实验目的与要求

（1）了解大商所组合和郑商所组合套利的品种。

（2）学会利用模拟交易系统进行交易所套利组合直接下单交易。

2. 实验准备

（1）熟悉模拟交易系统套利组合的基本内容。

（2）了解大商所的 SP、SPC 和郑商所的 SPD、IPS 的含义。

3. 实验内容与步骤

（1）观察交易所套利组合品种的活跃度，选择交易活跃的品种进行分析判断，决定开多交易或开空交易。

（2）进入模拟下单系统，利用系统的特有功能，分别选取一组 SP 组合、SPC 组合、SPD 组合、IPS 组合进行交易。

（3）观察交易所套利组合交易成交状况，比较交易所套利组合与普通的套利交易之间的异同。

参考文献

[1] 罗孝玲. 期货与期权[M]. 2版. 北京：高等教育出版社，2016.
[2] 尚永庆，李宁. 期货投资学[M]. 2版. 长沙：湖南师范大学出版社，2014：44－69.
[3] 吴晓求. 证券投资学[M]. 2版. 北京：中国人民大学出版社，2003.
[4] 霍文文. 证券投资学[M]. 4版. 北京：高等教育出版社，2013.
[5] 胡金焱. 证券投资学[M]. 2版. 北京：高等教育出版社，2013.
[6] 章颉，艾正家. 证券投资学[M]. 上海：复旦大学出版社，2006.
[7] 邵宇，秦培景. 证券投资分析[M]. 上海：复旦大学出版社，2008.
[8] 任淮秀. 证券投资学[M]. 2版. 北京：高等教育出版社，2007.
[9] 艾蔚. 金融模拟交易实验教程[M]. 北京：清华大学出版社，2013:164－189.
[10] 于敏，刘源. 金融实务模拟与实验[M]. 武汉：武汉理工大学出版社，2009.
[11] 罗威. 期货模拟交易实验教程[M]. 成都：西南财经大学出版社，2013：18－25.
[12] 李健元. 证券、期货、外汇模拟实验[M]. 大连：东北财经大学出版社，2008.
[13] 上海澎博网络数据信息咨询有限公司. 博易大师5. 5版使用说明书，2017.
[14] 上海文华财经资讯股份有限公司. 赢顺wh6使用说明书，2018.
[15] 上海证券交易所网站 http://www.sse.com.cn.
[16] 深圳证券交易所网站 http://www.szse.cn.
[17] 上海期货交易所网站 http://www.shfe.com.cn.
[18] 大连期货交易所网站 http://www.dce.com.cn.
[19] 郑州期货交易所网站 http://www.czce.com.cn.
[20] 中国金融期货交易所网站 http://www.cffex.com.cn.